Martin Haberer

Taschenatlas Zimmerpflanzen

Taschen-atlas

350 Pflanzen für Wohnraum und Wintergarten

Ulmer

Inhalt

Oben: *Kalanchoë manginii*
Rechts: *Nidularium concentrica*
Seite 5: *Bougainvillea glabra*
Seite 12/13: *Beaucarnea stricta*

Impressum

Die Deutsche Bibliothek – CIP-Einheitsaufnahme
Ein Titeldatensatz für diese Publikation ist bei Der Deutschen Bibliothek erhältlich

ISBN 3-8001-3539-6

Wollgrasweg 41,
70599 Stuttgart (Hohenheim)
www.ulmer.de
Info@ulmer.de
Printed in Germany
Lektorat: Dr. Frederike Hübner, Hermine Tasche
Herstellung: Silke Reuter
Druck und Bindung: aprinta Druck, Wemding

Vorwort

Nach dem großen Erfolg des Werkes „Farbatlas Zierpflanzen“, das 600 Pflanzenbeschreibungen in Wort und Bild aus vier verschiedenen Bereichen enthielt, wurde dem Wunsch vieler Leser entsprochen, diese Bereiche zu trennen und diese jeweils in erweiterter Form zu veröffentlichen. Vorgesehen sind 4 Bände mit jeweils 250–350 Pflanzen, die besonders wichtig für die gärtnerische Verwendung sind. Jede Art wird mit einem Farbbild vorgestellt und beschrieben. Farbbild und stichwortartige Beschreibung bilden eine Einheit. Im Text werden Herkunft, die wichtigsten botanischen Merkmale, Hinweise zur Verwendung und Pflege erwähnt. Auf ähnliche Arten und Sorten wird verwiesen.

Vor allem ist diese Serie als Hilfe für Auszubildende in Gartenbau und Floristik gedacht. Deshalb sind die wissenschaftlichen Namen der Pflanzen und ihre Familienzugehörigkeit wichtig. Auf die Angabe der Autoren wurde verzichtet. Speziell dieses Buch richtet sich aber auch an die vielen Pflanzenfreunde, die ihre Zimmerpflanzen besser kennen lernen möchten.

Recht herzlich danken möchte ich Herrn Roland Ulmer und seinen Mitarbeitern. Darunter sei Frau Hermine Tasche besonders erwähnt, sie stand mir immer mit Rat und Tat zur Seite.

Nürtingen, im Januar 2002 Martin Haberer

Einführung

Die Gewächse in diesem Werk sind in alphabetischer Reihenfolge nach Gattungen und Arten geordnet.

In der gärtnerischen Praxis ist der Gebrauch der botanischen Namen üblich. Daneben sind auch die gebräuchlichen deutschen Namen aufgeführt. Die Familienzugehörigkeit ist jeweils angegeben.

Für die wichtigen Aspekte der Unterscheidungsmerkmale wurde eine Anzahl von besonderen Zeichen entwickelt, die in einem übersichtlichenen Datenblock zusammengefasst wurden.

Systematische Übersicht

Die wissenschaftliche Benennung der Pflanzen mit mindestens zwei Namen, also Gattungs- und Artnamen (binäre Nomenklatur), geht auf den schwedischen Naturforscher Carl von Linné zurück, der im Jahre 1753 sein wichtigstes Werk über die Klassifizierung des Pflanzenreiches veröffentlichte. Seine Arbeiten sind heute noch Grundlagen der wissenschaftlichen Systematik.

Demnach wird das Pflanzenreich in 17 Abteilungen gegliedert. In diesem Farbatlas sind davon nur Pflanzen aus der 16. Abteilung, *Gymnospermae,* Nacktsamer (dazu zählen die Koniferen), und der 17. Abteilung, *Angiospermae,* Bedecktsamer.

Jede Abteilung ist weiterhin gegliedert in Klassen, Ordnungen und Familien. Innerhalb der Familie erfolgt die Gliederung nach Gattungen, Arten, Unterarten und Sorten. Die Sorten entstanden durch Züchtung oder Auslese in der Kultur. Die Sortennamen werden in einfache Anführungszeichen gesetzt, z. B. 'Dania'.

Weitere in diesem Buch verwendete Abkürzungen und Zeichen:

subsp.:	*Subspecies* =Unterart mit von der Art abweichenden Merkmalen
var.:	*Varietät* = Varietät mit abweichenden Merkmalen
syn.:	*Synonym* = überholter Nebenname
×:	Kreuzung zweier naher verwandter Gattungen oder Arten.

Zimmerpflanzen im Überblick

Ohne Pflanzen kann man sich unsere Wohnungen heute nicht mehr vorstellen. Sie verbessern das Raumklima und schaffen eine gemütliche, lebenswerte Umgebung. Selbst in Büros, Hotels, Restaurants und öffentlichen Gebäuden werden immer mehr Pflanzen zur Innenraumbegrünung eingesetzt, zumal die meisten Pflanzen der hier genannten Gruppen ganzjährig angeboten werden.

Die Verwendungsmöglichkeiten sind unerschöpflich, sei es als Raumbildner, als Ampelpflanze oder im einfachen Gefäß. Weiter auf dem Vormarsch sind Gewächse in Hydrokultur. Diese benötigen eine besondere technische Ausstattung, sind aber später wesentlich weniger pflegebedürftig.

Die meisten Pflanzenarten stammen aus den Tropen und Subtropen. Sie benötigen also Wärme und Licht, vertragen aber keinen Frost. Viele sind ideale Gewächse für das Fensterbrett oder das Blumenfenster. Noch bessere Bedingungen können im Wintergarten oder gar im Kleingewächshaus herrschen.

In kühleren Räumen fühlen sich Alpenveilchen und Zimmerazalee wohl, die meisten anderen Arten sind aber für mehr Wärme und Licht dankbar. Bei trockener Luft erscheinen häufig Blattläuse und Spinnmilben. Daher ist das Befeuchten der Zimmerluft, regelmäßiges Gießen und Düngen besonders wichtig. Nach der Blüte ist ein kräftiger Rückschnitt bei vielen Pflanzen günstig. Sie bilden dann wieder neue Triebe und später auch Blüten. Kurzlebige Arten wie Elatiorbegonien und Cinerarien lohnen keine Weiterkultur.

Blühende Topfpflanzen benötigen mehr Licht als Grünpflanzen. Man kann sie daher an hellen, aber nie an vollsonnigen Plätzen

verwenden. Sie bringen bei richtiger Pflege herrliche Blüten hervor.

Grünpflanzen sind mit weniger Licht zufrieden und daher für Schattenplätze geeignet. Nur selten kann man bei ihnen Blüten beobachten; sie zieren durch Laub und Wuchsform.

Buntblättrige Grünpflanzen haben auffällig gefärbte Blätter. Sie besitzen weniger Blattgrün, benötigen daher einen hellen Platz.

Schling- und Kletterpflanzen haben eine besondere Beachtung verdient. Sie klettern an größeren Gehölzen hinauf, bis sie genügend Licht erhalten, das für die Bildung von farbenprächtigen Blüten und Früchten ausreicht. In unseren Räumen können wir ihnen nur selten die dafür notwendigen Bedingungen geben, müssen daher meist auf Blüten verzichten. Schwachwachsende Arten eignen sich gut für Ampeln und Raumteiler.

Zu den **Kübelpflanzen** zählen viele Arten aus den Subtropen, die meist immergrüne Blätter besitzen. Sie sind langlebig, vertragen aber unsere strengen Winter nicht. Sie müssen daher von Oktober bis Mai in kühlen, hellen Räumen überwintert werden. Dort dürfen sie keinesfalls ganz austrocknen, auch auf Schädlinge ist im Winterquartier zu achten. Ein kräftiger Rückschnitt vor dem Einräumen verringert die Verdunstung, außerdem benötigen die Pflanzen dann nicht so viel Platz. Nach den Eisheiligen (Mitte Mai) kommen sie dann auf die Terrasse oder den Balkon. Den ganzen Sommer über erfreuen sie uns dann mit prächtigen Blüten.

Kakteen und Sukkulenten haben besondere Ansprüche. Sie können in Blättern und Sprossen Wasser speichern, bevorzugen einen besonders hellen Standort und meist ein lockeres, durchlässiges Erdsubstrat. Bei Wassergaben sei man hier sparsam.

Zimmerfarne und Gräser dagegen benötigen schattige Plätze und einen humusreichen Boden.

Im Gegensatz zu den Kakteen darf hier die Erde nie austrocknen.

Die meisten **Orchideen** sind dankbar für eine hohe Luftfeuchtigkeit. Sie brauchen ein besonderes Pflanzensubstrat aus Torfmoos, Borke und Farnwurzeln. Orchideen sind empfindlich gegen hohe Düngergaben, sie dürfen daher nur mit geringen Salzkonzentrationen gedüngt werden.

Schnittblumen sind besonders beliebt. Spezielle Kulturtechniken ermöglichen das ganzjährige Angebot vieler Arten. Die Haltbarkeit der Blumen in der Vase kann man verlängern, wenn das Wasser täglich erneuert und die Stielenden frisch angeschnitten werden.

Wachstumsfaktoren der Pflanzen

Für alle Pflanzen sind folgende Wachstumsfaktoren unentbehrlich, um optimal gedeihen zu können. Dazu gehören Licht, Luft, Wärme, Wasser und Nährstoffe. Nur wenn alle Faktoren ausreichend vorhanden sind, kann sich die Pflanze gut entwickeln.

1. Licht

Alle Pflanzen mit grünen Blättern und Trieben benötigen Licht, um assimilieren zu können: Sie können aus Wasser und Kohlendioxid Kohlenhydrate (Zucker und Stärke) herstellen. Das Wasser stammt vom Boden, wo es über die Wurzeln in die Leitungsbahnen der Pflanze gelangt. Das Kohlendioxid ist in ganz geringer Menge (0,03 %) in unserer Atemluft enthalten, es wird vom Blatt durch seine Spaltöffnungen aufgenommen. Wasser verbindet sich dabei mit dem Kohlendioxid, Sauerstoff wird freigesetzt und über die Spaltöffnungen ausgeschieden.

Als Katalysator ist dazu Blattgrün (Chlorophyll) notwendig, die Energie stammt vom Sonnenlicht, daher spricht man auch von Photosynthese. Dieser Vorgang kann aber nur bei ausreichender Helligkeit stattfinden. Daher ist es gerade bei Zimmerpflanzen ungemein wichtig, dass sie möglichst nah am Fenster stehen. Die Helligkeit, gemessen in Lux, nimmt drastisch ab, je weiter man vom Fenster weggeht. Mit einem ganz normalen Fotobelichtungsmesser kann man dies nachprüfen. Besser ist es, dafür ein Luxmeter zu benützen.

Zimmerpflanzen haben aber sehr unterschiedliche Lichtbedürfnisse.

Schattenpflanzen, meist erkennbar an großen, grünen Blättern, können mit wenig Licht auskommen. Sie gedeihen in der Natur im Dämmerlicht unter großen Bäumen, vertragen oder benötigen kein direktes Sonnenlicht. In der Tiefe des Büroraumes oder am Nordfenster stehen diese Gewächse richtig.

Gewächse mit panaschiertem oder mehrfarbigem Laub benötigen mehr Licht. Das sind dann Pflanzen für den Halbschattenbereich. Darunter gibt es auch eine Anzahl Arten, welche direktes Sonnenlicht nur am Morgen oder Abend vertragen. Im Zimmer sollte man diese an Ost- oder Westfenster stellen oder bei direkter Sonne schattieren. Geschieht das nicht, so verbrennen vor allem die empfindlichen jungen Blätter.

Pflanzen, die volle Sonne verlangen oder ertragen, gehören an das Südfenster oder im Sommer auf die Sonnenterrasse. Sie haben meist besondere Verdunstungsschutzeinrichtungen. Dazu zählen Dornen, Stacheln, Behaarung, Kleinblättrigkeit und natürlich Sukkulenz. Dies bedeutet, dass Pflanzen in Trieben, Sprossen und Blättern Wasser speichern können. Man denke dabei vor allem an Kakteen, die meist ihre Blätter total reduziert haben und praktisch nur aus einem verdickten, grünen Spross bestehen. Die Dornen (viele Kakteenfreunde nennen sie fälschlich Stacheln) sind dabei umgewandelte Blätter, dienen aber auch dem Schutz vor Tierfrass.

Pflanzen wachsen immer dem Licht entgegen. Wenn diese am Fenster stehen, wenden sie ihre „Schokoladenseite" vom Betrachter ab. Wenn das Licht allerdings von 2 Seiten kommen kann, etwa im Gewächshaus, so wächst die Pflanze gerade. Wer auf die Idee kommen sollte, Gewächse am Fensterbrett ab und zu umzudrehen, damit sie gleichmäßiger wachsen, kann dabei eine böse Überraschung erleben. Einige Arten reagieren darauf mit dem Abwurf der Blüten oder Blütenknospen (z. B. Gardenien, Hibiskus, Kamelien, Wachsblumen und Weihnachtskakteen). Sicherheitshalber verändert man die Stellung der Pflanze am Fenster nicht, wenn sie gut gedeiht.

Neben dem Sonnenlicht wird im Gartenbau auch Kunstlicht zur Pflanzenbestrahlung eingesetzt. Besonders gut haben sich dafür Mischlichtlampen bewährt. Es ist auch möglich, Pflanzen nur mit Kunstlicht zu ziehen, doch dies hat seinen Preis. Besser ist es, Lampen zur Ergänzung (und Dekoration) einzusetzen.

Bei „Langtagspflanzen" setzt die Blütenbildung ein, wenn die Belichtung über 12 Stunden am Tag beträgt. Durch Zusatzbelichtung kann man Sommerblüher auch in den von Natur aus lichtarmen Jahreszeiten zur Blüte bringen.

„Kurztagspflanzen" dagegen setzen Blüten an, wenn die Tageslichtlänge unter 12 Stunden liegt. Der Gärtner benutzt diese Erkenntnis dafür, Chrysanthemen und Weihnachtssterne zu früheren oder späteren Terminen als üblich auf den Markt zu bringen. Voraussetzung ist es, dass man die Pflanzen zum richtigen Zeitpunkt verdunkelt, sie also vom Tageslicht abschirmt. Die Pflanzen werden im Sommer 8–10 Wochen lang 14 Stunden mit schwarzer Folie beschattet werden. Sie erhalten also nur 10 Stunden Licht am Tag. Erst dann setzen sie Knospen an und erblühen nach weiteren 10 Wochen.

2. Luft

Pflanzen leben auch von Luft. Sie nehmen unsere Atemluft auf und geben tagsüber Sauerstoff ab, wie wir bei der Photosynthese festgestellt haben. Andererseits atmet die Pflanze aber genauso wie wir, sie nimmt Sauerstoff auf und gibt Kohlendioxid wieder ab. Dieser Vorgang der Atmung erfolgt Tag und Nacht. Weil in der Zimmerluft nachts das für uns schädliche Kohlendioxid noch stärker angereichert wird, sollten im Schlafzimmer keine Pflanzen gehalten werden.

Immer wieder sollte man Zimmer und Wintergärten, Anzuchtkästen und Gewächshäuser lüften. Gerade bei Sonneneinstrahlung erhitzt sich die Luft im Glashaus sehr stark. Pflanzen in geschlossenen Frühbeetkästen, die nur wenige Stunden volles Sonnenlicht erhalten, können regelrecht „verbrennen", denn das Sonnenlicht wird beim Auftreffen auf den Boden und die Pflanzen in Wärme umgewandelt. Rasch entstehen Temperaturen weit über 45 °C, das Eiweiß der

Pflanzen gerinnt und die kostbaren Gewächse sind reif für den Kompost. Nur eine ausreichende Lüftung, verbunden mit Beschattung, verhindert größere Schäden.

3.Temperatur

Unsere Zimmerpflanzen sind in den unterschiedlichsten Klimazonen unserer Erde heimisch. Die Wachstumsbedingungen der jeweiligen Zone im Haus nachzuahmen ist gar nicht einfach.

Selten hat man im Wohnhaus die Möglichkeiten, Tropenpflanzen aus dem Regenwald optimale Bedingungen zu geben. Diese möchten es nämlich durchgehend warm und feucht, so um die 20 °C am Tage, nachts etwas weniger. Bei diesen Bedingungen gedeihen Schimmelpilze vorzüglich. Wer möchte diese im Haus haben? Nur in einer geschlossenen Vitrine oder in einem Kleingewächshaus ist es möglich, tropische Pflanzen auf Dauer erfolgreich zu kultivieren. Bevor man also solche Gewächse erwirbt, sollte man sich über ihren zukünftigen Standort im Klaren sein, sonst leben diese schönen Arten nur eine kurze Zeit.

Andere Arten lieben es mehr kühler, etwa Alpenveilchen, Primeln oder Azaleen.

Für die Vermehrung und viele Tropenpflanzen ist auch die Bodentemperatur von großer Bedeutung. Bei einem Heizkörper unter einem Fensterbrett können Pflanzen oft besser wachsen, sie trocknen allerdings auch rascher aus.

4. Wasser

Ohne Wasser gäbe es kein Leben. Dieser Satz hat immer wieder seine volle Berechtigung.

Das Wasser bringt den Kreislauf der Pflanze in Schwung, mit dem Bodenwasser werden auch darin gelöste Mineralsalze aufgenommen, die im Stoffwechsel oder im Wachstum benötigt werden. Zur Assimilation ist Wasser unentbehrlich, ebenso für viele weitere Vorgänge in der Pflanze.

Überflüssiges Wasser wird von den Blättern verdunstet, dies hält den Nährstoffstrom in Gang und erzeugt auch Kühlung. Immer sollte ein gewisses Gleichgewicht zwischen Wasserzufuhr und Verdunstung vorhanden sein. Gießen wir zu wenig, wird die Wasserzufuhr unterbrochen, die Pflanze welkt, kann sogar vertrocknen.

Besonders interessant ist der Vorgang der Guttation. Nach windstillen, feuchtwarmen Nächten oder im Gewächshaus kann man gelegentlich an manchen Blatträndern große Wassertropfen feststellen. Weil die Luftfeuchtigkeit zu hoch ist, kann die Pflanze kein Wasser verdunsten, daher wird hier überflüssiges Wasser aus besonderen Wasserspalten abgegeben. Der Wasserkreislauf wird dadurch in Gang gehalten.

Wenn die Pflanze aber zu viel Wasser erhält, nützen alle Vorrichtungen nichts mehr, dann faulen die Wurzeln und die Blätter werden gelb. Schließlich stirbt die Pflanze ab.

Richtiges Gießen

Im Allgemeinen wird das Substrat gegossen. Wasser gehört normalerweise nicht auf die Blätter, denn sonst können sich Pilzkrankheiten ausbreiten. Viele Gewächse kann man aber hin und wieder abduschen, wenn man sie im Sommer im Freien hat oder über ein Gewächshaus verfügt. Am Fensterbrett geht das natürlich nicht. Eine Markierung am Topf hilft aber, die in der Dusche behandelten Pflanzen wieder richtig ausgerichtet aufzustellen.

Viele <u>Tropenpflanzen</u> lieben eine gleichmäßige Feuchtigkeit. Sie müssen täglich gegossen werden, die Erde darf nicht oder nur kurzzeitig trocken werden. Zusätzlich sorgt man durch Benebeln aus besonderen Nebeldüsen für eine hohe Luftfeuchtigkeit. Besonders im Winter sollte das Gießwaser leicht erwärmt werden.

Manche Arten dürfen nur mittels eines <u>wasserdichten Untersetzers</u>, in welchen Wasser gegeben wird, gegossen werden, sonst bekommen die Blätter unschöne Flecken. Dazu zählen viele Arten mit feinen Haaren, etwa die Gesneriengewächse. Sie sollten täglich sogar mehrmals gegossen werden, vor allem im Sommer, wenn sie im Freien stehen.

<u>Bromelien</u> gießt man vornehmlich in die Blattzisternen.

EE–T: Topferde mit höherem Nährstoffgehalt zur Weiterkultur
EE–ED 73: Erdmischung mit Dauerdüngerzusatz für z. B. Dachgärten und Container
TKS: Torfkultursubstrat: Mischung aus strukturstabilem Hochmoortorf und Düngerzusatz
TKS 1: Anzuchterde mit wenig Nährstoffanteilen
TKS 2: Topferde für die Weiterkultur mit höherem Nährstoffanteil

b) Blüten
Radiäre Blüten, auch polysymmetrisch, haben eine gleichmäßig geformte Blüte. Diese lässt sich durch mehrere Symmetrieachsen spiegelbildlich betrachten
Zygomorphe Blüten, auch disymmetrisch, haben eine Blüte, die sich nur durch eine einzige Achse spiegelbildlich betrachten lassen kann.

Erläuterung der verwendeten Symbole

Giftpflanze: Pflanze, die in einigen oder in allen Teilen reizend oder toxisch wirkt.

Wuchshöhe: Angaben in Meter. Steht der Blütenstand über dem Laub, wird zunächst die Blütenhöhe angegeben, nach einem Querstrich folgt dann die Angabe zur Wuchshöhe.

Angaben in Klammern beschreiben die Wuchshöhe am natürlichen Standort ihrer heimischen Areale. Weitere Hinweise zum Wuchsverhalten finden Sie unter dem Stichwort Wuchsform.

Blütezeit: Monatsangaben in römischen Ziffern. Keine Angabe wird gemacht, wenn die Pflanze auch am natürlichen Standort ausgesprochen selten oder besonders unscheinbar blüht. Der Hinweis „unterschiedlich“ wird dann gegeben, wenn die Sorten der beschriebenen Art im Handel dominieren und die Blütezeit über das ganze Jahr verteilt ist. Angaben in Klammern verweisen auf das Blühverhalten am Naturstandort. Diese Angaben können leider nicht zu allen vorgestellten Pflanzen angeboten werden.

Verwendung: Beschrieben wird in welchem Teil des Hauses oder des Gartens die Pflanze verwendet wird. Nur die häufigste Verwendungsweise der Pflanze wird genannt.

Profi-Glashaus – geräumiges, heizbares Glashaus mit hoher technischer Ausstattung.
Hobby-Glashaus – kleines Glashaus für den Hobbybedarf.
Wintergarten – kleines, heizbares Glashaus, das sich an den Wohnbereich anschließt.
Zimmerpflanze – für bewohnte Räume, mit unterschiedlichem Pflegeaufwand.
Vitrine – mobiles Schaugewächshaus, geschlossen, teuer.
Blumenfenster – helle Standorte, geschlossen, mit hoher Luftfeuchtigkeit.
Fensterbrett – kleinräumiger Pflanzenstandort.
Kübelpflanze/Kübel- und Beetpflanze – starkwüchsige Pflanzen für Wintergarten, Terrasse und Garten.
Balkonpflanze, Terrasse – für Töpfe, Tröge und Kübel; Pflanzen vertragen Wind und stärkere Temperaturwechsel.
Beetpflanze – Pflanze zur Verwendung in Freilandbeeten.
Zimmer- und Beetpflanze – Pflanze, die sommers im Freiland verwendet werden könnte. Die kühlere Jahreszeit überdauert sie jedoch in beheizten Räumen.
Ampelpflanze – kriechende oder hängende Pflanze.
Bodendecker – überzieht flächig den Boden.
Kletterpflanze – höher wachsende Pflanze, die Boden und Wände flächig überziehen kann.

Winterschutz: Beschreibt, wie die Pflanze den Winter in gemäßigten, winterkalten Klimaten überdauern kann.

Laubdecke
kühle Räume – mind. 5 bis 10 °C
Kalthaus – mind. 10 bis 14 °C
Wintergarten/temperiertes Haus – mind. 14 bis 18 °C
Warmhaus – mind. 18 bis 24 °C, Pflanzen stehen ganzjährig im Warmhaus

Pflanzen-beschreibungen von A bis Z

Abutilon 'Feuerglocke'
Schönmalve
Malvaceae, Malvengewächse

Heimat: Züchtung. Tropisch.

Wuchsform: Breit aufrechter, raschwüchsiger Strauch.

Blatt: Wechselständig, immergrün, 3- bis 7-lappig, handförmig, 8–12 cm.

Blüte: Glockig, 3-5 cm, 5-zählig, orangefarben mit roten Streifen, in Trauben.

Frucht: Spaltfrucht, selten ausgebildet.

Standort: Sonnige, warme Lagen, auch auf Beeten, meist im Kübel.

Verwendung: Im Sommer auf der Terrasse, im Winter im Kalthaus.

Vermehrung: Aussaat im März in nährstoffarmem Substrat.

Kultur: In humosem Substrat bei gleichmäßiger, geringer Feuchte. Vor Staunässe und Ballentrockenheit schützen.

Hinweise: Wuchsregulierung in der Jugend ergibt gedrungenere Pflanzen.

Weitere Art: *A. pictum*, Gefleckte Schönmalve, Brasilien, blassrote Blüten.

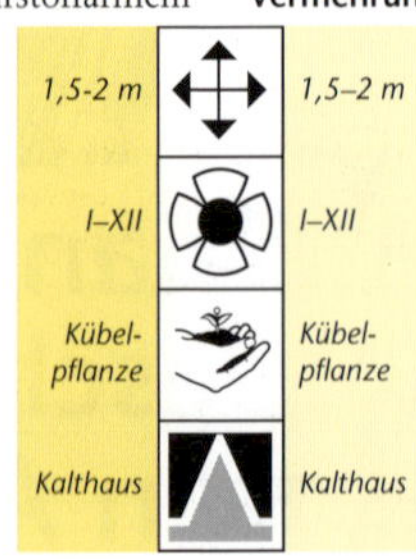

Abutilon megapotamicum
Schönmalve
Malvaceae, Malvengewächse

Heimat: Südostbrasilien. Tropisch.

Wuchsform: Breiter Strauch mit zierlichen, dünnen, bogig überhängender Trieben.

Blatt: Wechselständig, 3-lappig, eiförmig, immergrün, 4–8cm.

Blüte: Radiär, hängende Glocke, 3–5 cm, 5-zählig, gelb, Kelchblätter orangefarben.

Frucht: Spaltfrucht, selten ausgebildet.

Standort: Sonnige, warme Lagen.

Verwendung: Im Sommer auf der Terrasse, auch als Stämmchen im Freiland, im Winter im Kalthaus, Ampelpflanze.

Vermehrung: Aussaat im März in nährstoffarmem Substrat.

Kultur: In humosem Substrat bei gleichmäßiger, geringer Feuchte, vor Staunässe und Ballentrockenheit schützen.

Sorte: 'Aureum', Blätter grün mit gelben Blattflecken.

Hinweise: Wuchsregulierung in der Jugend ergibt gedrungenere Pflanzen.

Acacia dealbata
Silber-Akazie, Mimose
Mimosaceae, Mimosengewächse

Heimat: Südost-Australien, in Süd-Europa eingebürgert. Tropisch, subtropisch.

Wuchsform: Breitkronig, raschwachsender Baum, nicht winterhart. In Süd-Europa 6 m (bis 20 m hoch).

Blatt: Wechselständig, doppelt paarig gefiedert, immergrün, silbrig, 7–12 cm lang. Nachts in Schlafstellung.

Blüte: Köpfchen 5–6 mm groß, hellgelb, in großen Rispen, duftend.

Frucht: Hülse flach, 4–10 cm lang, wenig eingeschnürt.

Standort: Durchlässige Böden in sonniger Lage.

Verwendung: Einzeln für Wintergärten, wichtig als Schnittblume im Vorfrühling.

Vermehrung: Stecklinge im Sommer, auch Aussaat.

Kultur: In kalkfreiem Substrat, pH 5–5,5; Moorerde, Heideerde, Sand. Im Sommer im Freien, im Winter im Kalthaus (bis –5 °C).

Sorte: 'Rustica', reichblühend im II .

2 m		*0,15 m*
I–IV		*V–X*
Kübelpflanze		*Ampelpflanze*
Wintergarten		*kühle Räume*

Acalypha hispaniolae
Hängender Fuchsschwanz
Euphorbiaceae, Wolfsmilchgewächse

Heimat: Hispaniola. Subtropisch bis tropisch.

Wuchsform: Breite, lockere Hängepflanze für Ampeln.

Blatt: Wechselständig, herzförmig, grün, 2–4 cm lang.

Blüte: Rote Ähren (Blütenschwänze) bis 10 cm lang.

Frucht: Kapseln, unscheinbar.

Standort: Regengeschützte Plätze in sonnigen Lagen.

Verwendung: Ampelpflanze im Einzelstand. Überwinterung in hellen, kühlen Räumen bei etwa 10 °C.

Vermehrung: Stecklinge im Sommer.

Kultur: Empfindlich gegen Staunässe und Ballentrockenheit.

Hinweise: Gelegentlicher Befall durch Spinnmilben und Weiße Fliege.

Acalypha hispida

Fuchsschwanz, Nesselblatt
Euphorbiaceae, Wolfsmilchgewächse

Heimat: Indonesischer Archipel, Neuguinea. Subtropisch bis tropisch.
Wuchsform: Breit buschiger, locker aufrechter Strauch.
Blatt: Wechselständig, herzförmig, gesägt, glänzend grün, 12–15 cm lang.
Blüte: Rote Ähren (Blütenschwänze) bis 0,5 m lang.
Frucht: Kapseln, unscheinbar.
Standort: Hell, aber keine direkte Sonnenbestrahlung.
Verwendung: Einzeln im Wintergarten, Kalthauspflanze. Überwinterung in hellen, kühlen Räumen bei etwa 10 °C.
Vermehrung: Stecklinge im Frühling. Einheitserde, pH etwa 6,5.
Kultur: Empfindlich gegen Staunässe und Ballentrockenheit.
Hinweise: Gelegentlicher Befall durch Spinnmilben und Weiße Fliege

Acalypha wilkesiana

Fuchsschwanz, Nesselblatt
Euphorbiaceae, Wolfsmilchgewächse

Heimat: Südseeinseln. Subtropisch bis tropisch.
Wuchsform: Breit buschiger, dichter Strauch.
Blatt: Wechselständig, eiförmig, 15–25 cm lang, bronze-rot, Rand gesägt.
Blüte: Ähren blassrosa, bis 20 cm lang.
Frucht: Kapseln, unscheinbar.
Standort: Humose Böden in sonnigen Lagen.
Verwendung: Solitär, Hecke in milden Gebieten. Im Sommer ins Freie bringen. Überwinterung in hellen, kühlen Räumen bei etwa 10 °C.
Vermehrung: Stecklinge im Sommer.
Kultur: Empfindlich gegen Staunässe und Ballentrockenheit.
Sorte: 'Macrophylla', großblättrig, Laub rot-bronze-kupfer panaschiert.
Hinweise: Gelegentlicher Befall durch Spinnmilben und Weiße Fliege.

2–3 m		*2–3 m*
VI–VIII		*V–X*
Kübelpflanze		*Kübelpflanze*
Kalthaus		*Kalthaus*

Acca sellowiana
(Syn.: Feijoa sellowiana)
Ananasguave
Myrtaceae, Myrtengewächse

Heimat: Argentinien, Südbrasilien, Uruguay. Subtropisch.
Wuchsform: Aufrechter, mehrstämmiger Strauch. In der Heimat bis 7 m hoch wachsend.
Blatt: Gegenständig, elliptisch, immergrün, dunkelgrün, unterseits weißfilzig, 8 cm lang.
Blüte: Radiär, 4–6 cm, 4-zählig, weiß, Staubfäden
Blütezeit: Nachblüte bis zum Winter.
Frucht: Graugrüne Beere, 4–6 cm lang, säuerlich-süß, essbar.
Standort: Geschützte Lagen, warm und sonnig, helle Überwinterung.
Verwendung: Einzeln in Kübeln, im Sommer auch im Freien. Nutzpflanze.
Vermehrung: Stecklinge im Frühling bei etwa 20 °C.
Kultur: In durchlässigen, humosen Substraten, hoher Wasserbedarf. Möglichst mit Regenwasser gießen.
Sorte: 'Triumph', rosa, blüht reichlich.
Hinweise: Regelmäßiger Rückschnitt im Spätwinter.

2–4 m		*0,4/ 0,5 m*
V–VII		*VII–IX*
Kübelpflanzen		*Zimmerpflanze*
Kalthaus		*Warmhaus*

Achimenes erecta
Aufrechter Schiefteller
Gesneriaceae, Gesneriengewächse

Heimat: Mexiko bis Kolumbien. Tropisch.
Wuchsform: Dicht buschige, weichtriebige Staude mit kleinen, zapfenartig-beschuppten Erdsprossen.
Blatt: Gegenständig, breit lanzettlich, grün, unterseits rötlich, 5–6 cm lang.
Blüte: Zygomorphe Röhrenblüte, 1,5 cm, 5-zählig, rot, in Blattachseln.
Frucht: Kapsel.
Standort: Hell, aber keine direkte Sonne, 20–25 °C.
Verwendung: Reichblühende Zimmerpflanze, Warmhaus.
Vermehrung: Aussaat von I–III bei 22 °C; Kopfstecklinge von III–VI; Rhizomteilung.
Kultur: Triebe ziehen im Herbst ein, Topfballen trocken überwintern. Im Vorfrühling Rhizome frisch topfen in TKS, warm und feucht halten, Blätter nicht mit Wasser benetzen.
Sorte: 'Mexican Dwarf', 0,3–0,5 m.
Besonderes: Im Handel meist großblumige Hybriden, 4–7 cm große, tellerförmig Blüten. (Bild: Hybride rot)

Adenium obesum
Wüstenrose
Apocynaceae, Hundsgiftgewächse

Heimat: Ägypten, Sudan, Äthiopien, Ost-Afrika, Arabien. Subtropisch, tropisch.
Wuchsform: Sparriger, stammsukkulenter Strauch, Triebe mit Milchsaft. In der Heimat bis 4 m hoch wachsend.
Blatt: Wechselständig, meist wirtelig am Triebende, breit lanzettlich, fleischig, dunkelgrün, 7–10 cm lang.
Blüte: Radiär, trompetenförmig, 4–5 cm, 5-zählig, hellrot, in Trauben.
Frucht: Trockene Schließfrucht.
Standort: Vollsonnige Lagen.
Verwendung: Zimmerpflanze für Einzelstellung, Sukkulentensammlung. Nicht winterhart.
Vermehrung: Stecklinge oder Aussaat im Frühling.
Kultur: In durchlässigem Kakteensubstrat, während der Vegetationszeit regelmäßig gießen, in der winterlichen Ruhezeit kaum gießen.
Sorte: Mehrere Farbsorten bekannt, auch in weiß.
Hinweise: Im Winter oft blattlos.

Adenium obesum		Adiantum raddianum
1 m		0,3–0,45 m
IV–VII		–
Zimmerpflanze		Zimmerpflanze
Warmhaus		Warmhaus

Adiantum raddianum
Frauenhaarfarn
Adiantaceae, Frauenhaarfarngewächse

Heimat: Mittelamerika, Südamerika. Tropisch.
Wuchsform: Zierliche Horste mit leicht überhängenden Trieben.
Blatt: Wechselständig, mehrfach gefiedert, Stiel schwarzbraun.
Standort: Halbschattig bis schattig bei hoher Luftfeuchtigkeit.
Verwendung: Zimmerpflanze. Als Unterpflanzung im Warmhaus, Schnittgrün.
Vermehrung: Teilung im Frühling einfach. Auch Sporenvermehrung möglich.
Kultur: In humosem Substrat, nur Regenwasser verwenden, Topfballen darf nicht austrocknen.
Sorte: 'Fragrantissimum', lockerer Wuchs.
Hinweise: Trockene Blätter entfernen, empfindlich gegen hohe Düngergaben.
Ähnliche Art: *A. tenerum*, Fächer-Frauenhaarfarn, tropisches Amerika.

Aechmea fasciata
Lanzenrosette
Bromeliaceae, Ananasgewächse

Heimat: Brasilien. Tropisch.
Wuchsform: Aufrechter Epiphyt mit trichterförmigen Blattrosetten.
Blatt: Schraubig gestellt, linealisch, gezähnt, mit graugrüner Bänderung, 30–50 cm lang.
Blüte: Einzelblüte blau, wenig auffällig. Ähriger Blütenstand erscheint aus dem Trichter mit rosafarbenen, gezähnten Hochblättern, diese sind lange haltbar.
Frucht: Beere.
Standort: Hell, warm und trocken.
Verwendung: Fensterbank, Blumenfenster.
Vermehrung: Abtrennen der bewurzelten Kindel, auch durch Samen möglich.
Kultur: In durchlässiger, humoser Erde mit Sphagnum-Zusatz oder TKS, Regenwasser auch in die Trichter gießen.
Hinweise: Schildläuse bekämpfen, wenn erforderlich.

Aechmea fasciata		Aeonium arboreum
0,3–0,5 m		0,6–1 m
VII–IX		I–II
Zimmerpflanze		Zimmerpflanze
Warmhaus		Kalthaus

Aeonium arboreum
Aeonium
Crassulaceae, Dickblattgewächse

Heimat: Marokko. Mediterran.
Wuchsform: Breit aufrechte, verzweigte Stämmchen mit Blattrosetten am Triebende.
Blatt: Schraubig, spatelförmig, 5–15 cm lang.
Blüte: Radiär, 2 cm, gelbe Blütchen an endständiger Rispe, diese 10 cm lang.
Frucht: Mehrfächerige Balgfrüchte.
Standort: Hell, aber nicht zu sonnig, Fensterbank, im Sommer im Freien.
Verwendung: Einzeln in größeren Tontöpfen, im Sommer auch im Sukkulentenbeet.
Vermehrung: Triebstecklinge oder Aussaat der feinen Samen im Frühling.
Kultur: In Kakteenerde, mäßig gießen und düngen, im Frühling umtopfen.
Sorte: 'Schwarzkopf', dunkel-braunrote Blätter.
Besonderes: Nach der Blüte stirbt der ganze Zweig ab.
Hinweise: Ruhezeit im Winter einhalten, wenig gießen.

Aeonium tabuliforme
Teller-Aeonium
Crassulaceae, Dickblattgewächse

Heimat: Teneriffa. Mediterran, subtropisch.
Wuchsform: Flache, bis 25 cm breite Blattrosette.
Blatt: Spatelig, hellgrün, 5–15 cm lang.
Blüte: Radiär, 2 cm, gelbe Blütchen an endständiger Rispe, diese 10–25 cm lang. Monocarp.
Frucht: Mehrfächerige Balgfrüchte.
Standort: Absonnig, in Mauerfugen im Gewächshaus oder Wintergarten. Nicht winterhart
Verwendung: Einzeln in größeren Töpfen, Sukkulentenbeeten, gut für Steinanlagen.
Vermehrung: Aussaat der feinen Samen im Frühling.
Kultur: In Kakteenerde, mäßig gießen und düngen. Im Frühling umtopfen. Ruhezeit im Winter einhalten.
Hinweise: Nach der Samenreife stirbt die ganze Rosette ab.

Aeonium tabuliforme		Aeschynanthus radicans
0,1/0,2–0,35 m		0,1–0,2 m
VII–IX		V–VIII
Zimmerpflanze		Ampelpflanze
Kalthaus		Warmhaus

Aeschynanthus radicans
Schamblume
Gesneriaceae, Gesneriengewächse

Heimat: Java. Tropisch.
Wuchsform: Staude bis Halbstrauch mit 0,5–0,8 m lang herabhängenden Trieben.
Blatt: Gegenständig angeordnet, eiförmig zugespitzt, 4–6 cm lang, dunkelgrün.
Blüte: Zygomorphe Röhrenblüte, 5–6 cm lang, 5-zipfelig, scharlachrot mit schwarzrotem, behaarten Kelch, in end- und achselständigen Büscheln.
Frucht: Längliche Kapsel.
Standort: Halbschattig, Temperatur zwischen 20 und 25 °C, im Winter niedriger.
Verwendung: Ampelpflanze oder als Epiphyt.
Vermehrung: Kopfstecklinge im Frühling.
Kultur: In TKS mit Zusatz von Sphagnum oder Styromull. Erde gleichmäßig feucht halten, verträgt aber keine Staunässe.
Hinweise: Auf Blattläuse achten. Bild: *A. radicans* 'Purple Star'.
Ähnliche Art: *A. speciosus* mit gelborangefarbenen Blüten.

Agapanthus praecox
Schmucklilie
Alliaceae, Lauchgewächse

Heimat: Südafrika: Östliches Kap. Gemäßigt, mediterran.
Wuchsform: Aufrechte, Staude mit fleischigen Wurzeln. Laub überhängend.
Blatt: Schmal, immergrün, bis 60 cm lang, 3 cm breit, glänzend grün
Blüte: Trichterförmig, 3–4 cm, blau oder weiß in zusammengesetzter Dolde.
Frucht: Kapsel mit schwarzen Samen.
Standort: Volle Sonne in warmen Lagen in durchlässigen Böden.
Verwendung: In großen Kübeln oder auf Beeten. Ruhezeit im Winter hell und kühl, Kalthauspflanze.
Vermehrung: Teilung im Frühling, Aussaat mit Vorkultur.
Kultur: Kräftige Humuserde mit Lehmanteil, Reichlich gießen und düngen. Im Winter weniger, aber nicht ganz austrocknen lassen.
Sorte: 'Headbourne Hybriden' sind weitgehend winterhart.

0,4–0,6/ 0,7–0,8 m		1/3–8 m
VII–VIII		VI–IX
Kübelpflanze		Kübelpflanze
Kalthaus		Kalthaus

Agave americana
Amerikanische Agave
Agavaceae, Agavengewächse

Heimat: Mexiko. Subtropisch, mediterran.
Wuchsform: Breit aufrechte, Rosetten bildende Sukkulente.
Blatt: Dickfleischig, bis über 1 m lang, blaugrün; Rand- und spitze Enddornen.
Blüte: Becherförmig, 8 cm lang, gelb, in bis 8 m hoher Blütenrispe, monocarp, selten.
Frucht: Kapsel.
Standort: Vollsonnig, auch steinig, in warmen, geschützten Lagen. Nicht winterhart.
Verwendung: Einzeln auf großen Terrassen, öffentliche Anlagen. Überwinterung im Kalthaus.
Vermehrung: Abtrennen der Ausläufer im Frühling. Aussaat im März unter Glas.
Kultur: Sandige Lehmerde mit 40 % Lauberdeanteil. Kann als Sukkulente viel Trockenheit vertragen.
Sorte: 'Marginata Aurea', gelb gestreifte Blätter (Bild).
Hinweise: Rosette stirbt nach der Blüte ab. Flaschenkorken auf gefährliche Enddornen beim Überwintern stecken.

Agave victoriae-reginae

Zwerg-Agave

Agavaceae, Agavengewächse

Heimat: Mexiko. Subtropisch, mediterran.
Wuchsform: Breit aufrechte, dichte Rosetten bildende Sukkulente.
Blatt: Fleischig, lineal, grün mit weißem Rand und Enddornen, bis 60 cm lang.
Blüte: Becherförmig, 4–6 cm lang, gelbgrün, in bis 3 m hoher Blütenrispe, monocarp, sehr selten.
Frucht: Kapsel.
Standort: Vollsonnig, auch steinig, in warmen, geschützten Lagen.
Verwendung: Einzeln auf Terrassen, Steingärten, aber dort im Topf einsenken. Nicht winterhart, daher ins Kalthaus einräumen.
Vermehrung: Aussaat im März unter Glas.
Kultur: Sandige Lehmerde mit 40 % Lauberdeanteil. Kann als Sukkulente viel Trockenheit vertragen.
Hinweise: Rosette stirbt nach der Blüte ab.

Agave victoriae-reginae		Aglaonema commutatum
0,6/2–3 m		0,3–0,45 m
VI–IX		VI–IX
Kübelpflanze		Zimmerpflanze
Kalthaus		Warmhaus

Aglaonema commutatum

Kolbenfaden

Araceae, Aronstabgewächse

Heimat: Philippinen, Sulawesi. Tropisch.
Wuchsform: Buschiger, horstbildender Halbstrauch.
Blatt: Wechselständig, breit lanzettlich, meist weiß gefleckt, bis 30 cm lang.
Blüte: Kolbenförmig, 5–8 cm, weiß, umgeben von hellgrüner Spatha.
Frucht: Kolben mit roten Beeren, selten.
Standort: Warmhaus, halbschattig bis schattig, hohe Luftfeuchtigkeit.
Verwendung: Vitrinen, Badezimmer, Wintergärten.
Vermehrung: Kopfstecklinge und Stammstücke, ganzjährig möglich.
Kultur: In Einheitserde, gleichmäßig feucht halten, alle 2 Jahre umtopfen. Besprühen mit kalkfreiem Wasser verhindert Kalkflecken.
Sorte: 'Silver Queen', silberweiß gefleckte Blätter.
Hinweise: Hydrokultur möglich.
Ähnliche Art: *A. crispum,* stärker wachsend, in der Heimat Java bis 1 m hoch.

Albizia julibrissin

Seidenbaum, Seidenakazie
Mimosaceae, Mimosengewächse

Heimat: Vom Iran bis China und Japan. Mediterran, subtropisch.
Wuchsform: Mehrstämmiger, breitkroniger Baum. In milderen Gebieten auch bis 10 m hoch wachsend.
Blatt: Wechselständig, doppelt gefiedert, sichelförmig, Einzelblättchen 1 cm lang.
Blüte: Einzelblüte winzig, Blütenköpfchen kugelig, 4 cm, hellrosa, mit vielen langen Staubgefäßen.
Frucht: Hülse, flach, 10–15 cm lang.
Standort: Sonnig bis halbschattig.
Verwendung: In Kübeln auf Terrassen, sommers auch ausgepflanzt. Ab Herbst ins Kalthaus einräumen. Nicht winterhart.
Vermehrung: Aussaat im Frühling.
Kultur: Kalkfreie Substrate wie Rhododum, jährlich im Frühling umtopfen. Regelmäßig im Winter schneiden, mit Regenwasser gießen.
Sorte: 'Rosea', kräftig rosa, gedrungender Wuchs, härter als die Art.
Hinweise: Blätter nachts zusammengefaltet (Schlafstellung).
Ähnliche Art: *A. lophantha*, gelb.

Albizia julibrissin	Allamanda cathartica
2–5 m	*6–10 m*
VI–VIII	*IV–XI*
Kübelpflanze	*Wintergarten*
Kalthaus	*Warmhaus*

Allamanda cathartica

Goldtrompete
Apocynaceae, Hundsgiftgewächse

Heimat: Nördliches Südamerika. Tropisch.
Wuchsform: Rasch wachsender, 6–10 m hoher Schlinger.
Blatt: Quirlständig, eiförmig, ganzrandig, immergrün, glänzend, 10–14 cm lang.
Blüte: Trichterförmig, 5 cm, leuchtend gelb, zu mehreren am Triebende.
Frucht: Eiförmige Kapsel.
Standort: Hell bis halbschattig, warm, hohe Luftfeuchtigkeit.
Verwendung: Wintergärten, Rankgerüste. Hell überwintern, sonst Blattfall möglich.
Vermehrung: Triebstecklinge im Warmhaus.
Kultur: In Einheitserde, benötigt viele Nährstoffe und Wassergaben, darf im Winter nicht austrocknen.
Sorte: 'Williamsii', gelb-weiße Blüten, 1–2 m hoch.
Hinweise: Im Februar zurückschneiden. Bei der Anzucht werden Wuchshemmstoffe eingesetzt, deren Wirkung später nachlässt.

Alocasia lowii

Alokasie, Tropenwurz
Araceae, Aronstabgewächse

Heimat: Kalimantan (Borneo), Malaiische Halbinsel. Tropisch.

Wuchsform: Lockere Horste bildende Staude mit knolligen Rhizome.

Blatt: Oval bis pfeilförmig, grundständig, langgestielt, immergrün mit weißer Zeichnung, unten violett, glänzend, 20–30 cm lang, über 10 cm breit.

Blüte: Einzelblüten auf Kolben, Spatha grün-weiß, wenig auffallend, selten.

Frucht: Beere.

Standort: Halbschattig bis schattig, bei 22 °C, winters bei 18 °C.

Verwendung: Warmhaus, Wintergärten mit hoher Luftfeuchtigkeit.

Vermehrung: Teilung der knollenartigen Rhizome.

Kultur: In humoser Erde mit Zusatz von Sphagnum, Hygromull und Sand. Erde nicht austrocknen lassen, von IV–IX alle 2 Wochen düngen.

Besonderes: Rhizome von anderen Arten werden in der Heimat gegessen. (Bild: *A. × amazonica*)

Alocasia lowii		Aloe arborescens
0,6–1/ 0,5 m		*1–4 m*
unterschiedlich		*I–IV*
Warmhaus		*Kübelpflanze*
Warmhaus		*Kalthaus*

Aloe arborescens

Baumartige Aloe
Aloaceae, Aloengewächse

Heimat: Südafrika: Natal. Subtropisch, mediterran.

Wuchsform: Breit aufrechter sukkulenter Strauch.

Blatt: Schraubig, linealisch, gezähnt, graugrün, 40–60 cm lang.

Blüte: Röhrenblüten bis 4 cm lang, orangefarben, endständige Trauben 60 cm lang.

Frucht: Kapsel.

Standort: Vollsonnig, im Sommer auch im Freien.

Verwendung: Einzeln in Gefäßen auf Terrassen und Balkon im Sommer. Ab Herbst frostfrei, aber kühl und trocken überwintern. Kalthauspflanze.

Vermehrung: Aussaat im Vorfrühling, Abtrennen von Seitensprossen.

Kultur: In durchlässigem, sandigen Substrat.

Sorte: 'Variegata', Blätter grün mit rosafarbener Zeichnung.

Besonderes: Heilpflanze, schleimiger Saft kann gegen Verbrennungen helfen.

Aloe variegata
Brand-Aloe, Tiger-Aloe
Aloaceae, Aloengewächse

Heimat: Süd-Afrika: Botswana, Kap. Subtropisch, mediterran.
Wuchsform: Aufrechter sukkulenter Halbstrauch mit Blattrosetten an den Triebenden.
Blatt: Linealisch, dreieckig im Querschnitt, graugrün mit weißen Querbändern, Blattrand mit weißen Zähnen, 15 cm lang.
Blüte: Röhrenblüten bis 4 cm lang, orangerot, endständige Trauben 30 cm lang.
Frucht: Kapsel.
Standort: Vollsonnig, im Sommer auch im Freien.
Verwendung: Einzeln in Töpfen, Fensterbrett, Sukkulentensammlung. Ab Herbst frostfrei, aber kühl und trocken überwintern. Kalthauspflanze.
Vermehrung: Aussaat im Vorfrühling, Abtrennen von Seitensprossen.
Kultur: In durchlässigem, sandigen Substrat.
Besonderes: *A. vera,* Echte Aloe: wichtige Heilpflanze zur Hautpflege.
Hinweise: Viele weitere Arten bekannt.

0,2–0,3/ 0,3–0,4 m	*3–4 m*
VI–VII	*IV–VI*
Zimmerpflanze	*Blumenfenster*
Kalthaus	*Warmhaus*

Alpinia zerumbet
Alpinie, Galgant
Zingiberaceae, Ingwergewächse

Heimat: Ost-Asien. Tropisch.
Wuchsform: Rhizombildende, aufrecht-übergeneigt wachsende Staude.
Blatt: 2-zeilig, elliptisch, immergrün, dunkelgrün, 60 cm lang, 12 cm breit.
Blüte: Disymmetrisch, muschelförmig, 4 cm, weiß mit gelb und rot, in 30 cm langen, endständigen Rispen.
Frucht: Kapsel.
Standort: Halbschattig, warm.
Verwendung: Blumenfenster, Wintergärten, Warmhauspflanze.
Vermehrung: Teilung der knolligen Rhizome im Frühling.
Kultur: In Einheitserde, dauernd feucht halten.
Hinweise: Aromatischer Duft. Bildet Dickichte.

Ananas comosus
Ananas
Bromeliaceae, Ananasgewächse

Heimat: Brasilien. Tropisch.
Wuchsform: Krautige, mehrjährige, leicht sukkulente Rosettenpflanze.
Blatt: Schraubig, linealisch, gezähnt ohne Stachelspitzen, grau 80–150 cm lang.
Blüte: Blüten im Fruchtfleisch versteckt, Blütenschaft mit großem Blütenkolben, endet mit einem Blattschopf.
Frucht: Beere, essbar, wird bei uns selten gebildet.
Standort: Hell. aber nicht sonnig, für große Wintergärten, Warmhauspflanze.
Verwendung: Zimmerpflanze. In Hydro-Gefäßen im Einzelstand.
Vermehrung: Kindel abnehmen, Blattschopf der Frucht abschneiden, im Wasserglas bewurzeln lassen.
Kultur: In TKS oder Einheitserde bei 18 °C, pH 5, im Sommer kräftig düngen.
Sorte: 'Variegatus', gelb gestreifte Blätter, etwas kleiner (Bild).
Besonderes: Weit verbreitete Nutzpflanze
Hinweise: Großer Platzbedarf.

Anigozanthus flavidus
Kängurublume
Haemodoraceae, Haemodoragewächse

Heimat: West-Australien. Subtropisch.
Wuchsform: Grundständige Rosette mit aufrechten Blütenständen, horstiger Wuchs.
Blatt: Wechselständig, lanzettlich, immergrün, 70–90 cm lang.
Blüte: Grüngelb mit roter Spitze, 3–4 cm lang, 3-zählig, klauenförmig mit kurzen Härchen bedeckt. Eigenartige Blütenform.
Frucht: Kapsel.
Standort: Hell und sonnig, im Sommer auch im Freien. Im Herbst einräumen.
Verwendung: Pflegeleichte Kübelpflanze.
Vermehrung: Aussaat ganzjährig oder Teilung.
Kultur: Nach der Keimung in Töpfe pikieren, später umtopfen, sandige Erde. Benötigt geringe Düngergaben.
Sorte: 'Bush Noon', hellrosa.

Ananas comosus		Anigozanthus flavidus
0,6–0,8/ 1 m		*0,7–0,9/ 1–1,2 m*
VII–I		*V–VI*
Zimmerpflanze		*Kübelpflanze*
Warmhaus		*Kalthaus*

Anthurium andraeanum
Große Flamingoblume
Araceae, Aronstabgewächse

Heimat: Kolumbien. Tropisch.
Wuchsform: Horstbildende, verholzende Pflanze.
Blatt: Grundständig, länglich-herzförmig, lang gestielt, immergrün, 30–40 cm.
Blüte: Weißgelber, gerader Kolben mit auffälliger, bis 20 cm großer Spatha (Hochblatt), rot, rosa, weiß. Oft auch ganzjährig.
Frucht: Kolben mit fleischigen Beeren.
Standort: Helle, aber nicht besonnte, feuchtwarme Plätze.
Verwendung: Wichtige Schnittblume, Topfsorten auch für den Wintergarten. Im Winter kühler und trockener halten. Nicht winterhart.
Vermehrung: Frischen Samen sofort aussäen, nicht bedecken. Teilung.
Kultur: In TKS oder Einheitserde bei hoher Luft- und Bodenfeuchtigkeit.
Sorte: 'Guatemala', gedrungen wachsende Topfpflanze.
Hinweise: Läuse bekämpfen. Viele Hybriden im Sortiment.

0,4–1 m		*0,3–0,6/ 0,4–0,7 m*
II–VII		*I–V*
Zimmerpflanze		*Zimmerpflanze*
Warmhaus		*Warmhaus*

Anthurium scherzerianum
Kleine Flamingoblume
Araceae, Aronstabgewächse

Heimat: Guatemala, Costa Rica. Tropisch.
Wuchsform: Horstbildende, leicht verholzende Pflanze.
Blatt: Grundständig, länglich-herzförmig, lang gestielt, immergrün, 15–20 cm.
Blüte: Rötlicher, spiraliger Kolben mit auffälliger Spatha, rot, rosa, weiß.
Frucht: Kolben mit roten Beeren.
Standort: Helle, aber nicht besonnte, feuchtwarme Plätze.
Verwendung: Wichtige Topfpflanze, auch für den Wintergarten. Im Winter kühler und trockener halten.
Vermehrung: Frischen Samen sofort aussäen, nicht bedecken. Teilung.
Kultur: In TKS oder Einheitserde bei hoher Luft- und Bodenfeuchtigkeit.
Sorten: 'Renata' und 'Amazone', klein wachsende Topfpflanze.
Besonderes: Spatha (Hochblatt) ist bis zu 12 cm groß.
Hinweise: Schildläuse bekämpfen, auf Pilzkrankheiten, Spinnmilben und Nacktschnecken achten..

Aphelandra squarrosa
Glanzkölbchen
Acanthaceae, Akanthusgewächse

Heimat: Südost-Brasilien. Tropisch.
Wuchsform: Aufrechte Staude.
Blatt: Kreuzweise gegenständig, eiförmig, dunkelgrün mit weißen Adern, bis 30 cm lang
Blüte: Gelb, erscheinen aus gelben Deckblättern, Blütenstand unverzweigt.
Frucht: Kapsel.
Standort: Hell, aber nicht sonnig, Verbrennungsgefahr.
Verwendung: Dekorative Warmhauspflanze, Fensterbrett. Überwinterung bei 15 °C.
Vermehrung: Grünstecklinge von Frühling bis Sommer, Bodenwärme bei 25 °C.
Kultur: Torfreiche Erdsubstrate, gleichmäßig gießen und düngen.
Sorten: 'Fritz Prinsler', 'Dania', gedrungener Wuchs.
Hinweise: Starker Rückschnitt im Frühjahr. Auf Blattläuse, Schildläuse und Wurzelfäule achten.

Aphelandra squarrosa		Araucaria heterophylla
0,4/ 0,5 m		*2–6 m*
VI–X		*–*
Zimmerpflanze		*Wintergarten*
Warmhaus		*Kalthaus*

Araucaria heterophylla
(Syn.: *A. excelsa*)
Norfolktanne, Zimmertanne
Araucariaceae, Araukariengewächse

Heimat: Norfolk-Inseln (zwischen Australien und Neuguinea). Subtropisch, oft in mediterranen Gärten verbreitet.
Wuchsform: Straff aufrecht mit quirlartig abstehenden Zweigen in Etagen. In der Heimat 30–60 m hoch wachsend.
Blatt: Spiralig, nadelförmig, dunkelgrün, 1–1,5 cm lang.
Blüte: Unscheinbar, zweihäusig.
Frucht: Zapfen 7–12 cm.
Standort: Hell, aber nicht sonnig, kühle Zimmer.
Verwendung: Kalthauspflanze für den Wintergarten, benötigt viel Platz.
Vermehrung: Kopfstecklinge mit einer Etage, pudern mit Wurzelfix erforderlich.
Kultur: In humosem Substrat mit Sandzusatz, öfters düngen.
Hinweise: Leidet bei warmer und trockener Zimmerluft (Zentralheizung).

Arbutus andrachne
Östlicher Erdbeerbaum
Ericaceae, Heidekrautgewächse

Heimat: Östliches Mittelmeergebiet. Mediterran.
Wuchsform: Mehrstämmiger Strauch mit rotbrauner Rinde.
Blatt: Wechselständig, elliptisch, dunkelgrün, unterseits heller, immergrün, 5–10 cm lang.
Blüte: Weiße Glöckchen, 8–10 mm groß, in endständigen Rispen.
Frucht: Beere, gelb bis orangerot, essbar, 1 cm groß, rund.
Standort: Volle Sonne, saure Böden.
Verwendung: Wintergärten, Kübelbepflanzung. Überwinterung im kühlen Wintergarten. In milden Gebieten winterhart. Kalthauspflanze.
Vermehrung: Stecklinge im Spätsommer, Aussaat im Frühling.
Kultur: In saurem Humussubstrat.
Besonderes: Früchte essbar, aber ohne Geschmack.
Andere Art: *Arbutus unedo* aus Südwest-Europa ist ähnlich, aber etwas niedriger.

Arbutus andrachne		Ardisia crenata
6–12 m		*0,6–1,2 m*
III–IV		*VI–IX*
Kübelpflanze		*Wintergarten*
Kalthaus		*Kalthaus*

Ardisia crenata
Spitzblume, Ardisie
Myrsinaceae, Myrsinengewächse

Heimat: Japan bis Süd-Asien. Subtropisch.
Wuchsform: Locker buschiger Strauch mit abstehenden Zweigen.
Blatt: Wechselständig, elliptisch, am Rand gekerbt, immergrün, 5–10 cm.
Blüte: Weiße Schalenblütchen bis 1 cm, 5-zählig, in Rispen.
Frucht: Rote Beeren bis 1 cm groß, rund, lange zierend.
Standort: Hell, aber Morgensonne günstig.
Verwendung: Für Wintergärten und Fensterbrett, lang haltbare Topfpflanze. Im Winter kühler als 18 °C. Nicht frosthart.
Vermehrung: Kopfstecklinge im Sommer oder Aussaat im Frühling.
Kultur: In mäßig saurer Humuserde, Einheitserde bei 18–20 °C, Erde gleichmäßig feucht halten, wöchentlich düngen.
Hinweise: Reicher Beerenansatz durch Bestäubungshilfe mit Pinselchen.

Argyroderma delaetii
Silberhaut
Aizoaceae, Mittagsblumengewächse

Heimat: Südafrika: Namaqualand. Subtropisch.
Wuchsform: Gedrungen, sukkulent, langsamwachsend.
Blatt: Gegenständig, eiförmig, immergrün, dickfleischig, von silberner Haut überzogen, 6–8 cm lang.
Blüte: Radiär, vielstrahlig, 4–5 cm breit, weiß, gelblich oder rosa.
Frucht: Kapsel mit 14–18 Fächern.
Standort: Vollsonnig, geschützt.
Verwendung: Sukkulentensammlung, Topfpflanze. Kalthauspflanze.
Vermehrung: Aussaat im Frühling.
Kultur: Lehmig-mineralisches Substrat (wächst in der Heimat in Quarzkiesfeldern), ohne Torf, dafür mit Perlite. Nässeempfindlich. Während des Wachstums im Sommer gießen, Ruhezeit von I–IV.
Hinweise: Der ganze Körper besteht nur aus 2 dickfleischigen Blättern.

Argyroderma delaetii		Asclepias curassavica
0,06–0,08 m		*0,7–1/0,8–1,2 m*
VIII–IX		*V–IX*
Fensterbrett		*Kübel- und Beetpflanze*
Kalthaus		*Laubdecke*

Asclepias curassavica
Curaçao-Seidenpflanze
Asclepiadaceae, Seidenpflanzengewächse

Heimat: Südamerika. Tropisch.
Wuchsform: Buschiger Halbstrauch.
Blatt: Gegenständig, lanzettlich, 5–15 cm lang, dunkelgrün, immergrün.
Blüte: Radiär, 1,5 cm groß, orangefarben und gelb, in endständigen Trugdolden.
Frucht: Lange Balgfrucht mit flugfähigen Samen.
Standort: Vollsonnig, warm.
Verwendung: Kübelpflanze, Schnittpflanze, Früchte für Trockensträuße. Bei Winterschutz (Laubabdeckung) im Freien ausdauernd.
Vermehrung: Aussaat II–IV unter Glas bei 12–15 °C.
Kultur: Nach der Keimung Pikieren, später entspitzen. Ab V ins Freie.
Sorte: 'Indianerin', rot mit gelb.
Hinweise: Stängelenden bluten nach dem Schnitt, daher 1 Minute in heisses Wasser tauchen. Wichtige Schmetterlingsfutterpflanze.
Ähnliche Arten: *A. fruticosa,* weiß, längliche Früchte; *A. physocarpa,* Frucht kugelig.

Asparagus densiflorus
Zierspargel
Asparagaceae, Spargelgewächse

Heimat: Südafrika: Natal. Subtropisch.
Wuchsform: Aufrecht bis überhängender, leicht bedornter Spreizklimmer.
Blatt: Schraubig angeordnete, nadelfömige Scheinblättchen, grün, 1–3 cm lang.
Blüte: Radiär, 3-zählig, klein, weiß, duftend.
Frucht: Rote, kugelige Beere.
Standort: Hell bis sonnig. Dankbar für hohe Luftfeuchtigkeit.
Verwendung: Helle Badezimmer, Dielen, Wintergärten oder helles Kalthaus.
Vermehrung: Aussaat ab Februar im Warmhaus, Dunkelkeimer; Teilung möglich.
Kultur: Einheitserde, gleichmäßig gießen und düngen. Im Winter kühler und trockener halten.
Sorte: 'Sprengeri', wichtig als Schnittgrün; 'Myersii', dichte Wedel aufrecht.
Hinweise: Auf Blattläuse und Spinnmilben achten.

Asparagus falcatus
Sicheldorn-Zierspargel
Asparagaceae, Spargelgewächse

Heimat: Sri Lanka, tropisches Afrika. Subtropisch, tropisch.
Wuchsform: Aufrechter bis überhängender, leicht bedornter Spreizklimmer.
Blatt: Schraubig angeordnete, sichelförmige Phyllocladien, grün, 5–8 cm lang.
Blüte: Radiär, 3-zählig, klein, weiß, duftend.
Frucht: Braune, kugelige Beere.
Standort: Hell bis sonnig. Dankbar für hohe Luftfeuchtigkeit.
Verwendung: Helle Wintergärten, Warm- bis Kalthaus.
Vermehrung: Aussaat ab Februar im Warmhaus, Dunkelkeimer; Teilung möglich.
Kultur: Einheitserde, gleichmäßig gießen und düngen. Im Winter kühler und trockener halten.
Hinweise: Auf Blattläuse und Spinnmilben achten.

Asparagus densiflorus		Asparagus falcatus
0,6–2 m		*2–6 m*
VIII–X		*VIII–X*
Zimmerpflanze		*Wintergarten*
Kalthaus		*Kalthaus*

Asparagus setaceus
Federiger Zierspargel
Asparagaceae, Spargelgewächse

Heimat: Süd-Afrika. Subtropisch, mediterran.
Wuchsform: Aufrechter bis überhängender, leicht bedornter Spreizklimmer. In der Heimat 1–6 m hoch wachsend.
Blatt: Wechselständig, feinnadelige Scheinblättchen, grün, 1 cm lang.
Blüte: Radiär, 3-zählig, klein, weiß, selten zu sehen.
Frucht: Rote, kugelige Beere, selten.
Standort: Hell, aber absonnig, dankbar für hohe Luftfeuchtigkeit.
Verwendung: Helle Badezimmer, Dielen, Wintergärten, Kalthaus.
Vermehrung: Aussaat ab Februar im Warmhaus, Dunkelkeimer; Teilung möglich.
Kultur: Einheitserde P, gleichmäßig gießen und düngen.
Sorte: 'Plumosus', (Bild), gedrungen, wichtige Schnittgrünsorte.
Besonderes: Im Winter kühler und trockener halten.
Hinweise: Auf Blattläuse und Spinnmilben achten.

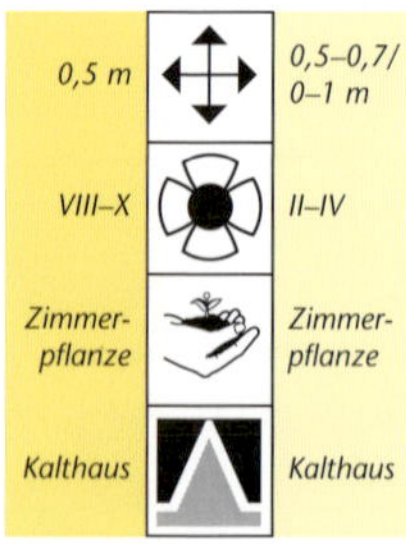

Aspidistra elatior
Metzgerpalme, Schusterpalme
Convallariaceae, Maiglöckchengewächse

Heimat: China. Subtropisch.
Wuchsform: Horstbildende, aufrechte Staude mit kurzen Ausläufern.
Blatt: Grundständig, breit lanzettlich, gestielt, dunkel- und immergrün.
Blüte: Radiär, 1–2 cm groß, trübviolett, wenig über dem Boden sitzend.
Frucht: Kapsel.
Standort: Besonders anspruchslos, hell bis schattig, kühl.
Verwendung: Für schattigste Stellen im Haus verwendbar.
Vermehrung: Teilung.
Kultur: In lehmig-humoser Erde, alle 2–3 Jahre umtopfen.
Sorte: 'Variegata', weiß gestreifte Blätter.
Hinweise: Blüten werden von Bodentieren bestäubt.

Asplenium nidus
Nestfarn
Aspleniaceae, Streifenfarngewächse

Heimat: Afrika, Asien, Australien. Tropisch.
Wuchsform: Trichterförmige, teils ausladende Rosetten.
Blatt: Grundständig, lanzettlich in Rosetten, immergrün, 30–90 cm lang.
Frucht: Strichförmige Sori auf der Blattunterseite, beiderseits der Mittelrippe.
Standort: Halbschattig bis schattig, hohe Luftfeuchtigkeit wichtig.
Verwendung: In Wintergärten, auf Epiphytenstämmen.
Vermehrung: Sporenanzucht auf sterilisierten Torfsoden im Frühling.
Kultur: Einheitserde mit Sphagnum, Lauberde und Torfbrocken vermischt, pH 5, Substrat immer gut feucht halten. In den Blatttrichtern kann Wasser stehen bleiben.
Hinweise: Oft als Epiphyt auf alten Bäumen.

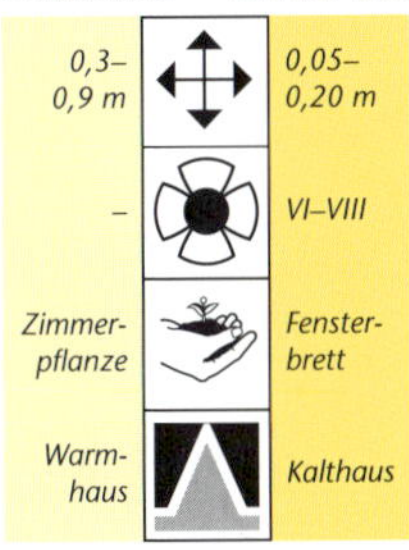

Astrophytum myriostigma
Bischofsmütze
Cactaceae, Kakteengewächse

Heimat: Nordostmexiko. Subtropisch.
Wuchsform: Kugelige, dornlose Sukkulente, mit 5 breiten, grau beflockten Rippen.
Blüte: Radiär, 5–6 cm, gelb, erscheint am Vegetationspunkt.
Frucht: Beere.
Standort: Vollsonnig, warm und trocken.
Verwendung: Im Einzelstand in Töpfen, auch Sammlungen.
Vermehrung: Aussaat im Frühling schwierig, feine Samen nicht abdecken.
Kultur: Durchlässige Erde, Kakteenmischung, wenig gießen und düngen.
Besonderes: Formen mit 3 und 4 Rippen sind begehrte Liebhaberstücke.
Hinweise: Braune, wollige Areolen, Blüten schließen sich abends, halten 1 Woche. Blätter völlig reduziert. Pflanze assimiliert mit dem Spross.
Weitere Art: *A. asterias*, Seeigelkaktus, 4–5 cm hoch, flachkugelig, gelbe Blüten

Aucuba japonica
Aukube
Cornaceae, Hartriegelgewächse

Heimat: Ost-Asien. Gemäßigt.
Wuchsform: Mehrtriebiger Strauch.
Blatt: Gegenständig, elliptisch, immergrün, lederig grün, 8–20 cm lang.
Blüte: Zweihäusig, 3–4 mm, weibliche Blüten 4-zählig, purpur, unscheinbar.
Frucht: Steinfrucht, 1 cm, länglich, rot.
Standort: Sonnig bis halbschattig.
Verwendung: Als Kübelpflanze in Einzelstellung, für Innenhöfe, Terrassen. In milden Gebieten winterhart, verträgt bis zu -10 °C.
Vermehrung: Stecklinge im Sommer.
Kultur: Lehmig-humose Böden, alle paar Jahre umtopfen, öfters düngen.
Sorte: 'Crotonifolia', Blätter mit gelben Flecken.
Hinweise: In voller Sonne Blattschäden möglich, auf Schildläuse achten.

Aucuba japonica		Bauhinia variegata
2–2,5 m		4–8 m
III–IV		I–IV
Kübel- und Beetpflanze		Kübelpflanze
Laubdecke		Kalthaus

Bauhinia variegata
Bauhinie, Orchideenbaum
Caesalpiniaceae, Caesalpiniengewächse

Heimat: China, Indien. Subtropisch.
Wuchsform: Mehrstämmiger Kleinbaum.
Blatt: Wechselständig, eiförmig, 2-lappig, halbimmergrün, 8–10 cm lang.
Blüte: Zygomorph, 5–6 cm groß, rosa, auch weiß und gelb, in Büscheln.
Frucht: Hülse.
Standort: Sonnig und warm.
Verwendung: Einzelstellung im Kübel, in wärmeren Ländern oft als Straßenbaum. Nicht winterhart, daher im Herbst einräumen.
Vermehrung: Aussaat, Stecklinge im Sommer.
Kultur: Nahrhafte, humose Substrate wie Einheitserde, nicht austrocknen lassen.
Sorte: 'Candida', weiße Blüten.
Hinweise: Bei Trockenheit und Wind können die Blätter abgeworfen werden. Wegen der Blütenform als Orchideenbaum bezeichnet.

Beaucarnea recurvata

(Syn.: *Nolina recurvata*)
Flaschenbaum, Elefantenfuß
Dracaenaceae, Drachenbaumgewächse

Heimat: Mexiko. Subtropisch, tropisch.
Wuchsform: Aufrechter, kleiner Schopfbaum mit keulenförmig verdickter Stammbasis. Im Freien bis 9 m hoch wachsend.
Blatt: Schraubig-schopfartig angeordnet, lanzettlich, grün, überhängend, 1–2 m lang, 2 cm breit.
Blüte: Glockenförmig, weiß, in endständigen Rispen über dem Laub, selten.
Frucht: Kapsel.
Standort: Volle Sonne, wärmeliebend.
Verwendung: Einzelstand im Gefäß im Blumenfenster, Wintergarten, sommers auf der Terrasse. Nicht frosthart, daher im Winter ins Kalthaus räumen.
Vermehrung: Aussaat ganzjährig möglich.
Kultur: Durchlässige Substrate oder Kakteenerde.
Hinweise: Im verdickten Stamm wird Wasser gespeichert. Anspruchslos.

Beaucarnea recurvata		Begonia bowerae
1–3 m		*0,5 m*
VIII–IX		*XI–III*
Zimmerpflanze		*Zimmerpflanze*
Kalthaus		*Warmhaus*

Begonia bowerae

Bewimperte Begonie, Schiefblatt
Begoniaceae, Schiefblattgewächse

Heimat: Südmexiko. Subtropisch, tropisch.
Wuchsform: Breit buschige Staude.
Blatt: Wechselständig, rundlich mit schiefer Spitze, grünbraun gefleckt, gestielt, Randwimpern, 6–8 cm groß.
Blüte: Zygomorph, 1 cm, weiß-rosa, in Blütentrauben über dem Laub.
Frucht: Geflügelte Kapsel mit feinen Samen.
Standort: Halbschattig und warm, für hohe Luftfeuchtigkeit dankbar.
Verwendung: Blumenfenster, Ampeln, Fensterbrett.
Vermehrung: Trieb- und Blattstecklinge.
Kultur: In humosen Substraten, diese nicht austrocknen lassen. 18–22 °C. Staunässe vermeiden.
Sorte: 'Tiger', braungrün mit hellen Randflecken.
Hinweise: Blätter rollen sich bei Trockenheit und hoher Temperatur ein.

Begonia corallina
Strauch-Begonie, Schiefblatt
Begoniaceae, Schiefblattgewächse

Heimat: Brasilien. Subtropisch, tropisch.
Wuchsform: Breit buschiger Halbstrauch.
Blatt: Wechselständig, breit lanzettlich mit schiefer Spitze, dunkelgrün mit weißen Punkten, 10–30 cm lang.
Blüte: Zygomorph, 1–2 cm, dunkelrosa, in Blütentrauben über dem Laub.
Frucht: Geflügelte Kapsel mit feinen Samen.
Standort: Halbschattig und warm, für hohe Luftfeuchtigkeit dankbar.
Verwendung: Blumenfenster, Wintergärten.
Vermehrung: Trieb- und Blattstecklinge.
Kultur: In humosen Substraten, diese nicht austrocknen lassen. Staunässe vermeiden. 18–22 °C.
Sorte: 'Lucerna', dunkelgrün mit weißen Flecken, hängend.
Hinweise: Auch als Stämmchen gezogen. Blätter rollen sich bei Trockenheit und hoher Temperatur ein.

Begonia corallina		Begonia-Elatior-Gruppe
1 m		0,2–0,4 m
I–XII		I–XII
Zimmerpflanze		Zimmerpflanze
temp. Haus, Warmhaus		–

Begonia-Elatior-Gruppe
Elatior-Begonie, Blütenbegonie
Begoniaceae, Schiefblattgewächse

Heimat: Züchtung, durch viele Kreuzungen entstanden. Subtropisch, tropisch.
Wuchsform: Breit buschige Staude.
Blatt: Wechselständig, rundlich, gestielt, mit schiefer Spitze, 6–8 cm groß.
Blüte: Zygomorph, 2–5 cm, in Blütentrauben über dem Laub. In allen Farbtönen, einfach und gefüllt. Überreiche Blüte.
Frucht: Geflügelte Kapsel mit feinen Samen.
Standort: Halbschattig und warm, für hohe Luftfeuchtigkeit dankbar.
Verwendung: Blumenfenster, Schalen, Fensterbrett.
Vermehrung: Trieb- und Blattstecklinge.
Kultur: In humosen Substraten, diese nicht austrocknen lassen. Staunässe vermeiden. 18–22 °C.
Sorten: 'Nixe', karminrot gefüllt; 'Riegers Schwabenland', rot (Bild).
Hinweise: Blätter rollen sich bei Trockenheit und hoher Temperatur ein. Auf Mehltau und Blattläuse achten. Nach der Blütezeit wegwerfen.

Begonia-Rex-Cultorum-Gruppe

Königs-Begonie
Begoniaceae, Schiefblattgewächse

Heimat: Züchtung. Subtropisch, tropisch.
Wuchsform: Breit buschige Staude.
Blatt: Wechselständig, herzförmig zugespitzt, gestielt, mehrfarbig gefleckt oder gebändert; viele Rottöne, über 20 cm groß.
Blüte: Zygomorph, 1 cm, rosa, unauffällig, werden selten gebildet.
Frucht: Geflügelte Kapsel mit feinen Samen.
Standort: Halbschattig und warm, für hohe Luftfeuchtigkeit dankbar.
Verwendung: Blumenfenster, Ampeln, Schalen, Fensterbrett.
Vermehrung: Trieb- und Blattstecklinge, auch Blattteilstecklinge möglich.
Kultur: In humosen Substraten, diese nicht austrocknen lassen. Staunässe vermeiden. 18–22 °C.
Sorte: 'Reiga', rot mit silber, grüner Rand.
Hinweise: Blätter rollen sich bei Trockenheit und hoher Temperatur ein. Auf Blattläuse achten.

0,2–0,4 m		*0,5/0,6 m*
IV–IX		*VI–VIII*
Zimmerpflanze		*Zimmerpflanze*
Warmhaus		*Warmhaus, Kalthaus*

Billbergia nutans

Zimmerhafer
Bromeliaceae, Bromeliengewächse

Heimat: Argentinien, Brasilien, Paraguay. Tropisch.
Wuchsform: Trichterförmige Rosette, Blüte überhängend.
Blatt: Schraubig gestellt, linealisch, am Rand gezähnt, grün, bis 50 cm lang.
Blüte: Röhrig, 4–5 cm lang, rosa-grün-blau, in langer Ähre über der Rosete.
Frucht: Beere, bildet sich bei uns nur bei künstlicher Bestäubung.
Standort: Hell bis halbschattig, warm, im Winter kühler halten.
Verwendung: Einzeln in Töpfen, für Wintergärten, Epiphytenstämme.
Vermehrung: Einfach durch Abtrennen der Seitensprosse (Kindel genannt).
Kultur: Humose Erde, pH 5, Einheitserde. Abgeblühtes entfernen.
Hinweise: Anspruchslose Art. Kaum Schädlingsbefall

Blechnum gibbum
Rippenfarn
Blechnaceae, Rippenfarngewächse

Heimat: Neukaledonien, Vanuatu. Tropisch.
Wuchsform: Trichterförmige Rosette, stammbildend.
Blatt: Schraubig gestellte Rosettenblätter, unpaarig gefiedert, immergrün, glänzend, bis 70 cm lang.
Frucht: Sporen auf der Unterseite der Wedel, unscheinbar.
Standort: Hell bis halbschattig, im Sommer bis 25 °C.
Verwendung: Einzeln im warmen Wintergarten, Zimmer und Blumenfenster. Im Winter hell und kühl stellen (12–18 °C).
Vermehrung: Sporen, Aussaat im Frühling.
Kultur: Torfsubstrat mit Lauberde mischen, pH 5, gleichmäßig feucht halten. Mäßig düngen im Sommerhalbjahr

Bougainvillea glabra
Kahle Drillingsblume, Bougainvillie
Nyctaginacaeae, Wunderblumengewächse

Heimat: Brasilien. Tropisch, subtropisch.
Wuchsform: Stark wachsender, bedornter Spreizklimmer.
Blatt: Wechselständig, elliptisch, glänzend, kahl, immergrün 5–13 cm lang.
Blüte: Röhrenförmig, 1 cm, jeweils zu dritt, weiß. Hochblätter in rosa, rot, lachs, weiß.
Blütezeit: Hochblätter wirken ganzjährig.
Frucht: Schließfrucht länglich.
Standort: Warm und sonnig.
Verwendung: Kübelpflanze für den Wintergarten, im Sommer auf die Terrasse.
Vermehrung: Stecklinge im Frühling, Wurzelfix verwenden, 25 °C Bodentemperatur.
Kultur: In sandig-humosem Substrat, benötigt viel Wasser und Nährstoffe.
Sorten: 'California Gold', gelb; 'Marie', rot; 'Sensation', orangefarben.
Hinweise: Pflanzen bei Anzucht mit Wuchshemmstoffen behandeln.
Weitere Hybride: *B. × buttiana (B. glabra × B. peruviana),* rote Hochblätter.

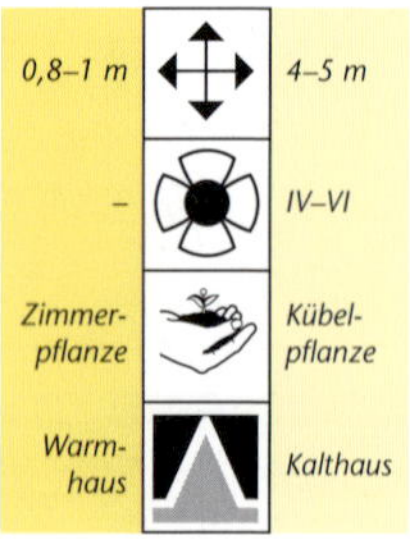

Bougainvillea spectabilis

Drillingsblume, Bougainvillie
Nyctaginacaeae, Wunderblumengewächse

Heimat: Brasilien. Tropisch, subtropisch.
Wuchsform: Sehr stark wachsender, bedornter Spreizklimmer.
Blatt: Wechselständig, elliptisch, glänzend, behaart, immergrün, 5–11 cm lang.
Blüte: Röhrenförmig, 1 cm, jeweils zu dritt, weiß. Hochblätter in rosa, rot, lachs, weiß.
Blütezeit: Hochblätter wirken ganzjährig.
Frucht: Schließfrucht länglich.
Standort: Warm und sonnig.
Verwendung: Kübelpflanze für den Wintergarten, im Sommer auf die Terrasse. Nicht winterhart.
Vermehrung: Stecklinge im Frühling, Wurzelfix verwenden, 25 °C Bodentemperatur.
Kultur: In sandig-humosem Substrat, benötigt viel Wasser und Nährstoffe.
Sorten: 'Alba', weiß; 'Don Mario', dunkelrot.
Hinweise: Pflanzen bei der Anzucht mit Wuchshemmstoffen behandeln.

Bougainvillea spectabilis		Brachychiton rupestris
4–9 m		*10–15 m*
IV–VI		*V–VII*
Kübelpflanze		*Kübelpflanze*
Kalthaus		*Kalthaus*

Brachychiton rupestris

Flaschenbaum
Sterculiaceae, Stinkbaumgewächse

Heimat: Australien: Queensland. Mediterran, subtropisch.
Wuchsform: Kegelförmiger Baum mit flaschenförmigem Stamm.
Blatt: Wechselständig, handförmig, 3- bis 7-lappig, glänzend, halbimmergrün, sehr variabel.
Blüte: Radiär, glockig, 1–1,5 cm, hellgelb, in Rispen angeordnet.
Frucht: Balgfrucht.
Standort: Sonnig und warm.
Verwendung: Einzeln in größeren Gefäßen, Wintergärten, Bonsaipflanze. Nicht winterhart. Im Winter ins Kalthaus.
Vermehrung: Aussaat.
Kultur: Einheitserde, mit Lehm und Sand vermischt, im Winter ins Kalthaus.
Hinweise: Wasserspeicherung im Stamm, daher wenig gießen.
Andere Art: *B. populneus*, Ost-Australien, Blüten cremefarben mit dunklen Punkten.

Browallia speciosa
Browallie
Solanaceae, Nachtschattengewächse

Heimat: Kolumbien, Peru. Tropisch.

Wuchsform: Mehrtriebig buschige, krautige Pflanze.

Blatt: Wechselständig, breit lanzettlich, immergrün, 6–8 cm.

Blüte: Radiär, 5-teilige Schalenblüte, 3–4 cm, lila mit weißem Schlund, in großer Zahl über dem Laub stehend.

Frucht: Beere.

Standort: Hell, aber nicht vollsonnig, warm.

Verwendung: Fensterbrett, reich- und langblühende Zimmerpflanze.

Vermehrung: Aussaat ganzjährig im Kalthaus; Stecklinge im Sommer schneiden.

Kultur: In Einheitserde, gleichmäßig feucht halten, bei 25 °C, im Winter kühler.

Sorte: 'Luna Mittelblau', blau; 'Luna Weiß', weiß.

Hinweise: Auf Pilzkrankheiten achten, mäßige Düngung. Überwinterung lohnt nicht.

0,3–0,4 m		über 1 m
I–XII		I–VI
Zimmerpflanze		Zimmerpflanze
Warmhaus		Warmhaus

Brunfelsia pauciflora var. calycina
Brunfelsie
Solanaceae, Nachtschattengewächse

Heimat: Brasilien. Tropisch.

Wuchsform: Breit aufrechter Kleinstrauch. In der Heimat 1,5–3 m hoch wachsend.

Blatt: Wechselständig, elliptisch, immergrün, unterseits hellgrün, 8–10 cm lang.

Blüte: Radiär, tellerförmig, 4–5 cm breit, 5-zählig, violett, in Trugdolden.

Frucht: Kapsel.

Standort: Hell, aber absonnig, Warmhaus-Temperaturen von 20–22 °C ideal.

Verwendung: Blumenfenster, Wintergarten.

Vermehrung: Kopfstecklinge im Sommer, sollten leicht verholzt sein.

Kultur: In Einheitserde, Substrat nicht austrocknen lassen, alle 14 Tage düngen, Staunässe unbedingt vermeiden, Rückschnitt nach der Blüte.

Sorte: 'Macrantha', größere Blüten.

Hinweise: Blütenbildung fördern durch Ruhezeit ab X/XI für 8 Wochen bei 9–14 °C.

Caladium bicolor
Buntwurz, Buntblatt, Kaladie
Araceae, Aronstabgewächse

Heimat: Ekuador. Tropisch.
Wuchsform: Horstartig wachsende Staude mit knolligen Wurzeln.
Blatt: Grundständig, pfeilförmig, lang gestielt, 20–30 cm lang, über 10 cm breit, in vielen Farbtönen von grün, weiß, rosa, rot.
Blüte: Winzige Blüten auf Kolben, wenig auffälliges Hochblatt (Spatha) weiß, selten.
Frucht: Beere.
Standort: Sehr hell, aber nur Morgen- oder Abendsonne günstig, Warmhaus.
Verwendung: Ausdrucksvolle Blattpflanze für Wintergärten und Gewächshäuser. Nur in Warmhäusern mit hoher Luftfeuchtigkeit ideale Kultur möglich. (70 % LF)
Vermehrung: Knollen bei 15 °C trocken aufbewahren und im Frühling wieder eintopfen. Knollenteilung von II–III, bei 20 °C und hoher Luftfeuchtigkeit antreiben.
Kultur: Einheitserde oder TKS, nicht austrocknen lassen.
Hinweise: Ruhezeit (IX–II) beachten, Blätter ziehen im Winter ein.

Caladium bicolor		Calathea makoyana
0,5–1,2 m		0,2–0,5 m
III–IV		I–II
Wintergarten		Wintergarten
Warmhaus		Warmhaus

Calathea makoyana
Korbmarante
Marantaceae, Marantengewächse

Heimat: Südbrasilien. Tropisch.
Wuchsform: Niedrige, breit buschige Staude mit Rhizomen.
Blatt: 2-zeilig, eiförmig, oliv-rosa mit grüner Musterung, 15–20 cm lang.
Blüte: zygomorph, 2 cm, goldgelb, in aufrechten Ähren, selten.
Frucht: Kapsel.
Standort: Schattig, hohe Luftfeuchtigkeit, Warmhauspflanze, 22–30 °C! Hohe Bodentemperaturen günstig.
Verwendung: Gewächshaus, Wintergarten.
Vermehrung: Teilung der Rhizome im Frühling beim Umpflanzen.
Kultur: In Einheitserde, gleichmäßig feucht halten, alle 2 Wochen düngen.
Besonderes: Wichtige Unterwuchspflanze im Regenwald.
Hinweise: Auf Spinnmilben und Schildläuse achten.
Ähnliche Art: *C. lancifolia*, Brasilien.

Calceolaria-Herbeohybrida-Gruppe
Pantoffelblume
Scrophulariaceae, Rachenblütler, Braunwurzgewächse

Heimat: Züchtung, Ursprungsart aus Chile. Subtropisch, gemäßigt.
Wuchsform: Aufrechte, horstig. Einjährig.
Blatt: Gegenständig, eiförmig, Rand gekerbt, 6–8 cm lang.
Blüte: Zygomorph, Unterlippe pantoffelförmig, 3–5 cm, vorwiegend gelb bis braunrot, getupft oder getigert.
Frucht: Kapsel.
Standort: Hell bis sonnig.
Verwendung: Reich blühende Topfpflanze fürs Fensterbrett, kurzlebig.
Vermehrung: Aussaat im Juli und August im Kalthaus in TKS 1, Lichtkeimer.
Kultur: In Einheitserde, wenig düngen, weil salzempfindlich, Erde nicht austrocknen lassen, aber auch Staunässe vermeiden. Im Winter 8–10 °C.
Sorten: \`Konfetti'; 'Bunter Bikini'.
Besonderes: Anzucht ist Gärtnersache, 4 Wochen Kühlphase bei 8 °C.

0,25–0,4 m		2–4 m
IV–VI		II–X
Zimmerpflanze		Terrasse
–		Kalthaus

Calliandra tweedii
Quastenstrauch
Mimosaceae, Mimosengewächse

Heimat: Brasilien. Tropisch, subtropisch.
Wuchsform: Breitkroniger, oft mehrstämmiger Strauch.
Blatt: Wechselständig, linealisch, doppelt paarig gefiedert, behaart, immergrün, Einzelblättchen 0,6–0,8 cm lang.
Blüte: Kleine Einzelblütchen, dichte Blütenköpfe kugelig, mit 5 cm langen, roten Staubblättern.
Frucht: Hülse, lang und flach.
Standort: Sonnig, geschützt, im Winter im Kalthaus hell und kühl. Nicht winterhart.
Verwendung: Wintergarten, sommers auch im Freien.
Vermehrung: Aussaat; Kopfstecklinge unter Glas bei 20–25 °C.
Kultur: Einheitserde mit Sandzusatz, mäßig feucht halten.
Hinweise: Rückschnitt im Frühling erforderlich. Auf Blattläuse achten.

Callisia elegans
Dreimasterblume
Commelinaceae, Callisie

Heimat: Nordmexiko. Subtropisch, tropisch.
Wuchsform: Kriechende, niederliegende oder hängende Krautige mit langen Trieben.
Blatt: Wechselständig, lanzettlich, 3–8 cm lang, gelbgrün gestreift, immergrün.
Blüte: Radiär, 1 cm, 3-zählig, weiß, unscheinbar.
Frucht: Kapsel.
Standort: Hell bis halbschattig, warm.
Verwendung: Anspruchsloser Bodendecker und Ampelpflanze für Wintergärten.
Vermehrung: Trieb- und Kopfstecklinge ganzjährig.
Kultur: In Einheitserde, laufend gießen und mäßig düngen.
Hinweise: Auf Blasenfuß (Thrips) und Rote Spinne achten.

0,1–0,2 m		2–5 m
I–XII		V–IX
Ampelpflanze		Wintergarten
Wintergarten		Kalthaus

Callistemon citrinus
Zylinderputzer
Myrtaceae, Myrtengewächse

Heimat: Südost-Australien. Subtropisch.
Wuchsform: Mehrstämmiger, aufrechter Strauch mit bogig überhängenden Trieben.
Blatt: Wechselständig, linealisch-lanzettlich, immergrün, 3–7 cm lang.
Blüte: Radiär, klein, rot, lange Staubblätter, in bis 15 cm langer Ähre mit fortwachsendem Spross.
Frucht: Kapsel.
Standort: Sonnig, windgeschützt, kühl überwintern.
Verwendung: Wintergarten; im Sommer auf der Terrasse, im Winter im Kalthaus.
Vermehrung: Aussaat im Winter, Stecklinge im Sommer.
Kultur: Kalkfreie Erdmischung, humose Erde mit Sandzusatz. Mit Regenwasser regelmäßig gießen, im Winter weniger (Ruhezeit), alle 2 Wochen düngen. Verträgt keine Staunässe.
Sorten: 'Burgundy', gedrungen, Blüte purpur; 'White Anzac', weiß
Hinweise: Jungpflanzen einige Male stutzen. Auf Schildläuse achten.

Camellia japonica
Kamelie
Theaceae, Teegewächse

Heimat: Ost-Asien: Japan, Korea, Taiwan. Subtropisch.
Wuchsform: Breit buschiger, mehrstämmiger, aufrechter Strauch.
Blatt: Wechselständig, elliptisch, immergrün, lederig, glänzend, dunkelgrün, unterseits heller, 5–8 cm lang.
Blüte: Radiär, 4–8 cm, auch gefüllt, weiß, rosa; rot, auch mehrfarbig, end- und achselständig.
Blütezeit: Je nach Sorte verschieden.
Frucht: Kapsel.
Standort: Hell bis halbschattig, luftig, kühl.
Verwendung: Schöne Zimmer- und Kübelpflanze, Kalthausgewächs.
Vermehrung: Sommerstecklinge oder Risslinge mit Ansatz vom alten Holz, bei 25 °C Bodentemperatur in Torf-Sandgemisch stecken.
Kultur: Saure Humuserde, pH 4,5–5,5, Torf und Moorerde mit Quarzsandzusatz, nur mit Regenwasser gießen (kalkfrei), nie austrocknen lassen.
Sorten: 'Chandleri Elegans', rosa gefüllt, 'Eleanor Hagood', rot gefüllt.

Campanula isophylla
Zimmer-Glockenblume
Campanulaceae, Glockenblumengewächse

Heimat: Norditalien: Ligurische Alpen. Montan, mediterran.
Wuchsform: Niedrige, liegend-überhängende Krautige mit langen Trieben.
Blatt: Wechselständig, herzförmig, 3–3,5 cm lang.
Blüte: Radiär, sternblütig, 3–4 cm groß, blauviolett, in den Blattachseln.
Frucht: Kapsel.
Standort: Hell, sonnig, leidet aber unter Mittagssonne, mäßig warm.
Verwendung: Ampeln, Fensterbrett, reichblühende Topfpflanze. Im Winter kühl und fast trocken halten.
Vermehrung: Aussaat von I–III im Kalthaus, Kopfstecklinge vor der Blüte.
Kultur: Einheitserde, kühl und luftig, mäßig feucht halten, gelegentlich stutzen.
Sorte: 'Alba', weiß; 'Mayi', hellblau.
Hinweise: Nicht ganz winterhart, wird daher nur einjährig gezogen.

Camellia japonica	Campanula isophylla
2–3 m	*0,1–0,2 m*
XII–IV	*VII–VIII*
Kübelpflanze	*Ampelpflanze*
Kalthaus	*Kalthaus*

Capsicum annuum

Zierpaprika
Solanaceae, Nachtschattengewächse

Heimat: Mexiko. Tropisch.
Wuchsform: Aufrecht buschige, ein- bis mehrjährige Pflanze.
Blatt: Wechselständig, breit lanzettlich, hellgrün, 4–6 cm lang.
Blüte: Radiär, sternförmig, 1–1,5 cm, 5-zählig, weiß.
Frucht: Beere, länglich, von VIII–XII, erst grün, dann rot, essbar (scharf).
Standort: Hell und luftig.
Verwendung: Fensterbrett, Zimmer, im Winter kühler. Als Schnittpflanze haltbar.
Vermehrung: Aussaat I–III unter Glas.
Kultur: Keimlinge pikieren in Einheitserde, stets feucht halten.
Sorte: 'Feuerwerk', 0,15–0,2 m hoch, Früchte rot oder gelb, 2 cm lang
Besonderes: Getrocknete Früchte (Peperoni) sind ein sehr scharfes Gewürz.
Hinweise: Wird jährlich neu herangezogen.

0,3–0,45 m		*0,2–0,3 m*
VI–IX		*–*
Zimmerpflanze		*Wintergarten*
temperiertes Haus		*Warmhaus, Kalthaus*

Carex brunnea

Segge
Cyperaceae, Riedgrasgewächse

Heimat: Süd-Asien, Nordost-Australien. Tropisch.
Wuchsform: Aufrechtes Sauergras mit Ausläufern.
Blatt: Grundständig, linealisch, immergrün, elegant überhängend, 20–30 cm lang, 0,4 cm breit.
Blüte: Unscheinbahre Ähre mit braunen Einzelblütchen, selten zu sehen.
Frucht: Karyopse.
Standort: Sonnig bis absonnig, im Winter bei nur 8–10 °C.
Verwendung: Für den kühlen Wintergarten.
Vermehrung: Teilung im Frühling.
Kultur: Einheitserde, gleichmäßig feucht halten, alle 4 Wochen düngen. Bei gleichmäßiger Feuchtigkeit anspruchslos.
Sorte: 'Variegata', Laub gelb-grün längs gestreift, eher im Handel als die Art.

Caryota mitis
Fischschwanzpalme
Arecaceae, Betelpalmengewächse

Heimat: Südost-Asien. Tropisch.
Wuchsform: Stamm glatt, Schopf schirmförmig, locker überhängend.
Blatt: Schraubig, immergrün, fächerförmig, Wedel doppelt gefiedert, bis 3 m lang. Das keilförmige Fiederblatt hat Ähnlichkeit mit einer Fischflosse.
Blüte: In Ähren, klein, ganzjährig.
Frucht: Rot, Samen schwarz.
Standort: Hell, aber Schutz vor Mittagssonne, hohe Luftfeuchtigkeit.
Verwendung: Warmer Platz im Wintergarten oder Zimmer.
Vermehrung: Teilung im Frühling.
Kultur: In lehmhaltiger Humuserde, warm und feucht halten. Regelmäßig düngen, beim Umtopfen hohe Töpfe verwenden.
Besonderes: In den Tropen wichtige Nutzpflanze.
Hinweise: Blüten und Früchte erscheinen meist nur am Naturstandort, Stämme sterben anschließend ab, auf Schildläuse achten.

Casuarina equisetifolia
Kasuarine, Kängurubaum
Casuarinaceae, Kasuarinengewächse

Heimat: Australien, Südost-Asien. Subtropisch, tropisch.
Wuchsform: Aufrechter, locker überhängender Baum.
Blatt: Quirlständig, immergrün, schuppenförmig, sehr fein.
Blüte: Unscheinbar, männliche Blüten in Ähren, weibliche in kleinen Zapfen.
Frucht: Braune Zäpfchen, 2 cm lang.
Standort: Vollsonnige, auch karge Böden.
Verwendung: Kübelpflanze für große Wintergärten.
Vermehrung: Aussaat.
Kultur: In lockerer Erde, bei der Anzucht stets feucht halten, später resistent gegen Trockenheit.
Besonderes: Wird in den Tropen für Windschutzhecken und als Pionierpflanze verwendet. Holz zur Herstellung von Möbeln.
Hinweise: Keine Schädlinge.

Caryota mitis		Casuarina equisetifolia
4–8 m		*10–30 m*
I–XII		*I–II*
Zimmerpflanze		*Kübelpflanze*
Warmhaus		*temperiertes Haus*

Catharanthus roseus
Madagaskarimmergrün
Apocynaceae, Hundsgiftgewächse

Heimat: Madagaskar. Subtropisch, tropisch.
Wuchsform: Aufrechte, dicht buschige, horstbildende Art.
Blatt: Kreuzgegenständig, eiförmig, immergrün, glänzend, 5–8 cm lang.
Blüte: Radiär, schalenförmig, 5-teilig, 3–4 cm groß, hellrosa mit roter Mitte. Blütezeit in den Subtropen ganzjährig.
Frucht: Kapsel.
Standort: Hell, auch volle Sonne, warm.
Verwendung: Zimmer, Fensterbrett, Wintergarten, im Sommer auch im Freien. In kühlen, hellen Räumen überwintern.
Vermehrung: Aussaat ab Februar, Stecklinge im Frühling oder August schneiden.
Kultur: Einheitserde, wärmeliebend, 20–25 °C, im Winter kühler (mind. 12 °C).
Hinweise: Alle Pflanzenteile sind **sehr giftig**!

Catharanthus roseus		Cattleya trianae
0,3–0,6 m		*0,15–0,25/0,2–0,35 m*
IV–X		*X–IV*
Zimmerpflanze		*Blumenfenster*
Warmhaus, Kalthaus		*Warmhaus*

Cattleya trianae
Cattleya
Orchidacaeae, Orchideengewächse

Heimat: Kolumbien. Tropisch.
Wuchsform: Locker aufrecht mit Haftwurzeln.
Blatt: Immergrün, linealisch, je 1 Blatt entwickelt sich aus einer Pseudobulbe.
Blüte: Zygomorph, 16–18 cm, weiß, große Unterlippe hellrot, 3-blütig.
Frucht: Kapsel mit vielen sehr feinen Samen.
Standort: Hell, aber nicht sonnig bei hoher Luftfeuchtigkeit.
Verwendung: Geschlossenes Blumenfenster.
Vermehrung: Teilung.
Kultur: In einer Mischung aus Rindenstücken, Farnwurzeln und Sphagnum. In der Ruhezeit im Winter mehrere Wochen trocken halten, im Sommer ausreichend gießen mit kalkfreiem Wasser.
Sorte: Viele Sorten und Hybriden mit sehr großen Blüten.
Hinweise: Als Epiphyt auf hohen Bäumen. Schäden durch Thripse, Spinnmilben und Schildläuse möglich.

Cephalocereus senilis
Greisenhaupt
Cactaceae, Kakteengewächse

Heimat: Mexiko. Subtropisch.
Wuchsform: Aufrechte, unverzweigte Säulensukkulente mit langen, weißen Haaren. In der Heimat bis 15 m Höhe.
Blatt: Zu Dornen umgebildet. Reich bedornt
Blüte: Radiär, trompetenförmig, bis 5 cm lang, rosa, in Kultur selten zu sehen (über 3 m Höhe).
Frucht: Rote Beere, selten, weil der Bestäuber fehlt (Fledermäuse).
Standort: Vollsonnig, warm, verträgt keinen Frost.
Verwendung: Fensterbrett, größere Kakteensammlung im Gewächshaus.
Vermehrung: Aussaat im Frühling, langwierig.
Kultur: In mineralischer Kakteenerde, mäßig gießen und düngen. Im Winter nicht unter 15 °C halten. Wöchentlich fein mit Wasser einnebeln.
Hinweise: Blätter völlig reduziert. Pflanze assimiliert mit dem Spross. Auf Woll- und Wurzelläuse achten.

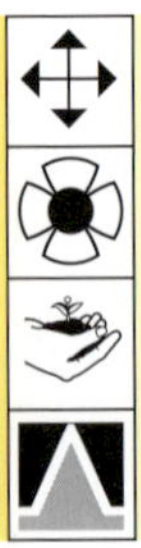

1,5 m		*0,7–1 m*
IV–V		*VI–XI*
Profi-Glashaus		*Kübelpflanze*
temperiertes Haus		*Laubdecke*

Ceratostigma willmottianum
Bleiwurz, Hornnarbe
Plumbaginaceae, Bleiwurzgewächse

Heimat: China, Tibet. Submediterran.
Wuchsform: Ausläufertreibender Halbstrauch, der rundliche Dickichte bildet.
Blatt: Wechselständig, eiförmig, beidseitig behaart, graugrün, 4–5 cm lang. Im Herbst gelbe bis leuchtend rote Färbung.
Blüte: Radiär, 1–2 cm breit, 5-zählig, flach, leuchtend blau, Röhre rosarot.
Frucht: Nussfrucht.
Standort: Sonnig und warm, bis zu -10 °C frosthart.
Verwendung: Steingarten, Kübelpflanze für Terrasse und Balkon. Winterschutz aus Laubdecke geben. Besser im Kalthaus überwintern.
Vermehrung: Triebstecklinge im Frühling, sollen noch weich sein.
Kultur: Durchlässiges Substrat, Einheitserde mit Sand mischen.
Hinweise: Rückschnitt im Frühling.

Cereus peruvianus 'Monstrosus'
Felsenkaktus
Cactaceae, Kakteengewächse

Heimat: Züchtung, Ursprungsart aus Südbrasilien, Uruguay. Subtropisch.
Wuchsform: Unregelmäßige Säulenform, nur schwach bedornt. Die Art wird bis 4 m hoch.
Blatt: Umgebildet zu Dornen.
Blüte: Radiär, trichterförmig, bis 16 cm lang, äußerst selten.
Frucht: Beere wird selten ausgebildet.
Standort: Volle Sonne, warm.
Verwendung: Einzeln am Fensterbrett, in milden Gebieten auch im Freien. Vor dem ersten Frost einräumen. Überwinterung im Kalthaus.
Vermehrung: Stecklinge, Schnittfläche vor dem Stecken mehrere Tage trocknen lassen.
Kultur: In mineralischer Kakteenerde, selten gießen.
Hinweise: Blätter völlig reduziert. Pflanze assimiliert mit dem Spross.

1–2 m		0,1 m
IV–V		II–XII.
Zimmerpflanze		Ampelpflanze
Kalthaus		Warmhaus, Kalthaus

Ceropegia linearis subsp. woodii
Leuchterpflanze
Asclepiadaceae, Seidenpflanzengewächse

Heimat: Kap, Simbabwe. Subtropisch.
Wuchsform: Kriechende bis 1 m herabhängende Krautige mit langen, dünnen, bewurzelnden Trieben, knollenbildend.
Blatt: Gegenständig, fleischig, herzförmig, weiße Nervatur, 0,5–1,5 cm breit.
Blüte: Bauchige Blütenröhre, 2–2,5 cm groß, fleischfarben mit schwarzem Kopf, leuchterartig, achselständig.
Frucht: Längliche Kapsel, selten.
Standort: Sonnig und warm bei 15–20 °C.
Verwendung: Ampelpflanze, im Topf mit Klettergerüst.
Vermehrung: Knöllchen in Erde legen, ganzjährig möglich.
Kultur: Durchlässige Humuserde mit Sand gemischt, sparsam gießen. Verträgt keine Staunässe.
Hinweise: Fäulnisgefahr der Knöllchen. Viele weitere, meist sukkulente Arten, Liebhaberpflanze.

Cestrum elegans

Roter Hammerstrauch
Solanaceae, Nachtschatten-gewächse

Heimat: Mexiko. Tropisch, subtropisch.
Wuchsform: Aufrechter, überhängender Strauch.
Blatt: Wechselständig, elliptisch, immergrün, behaart, 7–12 cm lang.
Blüte: Radiär, röhrenförmig, 2–3 cm lang, leuchtend rot, in 10 cm langer Rispe.
Frucht: Rote Beere, 1,5 cm.
Standort: Vollsonnig, geschützt.
Verwendung: Kübelpflanze, für Wintergärten. Kalthauspflanze.
Vermehrung: Stecklinge im Frühling.
Kultur: In nährstoffreicher, lehmiger Erde, im Sommer oft gießen und düngen.
Hinweise: Wichtiger Dauerblüher. Auf Grauschimmel achten.

Chamaedorea elegans

Bergpalme
Arecaceae, Betelpalmengewächse

Heimat: Guatemala, Mexiko. Tropisch.
Wuchsform: Stamm rohrartig mit schirmförmigem, locker überhängendem Schopf. In den Tropen bis 3 m hoch wachsend.
Blatt: Schraubig, lanzettlich, unpaarig gefiedert, immergrün.
Blüte: Zweihäusig, gelb, in lockerer Rispe, aber wenig auffällig.
Frucht: Beere, 0,5 cm, hellgelb, später schwarz.
Standort: Hell bis halbschattige Plätze im Zimmer, hohe Luftfeuchtigkeit.
Verwendung: Blumenfenster, helle Büros, Wintergarten. Überwinterung kühl.
Vermehrung: Aussaat im Frühling, Samen erst 2 Tage in Wasser quellen lassen.
Kultur: In Einheitserde, pH 5–6,5, Erde nicht völlig austrocknen lassen.
Hinweise: Auf Schildläuse und Spinnmilben achten.

3–4 m		*0,8–1 m*
IV–IX		*IV–V*
Winter-garten		*Zimmer-pflanze*
Kalthaus		*Kalthaus*

Chamaerops humilis
Zwergpalme
Arecaceae, Betelpalmengewächse

Heimat: Westliches Mittelmeer. Mediterran.
Wuchsform: Mehrstämmige, buschige, niedrige Palmenart. In der Heimat bis 5 m hoch wachsend.
Blatt: Schraubig, handförmig gestielt, fiederspaltig, immergrün, bedornte Stiele, blaugrün.
Blüte: Auffällige gelbe Rispe, 15–20 cm lang, endständig.
Frucht: Steinfrucht, 1–3 cm, orangefarben bis rot.
Standort: Hell bis halbschattige Plätze im Zimmer, hohe Luftfeuchtigkeit.
Verwendung: Blumenfenster, helle Büros, Wintergarten, im Sommer auch im Freien. Überwinterung frostfrei und kühl.
Vermehrung: Aussaat im Frühling, Abtrennen der Seitensprosse.
Kultur: In Einheitserde, pH 5–6,5, Erde nicht völlig austrocknen lassen.
Hinweise: Auf Schildläuse und Spinnmilben achten.

Chamaerops humilis		Chlorophytum comosum
0,8–1 m		*0,4–0,5/ 0,5–1 m*
IV–VI		*III–IV*
Zimmerpflanze		*Ampelpflanze*
Kalthaus		*Warmhaus, Kalthaus*

Chlorophytum comosum
Grünlilie
Anthericaceae, Grasliliengewächse

Heimat: Südafrika. Subtropisch, mediterran.
Wuchsform: Buschige Krautige mit knollig-verdickten Wurzeln. Lange überhängende Blütentriebe mit Kindeln.
Blatt: Schraubig, linealisch, immergrün, 30–40 cm.
Blüte: Radiär, sternförmig, 1–2 cm groß, weiß, in Trauben.
Frucht: Kapsel.
Standort: Hell bis halbschattig, anspruchslos.
Verwendung: Ampelpflanze auch für dunklere Zimmerecken, pflegeleicht.
Vermehrung: Abtrennen der Kindel, in Erde oder im Wasserglas bewurzeln lassen.
Kultur: Einheitserde, Substrat wenig gießen und düngen.
Sorte: 'Variegata', weiß-grün gestreiftes Laub (Bild).
Besonderes: Pflanze kann schädliches Formaldehyd aus der Luft aufnehmen.
Hinweise: Braune Blattspitzen deuten auf zu trockene Luft, auf Schildläuse achten.

Choisya ternata
Orangenblume
Rutaceae, Rautengewächse

Heimat: Mexiko. Subtropisch.
Wuchsform: Buschiger, dichter, aufrechter Strauch.
Blatt: Gegenständig, lanzettlich, 3-zählig gefingert, immergrün, glänzend, 5–8 cm lang.
Blüte: Radiär, sternförmig, 2–3 cm breit, 5-zählig, weiß, in Trugdolden, duftend.
Frucht: Bei uns keine Früchte (Beeren) bildend.
Standort: Sonnig bis halbschattig.
Verwendung: Topf- und Kübelpflanze, in warmen Gebieten als Heckenpflanze. Kalthauspflanze.
Vermehrung: Stecklinge im Sommer.
Kultur: In kalkfreien Substraten, nährstoffreich, lehmig-humose Böden. Mit Regenwasser gießen.
Sorte: 'Sundance', gelbes Laub.
Hinweise: Auffälliger, aromatischer Duft.

Chrysalidocarpus lutescens
Goldfruchtpalme, Goldblattpalme
Arecaceae, Betelpalmengewächse

Heimat: Madagaskar. Tropisch.
Wuchsform: Mehrstämmig, aufrecht mit locker schirmförmigem Schopf. In der Heimat bis 10 m hoch wachsend.
Blatt: Schraubig, linealisch bis schwertförmig, gefiedert, immergrün.
Blüte: In der Kultur selten, einhäusig.
Frucht: Steinfrucht, ledrig-faserig, violett.
Standort: Hell bis halbschattig, im Zimmer nicht unter 18 °C.
Verwendung: Blumenfenster, Wintergarten, im Sommer auch im Freien. Im Warmhaus überwintern.
Vermehrung: Abtrennen der Bodentriebe, Aussaat bei 25 °C Bodenwärme ganzjährig
Kultur: In Einheitserde, Substrat und Luft gleichmäßig feucht halten. Häufig übersprühen mit kalkfreiem Wasser.
Hinweise: Auf Schildläuse achten.

Choisya ternata		Chrysalidocarpus lutescens
2–2,5 m		*2–3 m*
IV–VI		*–*
Kübelpflanze		*Kübelpflanze*
Kalthaus		*Warmhaus*

Chrysanthem um indicum

(syn.: Dendranthema indicum)
Gärtner-Chrysantheme
Asteraceae, Asterngewächse

Heimat: China. Gemäßigt, mediterran.
Wuchsform: Aufrecht buschige Staude.
Blatt: Wechselständig, fiederteilig, 8–10 cm lang.
Blüte: Einzelblüten in Körbchen, 4–20 cm je nach Sorte, einfach oder gefüllt.
Blütezeit: Durch Verdunkeln zu jeder Jahreszeit Blüten möglich.
Frucht: Samen mit Pappus.
Standort: Hell, ab IX kühl bei 16 °C lange haltbar.
Verwendung: Topfpflanze, Schnittblume, Kranzbinderei. Nicht winterhart. Ab X trocken überwintern, Kalthauspflanze.
Vermehrung: Stecklinge (Spezialbetriebe), auch Teilung nach der Blüte.
Kultur: In durchlässigem, humosem Substrat, nicht austrocknen lassen.
Gruppen und Sorten: 'Multiflora', kugeliger Wuchs; Mikrosanthen: kleinblumig, viele Farben. Viele Züchtungen in allen Formen und Farben.
Hinweise: Rückschnitt nach der Blüte. Schäden durch Pilzkrankheiten, Blattläuse und Minierfliegen möglich.

0,3–0,4/ 0,8–1 m		*1–3 m*
IX–X		*–*
Zimmerpflanze		*Ampelpflanze*
Kalthaus		*Kalthaus*

Cissus antarctica

Känguruklimme, Russischer Wein
Vitaceae, Weinrebengewächse

Heimat: Australien. Subtropisch, tropisch.
Wuchsform: Kletternder Halbstrauch mit rostfarben behaarten Trieben.
Blatt: Wechselständig, immergrün, eiförmig, gezähnt, bis 12 cm lang, grün, Blattstiele behaart.
Blüte: Grünlich, klein, in Kultur selten zu sehen.
Frucht: Beere, selten in Kultur.
Standort: Hell bis halbschattig, ganzjährig im Zimmer bei 5–20 °C.
Verwendung: Ampelpflanze, Klettergerüste, Treppenhäuser, Kalthausgewächs. Nicht winterhart.
Vermehrung: Stecklinge von Mai bis Juni, nach der Bewurzelung stutzen.
Kultur: Humose Erde nicht austrocknen lassen, alle 2 Wochen düngen.
Besonderes: Gut für Hydrokultur in großen Gefäßen.
Hinweise: Auf Spinnmilben und Blattläuse achten.

Cissus rhombifolia
Rautenblättrige Klimme
Vitaceae, Weinrebengewächse

Heimat: Amerika. Subtropisch, tropisch.
Wuchsform: Kletternder Halbstrauch mit rostfarben behaarten Trieben.
Blatt: Wechselständig, rhombisch, gezähnt, 3-zählig, immergrün, Stiele und Blattunterseiten rötlich behaart, 3–10 cm lang.
Blüte: Grünlich, klein, in Kultur selten zu sehen.
Frucht: Beere, in Kultur selten zu sehen.
Standort: Hell bis halbschattig, ganzjährig im Zimmer bei 5–20 °C.
Verwendung: Ampelpflanze, Klettergerüste, Treppenhäuser, Kalthausgewächs. Nicht winterhart.
Vermehrung: Stecklinge von Mai bis Juni, nach der Bewurzelung stutzen.
Kultur: Humose Erde nicht austrocknen lassen, jede Woche düngen.
Sorte: 'Ellen Danica', stärker gezähnte Blätter, gedrungener Wuchs (Bild).
Hinweise: Gut für Hydrokultur in großen Gefäßen. Auf Spinnmilben und Blattläuse achten, dann Luftfeuchtigkeit erhöhen.

Cissus rhombifolia		Cissus striata
1–6 m	(Wuchshöhe)	1–5 m
–	(Blüte)	–
Ampelpflanze	(Verwendung)	Ampelpflanze
Warmhaus, Kalthaus	(Überwinterung)	Warmhaus, Kalthaus

Cissus striata
Gestreifte Klimme
Vitaceae, Weinrebengewächse

Heimat: Chile, Südbrasilien. Subtropisch, tropisch.
Wuchsform: Kletternder Halbstrauch.
Blatt: Wechselständig, eiförmig, 3- bis 5-zählig, lederig, immergrün, 3–8 cm lang.
Blüte: Grünlich, klein, in Kultur selten zu sehen.
Frucht: Beere, in Kultur selten zu sehen.
Standort: Hell bis halbschattig, ganzjährig im Zimmer bei 10–20 °C.
Verwendung: Ampelpflanze, Klettergerüste, Treppenhäuser, Kalthausgewächs. Nicht winterhart.
Vermehrung: Stecklinge von Mai bis Juni, nach der Bewurzelung stutzen.
Kultur: Humose Erde nicht austrocknen lassen, alle 2 Wochen düngen. Im Winter trockener und kühler halten.
Hinweise: Auf Spinnmilben und Blattläuse achten. (Bild: *Cissus henryana*).

× Citrofortunella microcarpa
Zwerg-Orange, Calamondine
Rutaceae, Rautengewächse

Heimat: Cultivar, Hybride aus *Citrus reticulata* × *Fortunella margarita*. Subtropisch.
Wuchsform: Aufrechtes, buschiges Laubgehölz.
Blatt: Wechselständig, elliptisch, immergrün, glänzend dunkelgrün, 4–6 cm.
Blüte: Radiär, 4–5-strahlig, 1–1,3 cm groß, weiß, Staubgefäße gelb, duftend.
Frucht: Beere eiförmig, dunkelorangefarben, 3–5 cm groß, Reife X–I, sauer, essbar.
Standort: Hell bis sonnig, luftig, im Sommer im Garten.
Verwendung: Zierbäumchen für Zimmer, Wintergarten, Orangerien. Kalthaus.
Vermehrung: Veredelung auf *Poncirus trifoliata*, Bitterorange.
Kultur: Einheitserde oder TKS, kalkarmes Substrat (pH 4,5–5,5), sparsam mit kalkfreiem Wasser gießen, aber nicht austrocknen lassen, alle 2 Wochen düngen.
Hinweise: Oft als Stämmchen gezogen. Wurzelhalsveredlung von Fachleuten ausführen lassen. Auf Schildläuse achten.

Citrus limon
Zitrone, Limone
Rutaceae, Rautengewächse

Heimat: Nordmyanmar (Birma), Südchina. Subtropisch.
Wuchsform: Breitkroniger Kleinbaum mit lockerem, aufrechten Wuchs, Triebe dornig.
Blatt: Wechselständig, eiförmig, immergrün, glänzend, 5–10 cm lang.
Blüte: Radiär, 1–2 cm, 4- bis 5-zählig, weiß, duftend.
Frucht: Beere, gelb, 7–10 cm lang, sehr saftig, sauer, fruchtet ganzjährig.
Standort: Hell bis sonnig, luftig.
Verwendung: Kübelpflanze für Orangerien, Wintergärten, sommers im Freien, im Winter im Kalthaus.
Vermehrung: Veredelung, meist auf *Poncirus trifoliata,* Bitterorange.
Kultur: In Einheitserde, niedriger pH-Wert, mit kalkarmem Wasser gießen.
Sorte: 'Oscar', niedriger und kompakter.
Hinweise: Gelbe Blätter mit Eisenchelat behandeln (in Citrus-Dünger enthalten). Auf Spinnmilben und Schildläuse achten.

× Citrofortunella microcarpa		Citrus limon
0,8 m (seltener bis 2 m)		*3–7 m*
II–V		*I–XII*
Kübelpflanze		*Kübelpflanze*
Kalthaus		*Kalthaus*

Citrus reticulata
Mandarine, Santaro-Orange
Rutaceae, Rautengewächse

Heimat: Südost-Asien. Subtropisch.
Wuchsform: Breitkroniger Kleinbaum mit dichtem, aufrechten Wuchs.
Blatt: Wechselständig, elliptisch, immergrün, glänzend, 4–5 cm lang.
Blüte: Radiär, 1–2 cm, 4- bis 5-zählig, weiß, duftend, in Doldentrauben, Selbstbefruchter.
Frucht: Beere, orangefarben, 5–6 cm lang, sehr saftig, süß.
Standort: Hell bis sonnig, luftig.
Verwendung: Kübelpflanze für Orangerien, Wintergärten. Sommers im Freien. Im Winter im Kalthaus.
Vermehrung: Veredelung, meist auf *Poncirus trifoliata,* Bitterorange.
Kultur: In Einheitserde, niedriger pH-Wert, mit kalkarmem Wasser gießen. Verträgt keine Staunässe.
Sorte: 'Honey', niedriger und kompakter.
Hinweise: Gelbe Blätter mit Eisenchelat behandeln (in Zitrus-Dünger enthalten). Auf Spinnmilben und Schildläuse achten.

Citrus reticulata	Citrus sinensis
3–4 m	*8–13 m*
III–V	*II–IV*
Kübelpflanze	*Kübelpflanze*
Kalthaus	*Kalthaus*

Citrus sinensis
Apfelsine, Orange
Rutaceae, Rautengewächse

Heimat: China. Subtropisch.
Wuchsform: Breitkroniger Kleinbaum mit dichtem, aufrechten Wuchs.
Blatt: Wechselständig, eiförmig, immergrün, glänzend, 7–10 cm lang.
Blüte: Radiär, 2–3 cm, 4- bis 5-zählig, weiß, duftend, Doldentraube.
Frucht: Beere, orangerot, 7–12 cm lang, sehr saftig, süß, fruchtet ganzjährig.
Standort: Hell bis sonnig, luftig.
Verwendung: Kübelpflanze für Orangerien, Wintergärten, im Sommer ins Freie stellen. Nicht winterhart. Im Winter im Kalthaus.
Vermehrung: Veredelung, meist auf *Poncirus trifoliata,* Bitterorange.
Kultur: In Einheitserde, niedriger pH-Wert, mit kalkarmem Wasser gießen. Verträgt keine Staunässe.
Sorte: 'Moro', Blutorange, niedriger und kompakter, rotes Fruchtfleisch
Hinweise: Gelbe Blätter mit Eisenchelat behandeln (in Zitrus-Dünger enthalten). Auf Spinnmilben und Schildläuse achten.

Clerodendrum thomsoniae
Kletternder Losbaum
Verbenaceae, Eisenkrautgewächse

Heimat: West-Afrika. Tropisch.
Wuchsform: Raschwachsender Schlinger. Ohne Hemmstoff 2–5 m hoch wachsend.
Blatt: Gegenständig, eiförmig, immergrün, filzig behaart 12–17 cm lang.
Blüte: Radiär, 2 cm, rot mit weißen Kelchblättern, endständige Doldentraube bis 15 cm groß.
Frucht: Beere, rund.
Standort: Hell, aber keine Mittagssonne, immer bei mindestens 18 °C.
Verwendung: Geschlossenes Blumenfenster, Wintergarten, Kleingewächshaus.
Vermehrung: Stecklinge im II–III, nach der Bewurzelung stutzen.
Kultur: Einheitserde, mäßig feucht halten, 1-mal wöchentlich düngen. Ruhezeit von XII–I beachten, dann weniger gießen und kühler halten.
Sorte: 'Variegata', gelbgrünes Laub.
Hinweise: Im Winter kann das Laub abfallen, dann Rückschnitt sinnvoll. Blütenwirkung der weißen Kelche hält mehrere Monate an.

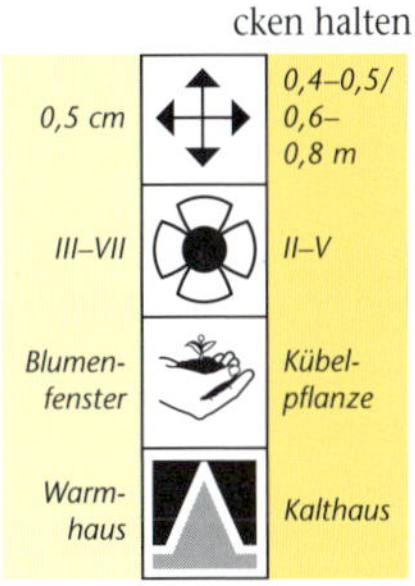

Clivia miniata
Klivie, Riemenblatt
Amaryllidaceae, Amaryllisgewächse

Heimat: Südafrika: Natal. Subtropisch.
Wuchsform: Horstig wachsende, aufrechte bis überhängende Staude mit fleischigen Wurzeln.
Blatt: 2-zeilig gestellt, linealisch, immergrün, dunkelgrün, 40–50 cm lang.
Blüte: Radiär, glockenförmig, 6–8 cm, orangerot, in endständiger, auffälliger, bis 20 cm langer Dolde auf langem Schaft.
Frucht: Kapsel, rund, bei Reife rot.
Standort: Hell, luftig, im Sommer auch im Freien. Ruhezeit im Winter: 2 Monate bei 10–15 °C trocken halten (Anlage der Blütenknospen).
Verwendung: Von V–IX im Zimmer, Kalthauspflanze, Im Sommer als Kübelpflanze im Freien, halbschattig.
Vermehrung: Teilung im Frühling, bewurzelte Seitentriebe abtrennen.
Kultur: Humose Erde mit Lehmzusatz, Erde nicht austrocknen lassen, im Sommer alle 2 Wochen düngen. Umtopfen nach der Blüte im April.
Hinweise: Fleischige Wurzeln nicht verletzen, auf Wollläuse achten.

Coccoloba uvifera
Meertraube
Polygonaceae, Knöterichgewächse

Heimat: Amerika. Tropisch.
Wuchsform: Mehrstämmiger Kleinbaum mit dichter Krone. In der Heimat 5–8 m hoch wachsend.
Blatt: Wechselständig, immergrün, rundlich, 15–20 cm, grün, Mittelrippe rot.
Blüte: Blassgelbe unscheinbare Einzelblüten in 15 cm langen Ähren. Nur in warmen Ländern erscheinend.
Frucht: Beeren, traubenähnlich, essbar, 1 cm groß, in unserem Klima nicht ausgebildet.
Standort: Hell und luftig, im Winter nicht unter 15 °C.
Verwendung: Kübelpflanze für Wintergärten, benötigt viel Platz.
Vermehrung: Kopfstecklinge im Frühling.
Kultur: Erdmischung aus Komposterde, Torf und grobem Sand. Mäßig gießen.
Besonderes: Nutzpflanze in den Tropen, Früchte essbar.
Hinweise: Rückschnitt im Frühling günstig.

Coccoloba uvifera		Cocos nucifera
0,8–1 m		*3–5 m*
keine Angaben		*I–XII*
Kübelpflanze		*Kübelpflanze*
temperiertes Haus		*Warmhaus*

Cocos nucifera
Kokospalme
Arecaceae, Betelpalmengewächse

Heimat: Melanesien. Tropisch.
Wuchsform: Durchgehender, aufrechter Stamm mit schirmförmigem Schopf. In der Heimat 10–30 m hoch wachsend.
Blatt: Schraubig, linealisch, unpaarig gefiedert, immergrün, 4–6 m lang, Einzelblatt 60–90 cm.
Blüte: Radiär, 0,3 cm, 3-zählig, weiß, in Rispen. Nur in warmen Ländern erscheinend.
Frucht: Steinfrucht mit lederig-faseriger Hülle, hellgrün, bekannte Kokosnuss.
Standort: Warm, luftig, im Winter 15–20°, sonst wärmer, mind. 60 % Luftfeuchte.
Verwendung: Kübelpflanze für warme Räume, Kleingewächshaus.
Vermehrung: Importierte Samen (Kokosnuss) keimen bei 25 °C, in feuchten Torf legen.
Kultur: Einheitserde immer stets feucht halten. Wöchentlich düngen.
Besonderes: Wichtiges Nahrungsmittel in den Tropen, enthält Fett und Eiweiß.
Hinweise: Auf Spinnmilben und Schildläuse achten.

Codiaeum variegatum var. pictum
Wunderstrauch
Euphorbiaceae, Wolfsmilchgewächse

Heimat: Molukken (Indonesien). Tropisch.
Wuchsform: Breit aufrechter, lockerwüchsiger Strauch.
Blatt: Wechselständig, eiförmig, 3- bis 5-lappig, immergrün, grün mit rot-gelber Maserung, 10–30 cm lang.
Blüte: Radiär, 0,5 cm, 3-zählig, weiß, unscheinbar, in achselständigen Trauben. In Kultur selten.
Frucht: Kapsel.
Standort: Halbschattig bis hell, nicht unter 18 °C, hohe Luftfeuchtigkeit.
Verwendung: Warmhauspflanze für Wintergärten und Gewächshäuser.
Vermehrung: Stecklinge von I–III bei 25–30 °C bewurzeln lassen.
Kultur: In Torfkultursubstraten, mit weichem Wasser gießen.
Sorte: 'Goldfinger', grünes Laub mit roten Adern.
Hinweise: Hell und warm überwintern. Befall durch Bodenpilze und Schildläuse möglich.

Codiaeum	Coelogyne
0,5–2,5 m	0,3–0,4 m
I–XII	I–III
Wintergarten	Blumenfenster
Warmhaus	Kalthaus

Coelogyne cristata
Coelogyne
Orchidaceae, Orchideengewächse

Heimat: Osthimalaja. Subtropisch, tropisch.
Wuchsform: Aufrechter, überhängender Epiphyt, bildet Pseudobulben.
Blatt: Grundständig, linealisch, aus Pseudobulben entstehend, immergrün, 15–20 cm lang.
Blüte: Disymmetrisch, 4–5 cm, 3-zählig, weiß mit gelber Zeichnung, in Trauben.
Frucht: Kapsel.
Standort: Hell, aber nicht vollsonnig, Morgensonne.
Verwendung: Ostseitiges Blumenfenster, Vitrine, Ampel, Epiphytenstamm.
Vermehrung: Teilung der Pseudobulben im Frühling.
Kultur: In Farnwurzeln und Rindensubstrat. Mit Regenwasser gießen. Von XI–IV trocken halten.
Hinweise: Blüten hängen lang herab. Neutriebe nie überspritzen, sonst droht Fäulnis.

Coffea arabica
Kaffeestrauch
Rubiaceae, Rötegewächse

Heimat: Äthiopien, Sudan. Tropisch.
Wuchsform: Aufrechter Strauch mit etagenförmiger Verzweigung.
Blatt: Gegenständig, breit lanzettlich, immergrün, dunkelgrün, 10–15 cm lang.
Blüte: Radiär, strahlenförmig, 2–2,5 cm breit, 4-zählig, weiß, duftend, in achselständigen Doldentrauben.
Frucht: Beerenartige Steinfrucht, 1–1,5 cm lang, dunkelrot, enthält 2 Kerne (die Kaffeebohnen).
Standort: Sonnig bis halbschattig, warm.
Verwendung: Einzeln im Topf oder Kübel als Zimmerpflanze. Im Winter nicht unter 15 °C.
Vermehrung: Fruchtfleisch von frisch geerntete Bohnen entfernen und sofort aussäen.
Kultur: Kalkfreie Substrate, Einheitserde; Erde nie austrocknen lassen, 16–20 °C,
Besonderes: Wichtige weltweite Nutzpflanze: Geröstete Kerne werden als Kaffeebohnen gehandelt.
Hinweise: Auf Schildlausbefall achten.

2–6 m		*0,2 m*
IV–V		*IX–V*
Zimmerpflanze		*Ampelpflanze*
Warmhaus		*Warmhaus*

Columnea gloriosa
Pracht-Rachenrebe
Gesneriaceae, Gesneriengewächse

Heimat: Costa Rica. Tropisch.
Wuchsform: Kriechende oder hängende Triebe. 0,4–0,5 m lang herabhängend.
Blatt: Gegenständig, eiförmig, immergrün, behaart, 2–3 cm lang.
Blüte: Disymmetrisch, röhrenförmig, 6–8 cm lang, leuchtend rot mit gelbem Schlundfleck, in Blattachseln und Triebenden.
Frucht: Beere.
Standort: Lichter Schatten, warm, 20–30 °C im Sommer, im Winter mindestens 20 °C.
Verwendung: Ampelpflanze für Blumenfenster und Kleingewächshaus.
Vermehrung: Stecklinge ganzjährig, bei 25 °C in Torf-Sandgemisch stecken.
Kultur: In durchlässiger Humuserde, Einheitserde; nicht austrocknen lassen.
Sorte: 'Purpurea', Blätter bronzerot
Hinweise: Ruhepause von 6 Wochen im Winter bei 15 °C fördert die Blütenbildung. Auf Blattläuse achten.

Columnea hirta
Rachenrebe
Gesneriaceae, Gesneriengewächse

Heimat: Costa Rica. Tropisch.
Wuchsform: Kriechend oder hängende Triebe. 0,4–0,5 m lang herabhängend.
Blatt: Gegenständig, eiförmig, immergrün, behaart, 3–5 cm lang.
Blüte: Disymmetrisch, röhrenförmig, 8–10 cm lang, leuchtend rot mit gelbem Schlundfleck, in Blattachseln und Triebenden.
Frucht: Beere
Standort: Lichter Schatten, warm, 20–30 °C im Sommer, im Winter mindestens 20 °C.
Verwendung: Ampelpflanze für Blumenfenster und Kleingewächshaus.
Vermehrung: Stecklinge ganzjährig, bei 25 °C in Torf-Sandgemisch stecken.
Kultur: In durchlässiger Humuserde, Einheitserde; nicht austrocknen lassen.
Sorte: 'Sonne', Blätter weich behaart, leuchtend orangefarbene Blüten.
Hinweise: Ruhepause von 6 Wochen im Winter bei 15 °C fördert die Blütenbildung. Auf Blattläuse achten.

Columnea hirta		Columnea microphylla
0,2 m		0,2 m
III–IV		III–VIII
Ampelpflanze		Ampelpflanze
Warmhaus		Warmhaus

Columnea microphylla
Kleinblättrige Rachenrebe
Gesneriaceae, Gesneriengewächse

Heimat: Costa Rica. Tropisch.
Wuchsform: Kriechend oder hängende Triebe. 0,2 m, aber 0,5–1 m lang herabhängend.
Blatt: Gegenständig, eiförmig, immergrün, stark behaart, 1 cm lang.
Blüte: Disymmetrisch, röhrenförmig, 6–8 cm lang, leuchtend rot mit gelbem Schlundfleck, in Blattachseln und Triebenden.
Frucht: Beere.
Standort: Lichter Schatten, warm, 20–30 °C im Sommer, im Winter mindestens 20 °C.
Verwendung: Ampelpflanze für Blumenfenster und Kleingewächshaus.
Vermehrung: Stecklinge ganzjährig, bei 25 °C in Torf-Sandgemisch stecken.
Kultur: In durchlässiger Humuserde, Einheitserde; nicht austrocknen lassen.
Sorte: 'Variegata', Blätter weiß-grün.
Hinweise: Ruhepause von 4 Wochen im Winter bei 15 °C fördert die Blütenbildung. Auf Blattläuse achten.

Cordyline australis
Keulenlilie
Agavaceae, Agavengewächse

Heimat: Neuseeland. Subtropisch.
Wuchsform: Aufrechter Kleinbaum mit verzweigtem Stamm und hängenden Blättern. In der Heimat auch über 10 m hoch.
Blatt: Schraubig, lanzettlich, immergrün, 0,6–1 m lang, 6–8 cm breit.
Blüte: Radiär, sternförmig, 0,5–1 cm, weiß, in bis 30 cm langen Rispen. Duftpflanze.
Frucht: Beere, 6 mm groß, bläulich.
Standort: Hell und warm, nicht unter 18 °C.
Verwendung: Wintergarten, im Sommer auch im Kübel im Freien. Im Winter im Kalthaus.
Vermehrung: Aussaat der importierten Samen von I–II bei 25 °C, Kopfstecklinge im Sommer möglich.
Kultur: Durchlässige, humose Erde, Jungpflanzen bei 20–25 °C, hell.
Sorte: 'Purpurea', Blätter rötlich grün.
Hinweise: Nach der Blüte verzweigt sich der Haupttrieb. Schildlausbefall möglich. Vermehrung aus Samen den Fachleuten überlassen.

Cordyline australis		Cordyline indivisa
2–3/2,5 –3,5 m		*2–3/2,5 –3,5 m*
V–VII		*V–VI*
Kübelpflanze		*Kübelpflanze*
Kalthaus		*Kalthaus*

Cordyline indivisa
Keulenlilie
Agavaceae, Agavengewächse

Heimat: Neuseeland. Subtropisch.
Wuchsform: Aufrechter, einstämmiger Kleinbaum mit hängenden Blättern. In der Heimat bis 15 m hoch wachsend.
Blatt: Schraubig, lanzettlich, lederig, immergrün, unterseits mattblau, 70–150 cm lang, 12–18 cm breit.
Blüte: Radiär, sternförmig, 0,5–1 cm, weiß, lila schimmernd, in bis 1,2 m langen, hängenden Rispen.
Frucht: Beere, kugelig, 8 mm groß.
Standort: Hell und warm, nicht unter 18 °C.
Verwendung: Wintergarten, im Sommer auch im Kübel im Freien. Im Winter im Kalthaus.
Vermehrung: Aussaat der importierten Samen von I–II bei 25 °C, Kopfstecklinge im Sommer möglich.
Kultur: Durchlässige, humose Erde, 20–25 °C, hell.
Hinweise: Art ist selten in Kultur. Schildlausbefall möglich. Langwierige Vermehrung aus Samen ist Gärtnersache.

Cordyline stricta
Keulenlilie
Agavaceae, Agavengewächse

Heimat: Australien: Neusüdwales, Queensland. Subtropisch.
Wuchsform: Aufrechter Strauch mit zierlichem Wuchs.
Blatt: Schraubig, lanzettlich, immergrün, 30–60 cm lang, 2–3 cm breit.
Blüte: Radiär, sternförmig, 0,5–1 cm, lila, in bis 30 cm langen Rispen.
Frucht: Beere, sehr selten.
Standort: Hell und warm, nicht unter 18 °C.
Verwendung: Wintergarten, im Sommer auch im Kübel im Freien. Im Winter im Kalthaus.
Vermehrung: Aussaat der importierten Samen von I–II bei 25 °C, Kopfstecklinge im Sommer möglich.
Kultur: Durchlässige, humose Erde, 20–25 °C, hell.
Besonderes: Vermehrung aus Samen den Fachleuten überlassen.
Hinweise: Schildlausbefall möglich.

Cordyline stricta	Cordyline terminalis
1–3/1,5 –3,5 m	*2–4/2,5 –4,5 m*
IV–V	*I–XII*
Kübelpflanze	*Blumenfenster*
Kalthaus	*Warmhaus*

Cordyline terminalis
(Syn.: *C. fruticosa*)
Keulenlilie
Agavaceae, Agavengewächse

Heimat: Neuseeland, Nordost-Australien, Asien. Tropisch.
Wuchsform: Aufrechter Strauch mit hängenden Blättern.
Blatt: Schraubig, lanzettlich, gestielt, immergrün, 30–50 cm lang, 6–8 cm breit, auch rötlich oder gelblich gestreift, je nach Sorte.
Blüte: Radiär, sternförmig, 0,5–1 cm, weiß, in bis 30 cm langen Rispen.
Frucht: Beere.
Standort: Hell und warm, nicht unter 18 °C.
Verwendung: Blumenfenster, Kleingewächshaus. Im Winter im Warmhaus.
Vermehrung: Aussaat der importierten Samen von I–II bei 25 °C, Kopfstecklinge im Sommer möglich.
Kultur: Durchlässige, humose Erde, ständig feucht halten, 20–25 °C, hell.
Sorte: 'Red Edge', Blätter rötlich grün.
Hinweise: Schildlausbefall möglich, hohe Luftfeuchtigkeit wichtig. Vermehrung aus Samen den Fachleuten überlassen.

Corokia cotoneaster
Zickzackstrauch
Escalloniaceae, Escalloniengewächse

Heimat: Neuseeland. Subtropisch, mediterran.
Wuchsform: Sparriger Zwergstrauch mit zickzackartig geformten Zweigen. In der Heimat bis 2 m hoch wachsend.
Blatt: Wechselständig, eirund, immergrün, dunkelgrün, unterseits filzig behaart, 1–2 cm lang.
Blüte: Radiär, sternförmig, 1 cm, 5-zählig, gelb.
Frucht: Steinfrucht, orangerot, 6–8 mm groß.
Standort: Hell, im Sommer auch im Freien im Halbschatten, humose Böden.
Verwendung: Einzeln für den Wintergarten, auch als Bonsai verwendbar.
Vermehrung: Kopfstecklinge im Sommer.
Kultur: Einheitserde, mäßig feucht halten, im Winter hell und kühl.
Sorte: 'Erecta', aufrechter Wuchs
Hinweise: Robust, kaum Befall von Schädlingen und Krankheiten. Für den Liebhaber eigenartiger Wuchsformen.

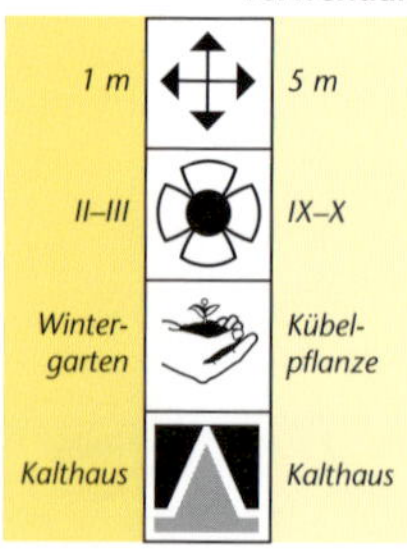

Corynocarpus laevigatus
Karakabaum
Corynocarpaceae, Karakabaumgewächse

Heimat: Neuseeland. Subtropisch.
Wuchsform: Baum mit kegelförmiger Krone. In der Heimat bis 20 m hoch wachsend.
Blatt: Wechselständig, eiförmig, fleischig-lederig, immergrün, 15–18 cm lang, grün.
Blüte: Radiär, 0,4 cm, weiß, in Rispen, bei uns in Kultur noch nicht beobachtet.
Frucht: Orangefarbene Steinfrucht, 3–4 cm lang, enthält einen giftigen Samen.
Standort: Volle Sonne bis Halbschatten, humose Böden.
Verwendung: Kübelpflanze, im Sommer im Freien, im Winter im Kalthaus.
Vermehrung: Kopfstecklinge im VIII.
Kultur: Jungpflanzen mehrmals stutzen, Einheitserde T.
Sorte: 'Alba Variegata', weiß gerandete Blätter.
Besonderes: Samen werden von den Maoris geröstet und gegessen.
Hinweise: Auf Schildläuse achten.

Crassula coccinea
Dickblatt
Crassulaceae, Dickblattgewächse

Heimat: Süd-Afrika. Subtropisch.
Wuchsform: Niedriger, sukkulenter Halbstrauch mit aufrechten Trieben.
Blatt: Gegenständig, dachziegelartig überlappend angeordnet, oval zugespitzt, dickfleischig, immergrün, 1,5–3 cm lang.
Blüte: Radiär, röhrenförmige Sternblüten, 1–1,5 cm groß, 5-zählig, leuchtend rot in endständigen Trugdolden, 4–5 cm breit.
Frucht: Kapsel mit sehr feinen Samen.
Standort: Vollsonnige Lagen in durchlässigen Böden.
Verwendung: Unempfindliche Zimmerpflanze, im Winter hell und kühl halten (4–8 °C). Kalthauspflanze.
Vermehrung: Kopfstecklinge einige Tage trocknen lassen, dann stecken.
Kultur: In sandig-humosem Substrat, verträgt viel Trockenheit, wenig düngen. Empfindlich bei zu viel Nässe.
Hinweise: Nach der Blüte etwa 10 cm zurückschneiden. Blüht überreich.

Crassula coccinea		Crassula ovata
0,2–0,3/ 0,25– 0,4 m		*0,4– 0,6 m*
VI–VIII		*IV–VII*
Zimmer-pflanze		*Zimmer-pflanze*
Kalthaus		*Kalthaus*

Crassula ovata
Dickblatt
Crassulaceae, Dickblattgewächse

Heimat: Südafrika: Kap, Natal. Subtropisch.
Wuchsform: Kugelförmiger, sukkulenter Busch. In der Heimat bis 3 m hoch wachsend.
Blatt: Gegenständig, oval, dickfleischig, immergrün, grüngrau, 3–4 cm lang.
Blüte: Radiär, sternförmig, 1–1,5 cm groß, 5-zählig, weiß-rosa, in endständigen Trugdolden, 4–5 cm breit.
Frucht: Kapsel mit sehr feinen Samen.
Standort: Vollsonnige Lagen in durchlässigen Böden.
Verwendung: Unempfindliche Zimmerpflanze, im Winter hell und kühl halten.
Vermehrung: Blattstecklinge einige Tage trocknen lassen, dann stecken.
Kultur: In sandig-humosem Substrat, verträgt viel Trockenheit. Empfindlich bei zu viel Nässe.
Hinweise: Wird auch wegen seiner Blätter ‘Geldbaum’ genannt.

Crassula perfoliata var. falcata

(Syn.: *Rochea falcata*)
Sichel-Dickblatt
Crassulaceae, Dickblattgewächse

Heimat: Südafrika: Kap, Natal. Subtropisch.
Wuchsform: Niedriger, sukkulenter Busch.
Blatt: Gegenständig, oval, dickfleischig, sichelförmig gebogen, immergrün, grau, 8–14 cm lang.
Blüte: Radiär, sternförmig, 1–1,5 cm groß, 5-zählig, leuchtend rot, in endständigen Trugdolden, 10–15 cm breit.
Frucht: Kapsel mit sehr feinen Samen.
Standort: Vollsonnige Lagen in durchlässigen Böden
Verwendung: Unempfindliche Zimmerpflanze, im Winter hell und kühl halten (mind. 7 °C).
Vermehrung: Triebstecklinge einige Tage trocknen lassen, dann stecken.
Kultur: In sandig-humosem Substrat, verträgt viel Trockenheit. Empfindlich bei zu viel Nässe.
Hinweise: Auf Wollläuse achten.

0,3–0,5/ 0,4–0,6 m		*0,3–0,4/ 0,4–0,5 m*
XII–IV		*V–IX*
Zimmerpflanze		*Zimmerpflanze*
Kalthaus		*Warmhaus*

Crossandra infundibuliformis

Krossandra
Acanthaceae, Akanthusgewächse

Heimat: Pakistan, Indien, Sri Lanka, Südost-Asien. Tropisch.
Wuchsform: Buschiger, aufrechter, mehrtriebiger Halbstrauch.
Blatt: Gegenständig, breit lanzettlich, immergrün, glänzend dunkelgrün, 7–10 cm lang.
Blüte: Disymmetrisch, 1,5–2 cm groß, hellorangefarben, an endständigen Ähren.
Frucht: Kapsel.
Standort: Halbschattige Lagen in humosen Böden, Warmhauspflanze.
Verwendung: Zimmerpflanze mit langer Blütezeit.
Vermehrung: Kopfstecklinge im Frühling.
Kultur: In Einheitserde bei hohen Temperaturen, Ballen darf nicht austrocknen.
Sorte: 'Mona Wallhed', kompakt wachsend, 40 cm hoch, lachsfarbene Blüten.
Hinweise: Winterliche Ruhezeit fördert den Blütenansatz. Rückschnitt nach der Blüte. Auf Mottenschildläuse (Weiße Fliege) und Blattläuse achten.

Cryptanthus zonatus
Versteckblüte, Cryptanthus
Bromeliaceae, Ananasgewächse

Heimat: Brasilien. Tropisch.
Wuchsform: Trichterförmige Rosette.
Blatt: Schraubig, linealisch, am Rand bestachelt, gewellt, immergrün, braungrün gefärbt mit hellen oder rosafarbenen Querstreifen, 15–20 cm lang.
Blüte: Radiär, 2 cm, 3-zählig, unscheinbar, in Ähren im Blatttrichter.
Frucht: Beere.
Standort: Schwach sonnig bis halbschattig, hohe Luftfeuchtigkeit.
Verwendung: Bodendecker in Vitrinen, Schalen, Trögen. Warmhauspflanze. Nicht winterhart.
Vermehrung: Abtrennen der Kindel ganzjährig möglich.
Kultur: In Einheitserde mit Zusatz von Sphagnum, Substrat immer feucht halten.
Sorte: 'Zebrinus`, schokoladenbraun mit hellen Bändern.
Weitere Art: *C. bivittatus*, grün mit helleren Längsstreifen.
Hinweise: Anspruchslose Gewächse für viele Verwendungsmöglichkeiten. Auf Schildläuse achten.

Cryptanthus zonatus	Ctenanthe lubbersiana
0,05–0,08 m	*0,2-0,4 m*
I–XII	*keine Angaben*
Zimmerpflanze	*Blumenfenster*
Warmhaus	*Warmhaus*

Ctenanthe lubbersiana
Ctenanthe
Marantaceae, Marantagewächse

Heimat: Brasilien. Tropisch.
Wuchsform: Aufrechte bis übergeneigte, Horste bildende Staude.
Blatt: 2-zeilig, elliptisch, immergrün, grün mit heller Zeichnung, bis 20 cm lang.
Blüte: Disymmetrisch, klein, weiß, unscheinbar (selten in Kultur).
Standort: Hell, aber nicht vollsonnig.
Verwendung: Geschlossene Vitrinen und Blumenfenster. Auch im Winter im Warmhaus.
Vermehrung: Stecklinge, Teilung im Frühling.
Kultur: In Einheitserde, stets auf hohe Luftfeuchtigkeit achten. Oft besprühen.
Sorte: 'Variegata', weißgrünes Laub.
Hinweise: Warm und feucht, aber nicht nass halten.

Cupressus macrocarpa
Zimmer-Zypresse, Monterey-Zypresse
Cupressaceae, Zypressengewächse

Heimat: Kalifornien, Halbinsel Monterey. Mediterran.
Wuchsform: Aufrechter Nadelbaum. In der Heimat 10–15 m hoch wachsend.
Blatt: Schuppenförmig, immergrün, 0,1–0,2 cm.
Blüte: In der Zimmerkultur nicht blühend, am Heimatstandort blassgelb, einhäusig, aber getrennt geschlechtlich.
Frucht: Zapfen, eiförmig, 2–3,5 cm lang.
Standort: Sonnig bis halbschattig in humosem Boden.
Verwendung: Für mäßig warme Zimmer, Wintergärten. Ab Herbst im Kalthaus frostfrei überwintern.
Vermehrung: Kopfstecklinge im Frühling bei 20–25 °C unter Folie.
Kultur: In humosen Substraten, Erde nicht austrocknen lassen, auch zu viel Wasser (Staunässe) ist ungünstig.
Sorte: 'Goldcrest', gelbe Schuppenblätter.
Hinweise: Raschwachsend. Befall durch Rote Spinne möglich.

1–2 m		0,6–1 m
III–V		–
Zimmerpflanze		Zimmerpflanze
Kalthaus		temperiertes Haus

Cycas revoluta
Palmfarn
Cycadaceae, Palmfarngewächse

Heimat: Japan, Südost-Asien. Subtropisch.
Wuchsform: Stammbildend steif abstehend, Wedel. In der Heimat 2–3 m hoch wachsend.
Blatt: Quirlständig, am Ende des walzenförmigen Stammes. Wedel 0,5–2 m lang, Fiederblättchen nadelförmig, lederig, immergrün, bis 6 cm lang.
Blüte: Zweihäusig, männliche Blüten erscheinen im Zentrum des Blatttrichters, gelblich, die weiblichen in den Blattachseln, im Zimmer selten.
Frucht: Sehr selten zu sehen, eiförmig, hart.
Standort: Hell, aber vor direkter Sonne geschützt, mindestens 15 °C, auch winters.
Verwendung: Einzeln in großen, hellen Räumen, im Wintergarten.
Vermehrung: Aussaat von importierten Samen, Keimzeit oft mehrere Monate (30 °C).
Kultur: Durchlässige Humuserden mit Sand oder Seramis vermischt. Mäßig gießen und wenig düngen, aber organische Dünger verwenden.
Hinweise: Palmfarne gehören zu den ältesten Gewächsen der Erde.

Cyclamen persicum
Alpenveilchen
Primulaceae, Primelgewächse

Heimat: Östliches Mittelmeergebiet. Mediterran.
Wuchsform: Staude mit flachrunder Knolle.
Blatt: Grundständig, herzförmig, lang gestielt, grün mit weißer Maserung, 4–6 cm lang.
Blüte: Radiär, 3–5 cm, 5-teilig, Kronblätter zurückgeschlagen, weiß, rosa, rot, einzeln an langen Stielen.
Blütezeit: Wildart von IV–V.
Frucht: Kugelige Kapsel, Stiele uhrfederartig gerollt.
Standort: Hell und kühl.
Verwendung: Wichtige Zimmerpflanze im Topf, auch Schnittpflanze. Nicht winterhart.
Vermehrung: Aussaat XII–II, Samen 2–3 cm hoch abdecken (Dunkelkeimer), Keimzeit 3–6 Wochen bei 16–18 °C.
Kultur: 3–4 Monate nach der Keimung in Töpfe pikieren, Einheitserde P, warm und bei hoher Luftfeuchtigkeit kultivieren. Ältere Pflanzen ziehen im Sommer nach der Blüte ein. Mäßig gießen und düngen.
Sortengruppen: Minicyclamen klein-, aber reichblühend, duftend; Vielfalt von Klassen und Sorten.
Hinweise: Achtung Dickmaulrüssler!

Cyclamen persicum		Cymbidium lowianum
0,3-0,4/0,4-0,5 m		0,5–0,7/0,7–1 m
XII–V		I–VI
Zimmerpflanze		Zimmerpflanze
Kalthaus		Kalthaus

Cymbidium lowianum
Cymbidie
Orchidaceae, Orchideengewächse

Heimat: Nordostindien, Myanmar. Tropisch.
Wuchsform: Aufrechte, locker. Erdorchidee.
Blatt: Aus Pseudobulben, linealisch, immergrün, 50–75 cm lang.
Blüte: Disymmetrisch, 8–10 cm groß, hellgrün, weiß oder rötlich, langblühend. In langer Blütentraube die Blätter überragend.
Blütezeit: Je nach Sorte variierend.
Frucht: Kapsel mit vielen sehr feinen Samen.
Standort: Hell und luftig, im Sommer sogar im Freien möglich. Hohe Luftfeuchtigkeit, auch im Winter bei 50–60 %.
Verwendung: Als Topfpflanze langblühend, auch Schnittpflanze. Kleinbleibende Sorten blühen im Zimmer bei 18–22 °C.
Vermehrung: Teilung in größere Teilpflanzen mit je 4–5 Pseudobulben.
Kultur: In Torfsubstraten mit Zusatz von Styromull und Rindenschrot. Mäßig düngen und mit kalkfreiem Wasser gießen.
Sorte: 'Flirtation', rosa.
Hinweise: Auf Schildläuse achten.

Cyperus involucratus

(Syn.: *Cyperus alternifolius hort.*)
Zypergras
Cyperaceae, Riedgräser

Heimat: Tropisches Afrika, Süd-Afrika. Mediterran, tropisch.
Wuchsform: Aufrechtes, horstbildendes Gras.
Blatt: Grundständig, aber an der Triebspitze schirmartig angeordnet. Schmal linealisch, immergrün, 25–40 cm lang.
Blüte: Kleine Blütchen in rosettenförmigen Ähren am Triebende, gelb, 0,5 cm.
Frucht: Karyopse
Standort: Hell und warm, im Winter kühler, stets feucht halten.
Verwendung: Sumpfgärtchen, am Fensterbrett in wasserdichtem Übertopf.
Vermehrung: Blattschopf-Stecklinge in Wasser legen, Teilung im Frühling.
Kultur: Nach der Bewurzelung in humoses Substrat eintopfen. Im Untersetzer muss immer Wasser stehen.
Sorte: 'Variegatus', weiß gestreifte Blätter.
Hinweise: Befall durch Rote Spinne möglich. Braune Blattspitzen entstehen bei trockener Zimmerluft.

0,6–0,8 m		*1,5–2 m*
I–XII		*VI–X*
Zimmerpflanze		*Zimmerpflanze*
Warmhaus, Kalthaus		*Warmhaus*

Cyperus papyrus

Papyrusstaude
Cyperaceae, Riedgräser

Heimat: Nordost-Afrika, Zentral-Afrika, auch in Sizilien vorkommend. Mediterran, tropisch.
Wuchsform: Aufrechtes, rhizombildendes Gras.
Blatt: Am Ende der blattlosen Triebe in Büscheln, linealisch, immergrün, 25–30 cm lang.
Blüte: Kleine Blütchen in büschelförmigen Ähren am Triebende, gelb, 0,5 cm.
Frucht: Karyopse.
Standort: Hell und warm, im Winter etwas kühler, stets feucht halten.
Verwendung: Sumpfgarten, im Sommer auch im Freien, Kleingewächshaus. Nicht winterhart. Warmhauspflanze.
Vermehrung: Teilung im Frühling.
Kultur: In lehmig-humosem Substrat.
Besonderes: Im Untersetzer sollte immer etwas Wasser stehen. Aus den gepressten Halmen wurde im alten Ägypten Papier hergestellt.
Hinweise: Befall durch Rote Spinne möglich.
Ähnliche Art: *C. haspan*, Südosten der USA, nur 30–50 cm hoch.

Davallia mariesii
Davallie
Davalliaceae, Davalliengewächse

Heimat: Ost-Asien. Tropisch.
Wuchsform: Kriechend und kletternd durch oberirdische, etwa 6–8 mm dicke Rhizome.
Blatt: Doppelt gefiedert, im Umriss dreieckig, langgestielt, immergrün, 10–15 cm lang.
Standort: Halbschattig, immer auf hohe Luftfeuchtigkeit achten.
Verwendung: Ampelpflanze, für Epiphytenstämme. Warmhauspflanze.
Vermehrung: Teilung der Rhizome ganzjährig möglich, unter Folie bei 22 °C in Torf-Sandgemisch bewurzeln lassen. Nur schwache Düngergaben im Sommer.
Kultur: In TKS, Substrat immer feucht halten.
Hinweise: Blätter sprießen aus den Rhizomen end- oder achselständig. Auf Schildläuse achten. Empfindlich gegen chemische Spritzmittel.
Ähnliche Art: *D. canariensis*, Kanaren, Rhizome etwa 1 cm dick.

Davallia mariesii		Dendrobium densiflorum
0,15–0,2 m		0,4–0,6 m
–		XII–VII
Ampelpflanze		Ampelpflanze
Warmhaus		Warmhaus

Dendrobium densiflorum
Dendrobium
Orchidaceae, Orchideen

Heimat: Ost-Asien. Tropisch.
Wuchsform: Locker aufrecht bis überhängend.
Blatt: Grundständig, elliptisch, immergrün, aus Pseudobulben entstehend, 12–16 cm lang.
Blüte: Disymmetrisch, 3–4 cm lang, gelb, in hängenden Trauben.
Frucht: Kapsel mit vielen staubfeinen Samen
Standort: hell, luftig, bei hoher Luftfeuchtigkeit, Warmhauspflanze
Verwendung: In Körbchen als Ampelpflanze, aufgebunden an Korkrinde.
Vermehrung: Teilung beim Verpflanzen, wenn neue Triebe gebildet werden.
Kultur: In Rindensubstrat von Kiefern, mit Regenwasser reichlich gießen. Im Sommer warm, im Winter bei 18–22 °C halten.
Hinweise: Im Spätherbst beginnt die Ruhezeit zur Förderung der Blütenknospen. Rote Spinne und Schildläuse rechtzeitig bekämpfen.
Bild zeigt *D. densiflorum* var. *albo-lutea* (Syn.: *D. thyrsiflorum*).

Dieffenbachia maculata
Dieffenbachie
Araceae, Aronstabgewächse

Heimat: Tropisches Südamerika. Tropisch.
Wuchsform: Aufrechte, locker buschige Krautige.
Blatt: Wechselständig, breit eiförmig, immergrün, grün mit weißen oder gelben Flecken, je nach Sorte, oft über 30 cm lang.
Blüte: Winzige Einzelblütchen auf Kolben, 15–20 cm lang, von weißer Spatha umhüllt, einzeln stehend. Blüten selten, oft unter den Blättern verborgen.
Frucht: Kolben.
Standort: Hell und luftig, im Winter etwas kühler bei mindestens 20 °C.
Verwendung: Zimmerpflanze, in Hydrokultur.
Vermehrung: Kopf- oder Stammstecklinge bei 25 °C unter Folie bewurzeln lassen.
Kultur: In Einheitserde, hoher Luftfeuchtigkeit, Ballen nie austrocknen lassen.
Sorte: 'Amoena', schwach gefleckt; 'Tropic Snow', gelbgrün gefleckt.
Hinweise: Alle Teile sind giftig, bei der Arbeit Handschuhe tragen! Befall durch Spinnmilben möglich.

1,2–1,8 m		*0,1–0,2 m*
IV–V		*V–VII*
Zimmerpflanze		*Zimmerpflanze*
Warmhaus		*Kalthaus*

Dionaea muscipula
Venusfliegenfalle
Droseraceae, Sonnentaugewächse

Heimat: USA: Carolina. Gemäßigt, subtropisch.
Wuchsform: Grundständige Rosette mit auffallenden Blattformen.
Blatt: Grundständig, Blattstiel verbreitert, am Ende ist die Blattspreite zu einer 2-klappigen Falle mit steifen Borsten umgebildet, immergrün, 15–20 cm lang.
Blüte: Radiär, 1 cm, 5-zählig, weiß.
Frucht: Kapsel.
Standort: Hell, aber keine volle Sonne, immer feuchte und saure Böden.
Verwendung: Fensterbrett, Pflanzenvitrinen, Schalen, Kalthauspflanze.
Vermehrung: Aussaat im Frühling in Torf-Sphagnum-Mischung; Blattstecklinge.
Kultur: In dauernd feuchtem Torfsubstrat (pH 5,5), wenig düngen.
Besonderes: Fängt Insekten durch blitzschnelles Zuklappen der Fangblätter. Auf der Blattinnenseite befinden sich je 3 steife Borsten. Bei Berührung von 2 Borsten klappt die Falle zu.

Dischidia pectenoides
Urnenpflanze
Asclepiadaceae, Schwalbenwurzgewächse

Heimat: Philippinen. Tropisch.
Wuchsform: Langsamwachsender Schlinger mit aufgeblasenen Blättern.
Blatt: Gegenständig, eiförmig, immergrün, hellgrün, oft ballonartig aufgeblasen, 8–10 cm lang.
Blüte: Radiär, röhrig, 2–3 cm, 5-zählig, hellrot, achselständig.
Frucht: Balgfrucht 2-teilig.
Standort: Halbschattig, hohe Luftfeuchtigkeit, saurer Boden.
Verwendung: Liebhaberpflanze für Pflanzenvitrinen, Epiphytenstämme, Warmhaus.
Vermehrung: Aussaat in Torfsubstrat.
Kultur: Nährstoffarmes, saures Substrat nicht austrocknen lassen. Stets mit Regenwasser gießen. Häufig mit kalkfreiem Wasser besprühen.
Hinweise: Manche der urnenförmigen Blätter werden von Ameisen bewohnt.
Ähnliche Art: *D. major*, ähnlich, aber mit gelben Blüten.

Dischidia pectenoides		Dracaena deremensis
0,5–0,8 m		3–4 m
IX–X		V–VI
Blumenfenster		Zimmerpflanze
Warmhaus		Warmhaus

Dracaena deremensis
Drachenbaum
Dracaenaceae, Drachenbaumgewächse

Heimat: Afrika. Tropisch.
Wuchsform: Baumartig, leicht überhängende Blattschöpfe an blattlosem Stamm.
Blatt: Schraubig gestellt, lanzettlich, immergrün, glänzend, 50–60 cm lang, 4–5 cm breit.
Blüte: Radiär, glockenförmig, 1–2 cm, 6-zählig, weiß, in endständiger Rispe. In Kultur selten.
Frucht: Kapsel.
Standort: Halbschattig, hohe Luftfeuchtigkeit.
Verwendung: Einzeln in größeren Räumen, auch gut in Hydrogefäßen.
Vermehrung: Stammstecklinge eintopfen, im warmen Zimmer bewurzeln lassen, mehrere seitliche Austriebe möglich.
Kultur: In feuchtwarmer Umgebung, Erdsubstrat sandig-humos.
Sorte: 'Bausei', grün mit breiten, weißen Streifen.
Hinweise: Wird gerne von Schildläusen befallen. Stammstecklinge werden aus Mittelamerika als Ti-plants importiert.

Dracaena draco
Drachenbaum
Dracaenaceae, Drachenbaumgewächse

Heimat: Kanaren. Tropisch.
Wuchsform: Baumartig, leicht überhängende Blattschöpfe an blattlosem Stamm. In der Heimat bis 18 m hoch und 12 m breit wachsend.
Blatt: Schraubig gestellt, schwertförmig, immergrün, hellgraugrün, 50–60 cm lang, 3–4 cm breit.
Blüte: Radiär, sternförmig, 1–2 cm, 6-zählig, weißgelb, in endständiger Rispe. In Kultur aber sehr selten.
Frucht: Kapsel fleischig, gelb-orangefarben.
Standort: Hell bis vollsonnig, Kalthauspflanze
Verwendung: Einzeln in größeren Räumen, auch gut in Hydrogefäßen, Kübelpflanze. Im Sommer auch auf der Terrasse. Im Winter ins Kalthaus bringen.
Vermehrung: Aussaat im warmen Zimmer im Frühling einfach.
Kultur: Erdsubstrat sandig-humos.
Hinweise: Auf den Kanaren verzweigt sich der Stamm alle 8–10 Jahre gabelig. Wird gerne von Schildläusen befallen.

3–5/ 3,5–5,5 m		*3–5 m*
V–VI		*V–VI*
Kübelpflanze		*Zimmerpflanze*
Kalthaus		*Warmhaus*

Dracaena fragrans
Drachenbaum
Dracaenaceae, Drachenbaumgewächse

Heimat: Tropisches Afrika. Tropisch.
Wuchsform: Baumartig, leicht überhängende Blattschöpfe an blattlosem Stamm.
Blatt: Schraubig gestellt, lanzettlich, immergrün, glänzend grün, die Sorten mit Streifen, 50–90 cm lang, 5–8 cm breit.
Blüte: Radiär, glockenförmig, 1–2 cm, 6-zählig, weiß, duftend, in endständiger Rispe. In Kultur aber sehr selten.
Frucht: Kapsel.
Standort: Halbschattig, hohe Luftfeuchtigkeit, Warmhauspflanze.
Verwendung: Einzeln in größeren Räumen, auch gut in Hydrogefäßen.
Vermehrung: Stammstecklinge eintopfen, im warmen Zimmer bewurzeln lassen, mehrere seitliche Austriebe möglich.
Kultur: In feuchtwarmer Umgebung, Erdsubstrat sandig-humos.
Sorte: 'Viktoria', gelbgrüne Streifen.
Hinweise: Wird gerne von Schildläusen befallen.

Dracaena marginata
Drachenbaum
Dracaenaceae, Drachenbaumgewächse

Heimat: Reunion. Tropisch.
Wuchsform: Baumartig, leicht überhängende Blattschöpfe an blattlosem, dünnen Stamm. In den Tropen 3–4 m hoch wachsend.
Blatt: Schraubig gestellt, lanzettlich, immergrün, glänzend grün, brauner Rand, unterseits rot, 30–40 cm lang, 1–2 cm breit.
Blüte: Radiär, glockenförmig, 1–2 cm, 6-zählig, weiß, in endständiger Rispe. Selten in Kultur.
Frucht: Kapsel.
Standort: Halbschattig, hohe Luftfeuchtigkeit.
Verwendung: Einzeln in größeren Räumen, auch gut in Hydrogefäßen.
Vermehrung: Stammstecklinge eintopfen, im warmen Zimmer bewurzeln lassen, mehrere seitliche Austriebe möglich.
Kultur: In feuchtwarmer Umgebung, Erdsubstrat sandig-humos.
Sorte: 'Tricolor', 0,4–1 m, rotweißgrüne Streifen. Ganzjährig an hellem Standort halten.
Hinweise: Auf Schildläuse achten.

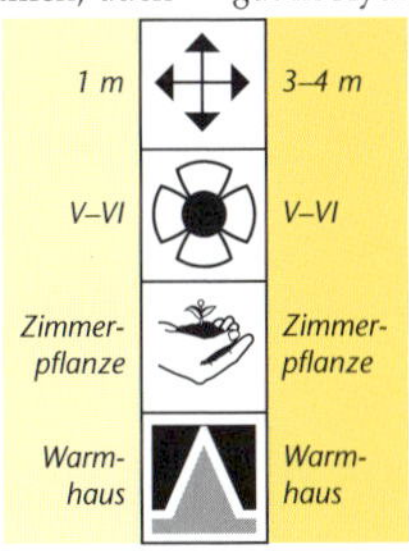

Dracaena reflexa
Drachenbaum
Dracaenaceae, Drachenbaumgewächse

Heimat: Mauritius. Tropisch.
Wuchsform: Baumartig mit leicht abstehenden Blattschöpfen. In der Heimat bis 18 m hoch werdend.
Blatt: Schraubig gestellt, lanzettlich, immergrün, glänzend grün, 30–40 cm lang, 4–5 cm breit.
Blüte: Radiär, glockenförmig, 1–2 cm, 6-zählig, weiß, in endständiger Rispe. Selten in Kultur.
Frucht: Kapsel.
Standort: Hell und luftig, hohe Luftfeuchtigkeit.
Verwendung: Einzeln in größeren Räumen, auch gut in Hydrogefäßen.
Vermehrung: Stamm- oder Kopfstecklinge eintopfen, im warmen Zimmer bewurzeln lassen, mehrere seitliche Austriebe möglich.
Kultur: In feuchtwarmer Umgebung, Erdsubstrat sandig-humos.
Sorte: 'Song of India', grün mit breiten, gelben Streifen (Bild).
Hinweise: Auf Schildläuse achten.
Ähnliche Art: *D. sanderiana*, Blätter 20–25 cm lang, gelb-grün gestreift.

Drosera spathulata
Sonnentau
Droseraceae, Sonnentaugewächse

Heimat: Japan, China, Taiwan, Australien, Neuseeland. Subtropisch, tropisch.

Wuchsform: Krautige, flache Rosetten bildende Staude mit aufrechter Blüte.

Blatt: Grundständig, spatelförmig, grün-rot, mit vielen Drüsenhaaren, die klebrige Tröpfchen abscheiden, sommergrün, 2 cm lang.

Blüte: Radiär, Schalenform, 2 cm, 5-zählig, weißrosa, in Wickeln.

Frucht: Kapsel.

Standort: Sonnig bis absonnig, feucht, nährstoffarm.

Verwendung: Karnivoren-Sammlungen, Flaschenbepflanzung. Winters im Kalthaus.

Vermehrung: Aussaat auf sterilem Feintorf, nicht abdecken.

Kultur: In Sphagnum (Torfmoos) oder Weißtorf (ohne Dünger), stets feucht halten, kalkfreies Wasser verwenden.

Hinweise: Blätter können Insekten fangen, Tröpfchen sind Verdauungssäfte. Hohe Luftfeuchtigkeit und wenig Dünger erforderlich.

Echeveria derenbergii
Echeverie
Crassulaceae, Dickblattgewächse

Heimat: Mexiko. Subtropisch.

Wuchsform: Dichte, sukkulente Rosettenpflanze.

Blatt: Schraubig gestellt, verkehrt eiförmig, immergrün, hellgrün, 3–4 cm lang.

Blüte: Radiär, glockig, 1–1,5 cm, 5-zählig, hellorangefarben, an endständigem Wickel.

Frucht: Kapsel.

Standort: Vollsonnige Lage in durchlässigen Böden, im Sommer im Freien.

Verwendung: Schalen, Friedhof, Grabeinfassungen, Sukkulentensammlungen. Nicht winterhart.

Vermehrung: Blattstecklinge, Ableger, Aussaat im Frühling in sandigem Substrat.

Kultur: In humusarmer Kakteenerde, im Herbst ins Kalthaus bringen, Ruhezeit, sonst anspruchslos.

Hinweise: Wurzelläuse sind schwer zu bekämpfen.

Weitere Arten: Die Gattung umfasst rund 150 Arten, man kennt viele Hybriden.

Drosera spathulata		Echeveria derenbergii
0,05/ 0,15–0,2 m		*0,1/ 0,2 m*
V–VIII		*IV–VI*
Hobby-Glashaus		*Zimmer- und Beetpflanze*
Kalthaus		*Kalthaus*

Echinocactus grusonii
Goldkugelkaktus
Cactaceae, Kakteengewächse

Heimat: Mexiko. Subtropisch.
Wuchsform: Breit kugelig, bis 75 cm breit, mit bis zu 30 Rippen.
Blatt: Umgebildet zu gelben Dornen, bis zu 5 cm lang.
Blüte: Glockig, radiär, 3–5 cm, gelb; erscheint erst ab einer Größe von 30 cm Durchmesser, erscheint im wolligen Scheitel.
Frucht: Beere, 2 cm lang, in weiße Wolle gehüllt.
Standort: Vollsonnige Lage in durchlässigen Böden.
Verwendung: Einzeln oder in Gruppen in Sammlungen, Wintergärten, Fensterbrett. Im Winter im Kalthaus.
Vermehrung: Aussaat von IV–VI, später mehrfach pikieren und umtopfen.
Kultur: In Kakteenerde bei hohen Temperaturen, nachts nicht unter 10 °C. Im Sommer öfters gießen und düngen.
Hinweise: Pflanze assimiliert mit dem Spross. Befall von Spinnmilben und Wollläusen möglich.

0,5–1,2 m		0,2/0,25 m
IV–V		IV–V
Wintergarten		Wintergarten
Kalthaus		Kalthaus

Echinocereus reichenbachii var. fitchii
Igelsäulenkaktus
Cactaceae, Kakteengewächse

Heimat: Südtexas bis Nordmexiko. Subtropisch.
Wuchsform: Aufrechte, säulenförmige, langsamwachsende Sukkulente bis 9 cm Durchmesser.
Blatt: Umgebildet zu kammförmigen Dornen, weiß bis bräunlich.
Blüte: Strahlig, radiär, 6–7 cm, dunkelrosa.
Frucht: Beere.
Standort: Vollsonnige Lage in durchlässigen Böden.
Verwendung: Einzeln oder in Gruppen in Sammlungen, Wintergärten, Fensterbrett. Im Winter ins Kalthaus.
Vermehrung: Aussaat von IV–VI, später mehrfach pikieren und umtopfen.
Kultur: In Kakteenerde bei hohen Temperaturen, nachts nicht unter 10 °C. Im Sommer häufig gießen und düngen. Ab IX trockener halten.
Besonderes: Früh- und großblütig.
Hinweise: Befall von Spinnmilben und Wollläusen möglich.

Echinopsis obrepanda
Seeigelkaktus
Cactaceae, Kakteengewächse

Heimat: Bolivien. Subtropisch.
Wuchsform: Kugelförmige, langsam wachsende Sukkulente.
Blatt: Umgebildet zu Dornen.
Blüte: Radiär, trichterförmig, bis 8 cm lang und breit, weiß (auch rosa bis rot). Stets einzeln an langen Stielen. Öffnet sich nachts, schließt morgens.
Frucht: Beere.
Standort: Vollsonnig, im Winter (Ruhezeit) hell und kühl.
Verwendung: Topfpflanze, Fensterbrett, Sammlungen.
Vermehrung: Aussaat im Frühling, Ableger abnehmen und topfen.
Kultur: In Kakteenerde, wenig gießen, im Winter trocken und kühl halten.
Sorte: Viele, auch namenlose Hybriden in allen möglichen Farben.
Hinweise: Bekannt als Bauernkaktus, fälschlich als "Königin der Nacht" bezeichnet. Prächtige Blütenpflanze.

Echinopsis obrepanda	Elettaria cardamomum
0,1/0,15 –0,2 m	*0,5–0,7 m*
VII	–
Zimmerpflanze	*Zimmerpflanze*
Kalthaus	*Warmhaus*

Elettaria cardamomum
Kardamom
Zingiberaceae, Ingwergewächse

Heimat: Sri Lanka, Südost-Asien. Tropisch, subtropisch.
Wuchsform: Locker aufrechte, horstige Staude mit kurzen Ausläufern. In der Heimat bis 2 m (hoch wachsend).
Blatt: Wechselständig, lanzettlich, immergrün, dunkelgrün, 10–12 cm lang.
Blüte: Zygomorphe Lippenblüte, 2 cm, weiß, erscheint sehr selten in Kultur, Ähren erscheinen direkt aus dem Rhizom, 60 cm lang.
Frucht: Kapsel 1 cm lang, 3-fächerig.
Standort: Schattig bis halbschattig, Warmhaus.
Verwendung: Am Fensterbrett auch an schattigen Plätzen, Nutzpflanze, Schnittpflanze.
Vermehrung: Teilung im Frühling.
Kultur: In humoser Erde, Torfkultursubstrat. Ballen nicht austrocknen lassen.
Besonderes: Samen sind süßlich, sie werden für Pfefferkuchen und Curry verwendet.
Hinweise: Angenehm duftendes Laub.

Ensete ventricosum
(Syn.: *Musa ensete*)
Zierbanane
Musaceae, Bananengewächse

Heimat: Tropisches Afrika: Äthiopien. Subtropisch, tropisch.
Wuchsform: Horstige, aufrechte Staude mit schirmförmig-überhängendem Laub.
Blatt: Stängelumfassend, immergrün, glänzend, auch braunrot, 1–2 m lang (bis 6 m lang!), 40–50 cm breit.
Blüte: Zygomorph, weiß, in Ähren. In Kultur selten, Blühfähigkeit erst nach 6–8 Jahren.
Frucht: Beere, Samen schwarz. Sehr selten.
Standort: Nährstoffreiche Böden in sonniger Lage.
Verwendung: Öffentliche Anlagen, Wintergärten, Terrassen. Ab X im Kalthaus hell und trocken überwintern.
Vermehrung: Nur Aussaat, Keimung bei 20–25 °C in 3–4 Wochen.
Kultur: Aussaat Anfang II, bis Mai 1 m hoch, dann ins Freiland bringen. Im Sommer oft wässern und wöchentlich düngen.
Sorte: 'Maurelii', rotblättrig, robust.
Hinweise: In Drahtkörbe pflanzen. Auffällige Kübelpflanze.

2–3 m		*0,8–1 m*
V–VIII		*V–VII*
Kübelpflanze		*Wintergarten*
Kalthaus		*Kalthaus*

Epiphyllum anguligerum
Sägeblatt-Kaktus
Cactaceae, Kakteengewächse

Heimat: Mexiko. Tropisch.
Wuchsform: Buschiger Epiphyt mit fleischigen, blattartigen, tief gezähnten Zweigen. Triebe grün, gesägt, immergrün, 30–60 cm lang.
Blüte: Radiär, trichterförmig, bis 8 cm lang, gelbweiß-rosa, achselständig. Nachtblüher.
Frucht: Beere rot, Fruchtfleisch klebrig.
Standort: Hell bis sonnig, warm, im Winter Ruhezeit bei 8 °C einhalten.
Verwendung: Epiphytenstämme, Kleingewächshaus, Wintergarten. Kalthaus.
Vermehrung: Stecklinge, auch Aussaat im Frühling.
Kultur: In humosem Substrat, pH 4,5–5,5, mäßig feucht halten.
Hinweise: Ganzjährig auffällig durch die gesägten Triebe. Hohe Luftfeuchtigkeit günstig.

Epipremnum pinnatum
(Syn.: *Scindapsus aureus*)
Efeutute
Araceae, Aronstabgewächse

Heimat: Ostindien, Süd-Asien. Tropisch.
Wuchsform: Kletternde oder hängende Staude.
Blatt: Wechselständig, herz-eiförmig zugespitzt, immergrün glänzend, dunkelgrün mit gelben Flecken, 6–10 cm lang.
Blüte: Kolben mit gelblicher Spatha, in Kultur kaum zu sehen.
Frucht: Beere, sehr selten; nur an der Altersform zu finden.
Standort: Hell bis schattig, keine direkte Sonne, wärmeliebend.
Verwendung: Anspruchslose Ampel- und Kletterpflanze. Nicht winterhart.
Vermehrung: Stecklinge von Frühling bis Sommer, unter Folie bewurzeln lassen.
Kultur: In Einheitserde oder TKS, Substrat nicht austrocknen lassen
Sorte: 'Aureum', wichtigste Form mit gelb gechecktem Laub.
Hinweise: Schildläuse bei Befall bekämpfen.

2–3 m.	*0,05–0,15 m*
V–VIII	*VI–IX*
Ampelpflanze	*Zimmerpflanze*
Warmhaus	*Warmhaus*

Episcia reptans
Episcie, Schattenröhre
Gesneriaceae, Gesneriengewächse

Heimat: Kolumbien, Surinam, Brasilien. Tropisch.
Wuchsform: Kriechend bis hängend. Krautig.
Blatt: Gegenständig, elliptisch, braun-rot, genarbt, behaart, 5–12 cm lang, 3–6 cm breit.
Blüte: Disymmetrisch, röhrig mit flachem Teller, 2 cm, rot.
Frucht: Kapsel.
Standort: Halbschattig bis schattig, feucht und warm.
Verwendung: Topfpflanze am absonnigen Fensterbrett, Vitrinen, Ampeln
Vermehrung: Stecklinge und Ausläufer, im Frühling.
Kultur: In humosem Substrat (Einheitserde), hohe Luftfeuchtigkeit, mäßig düngen. Nie die Erde austrocknen lassen.
Hinweise: Sollte stets immer wieder verjüngt werden, auf Blattläuse achten.
Ähnliche Art: *E. cupreata* aus Kolumbien, mehrere Sorten mit buntem Laub.

Erica × willmorei

Pracht-Heide, Glocken-Heide
Ericaceae, Heidekrautgewächse

Heimat: Züchtung, Ursprungsart aus Süd-Afrika. mediterran.
Wuchsform: Breit buschiger, aufrechter Zwergstrauch.
Blatt: Quirlständig, nadelförmig, immergrün, dunkelgrün, 1 cm lang.
Blüte: Radiär, röhrig, 3–4 cm lang, rosa mit weißem Rand, reichblühend.
Frucht: Kapsel.
Standort: Hell bis sonnig, im Winter kühl halten (5–10 °C).
Verwendung: Fensterbrett, Wintergarten, Topfpflanze, Schalen für Gräber usw. Im Herbst ins Kalthaus bringen.
Vermehrung: Stecklinge im Sommer
Kultur: In sauren Sand-Humus-Substraten (pH 4–5), nur mit kalkfreiem Wasser gießen, alle 2 Wochen 0,1 %ig düngen.
Hinweise: Nach der Blüte zurückschneiden. Im Kapland sind rund 620 *Erica*-Arten bekannt.

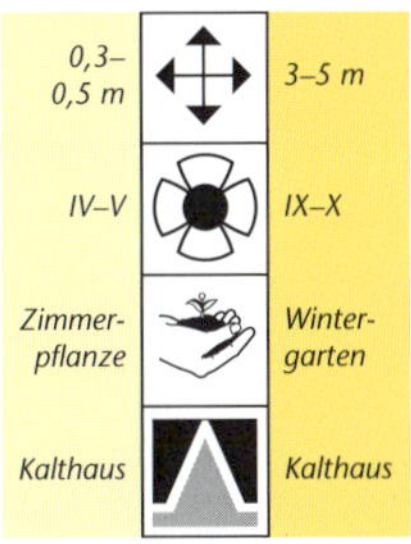

Eriobotrya japonica

Japanische Mispel, Wollmispel
Rosaceae, Rosengewächse

Heimat: China, Südjapan. Mediterran, subtropisch.
Wuchsform: Breit aufrechter Baum. In der Heimat bis 10 m hoch wachsend.
Blatt: Wechselständig, elliptisch, immergrün, dunkelgrün, unterseits hellbraun filzig, derblederig, 15–30 cm lang.
Blüte: Radiär, schalenförmig, 1 cm, duftend, in bis 30 cm langen, endständigen Rispen.
Frucht: Kernfrucht oval, 3–4 cm lang, gelb-orangefarben, säuerlich, wohlschmeckend, Kerne 2–3 cm lang, braun.
Standort: Hell bis halbschattig.
Verwendung: Solitärpflanze in größeren Wintergärten, Fruchtnutzung. Im Winter im Kalthaus bei 5–10 °C überwintern.
Vermehrung: Aussaat im Frühling, 1 Kern pro Topf stecken.
Kultur: Einheitserde stets feucht halten, alle 2 Jahre umtopfen, Kübelpflanze.
Hinweise: Früchte sind druckempfindlich, bei uns kaum im Handel.

Eucalyptus camaldulensis
Eukalyptus
Myrtaceae, Myrtengewächse

Heimat: Australien. Subtropisch.
Wuchsform: Raschwüchsiger, aufrechter Baum mit lockerer Krone. Borke glatt, weiß, grau, hellrosa, schält sich im Sommer ab. In der Heimat bis 30 m hoch wachsend.
Blatt: Gegenständig, elliptisch, immergrün, blassgrün, 7–20 cm lang.
Blüte: Radiär, ohne Kronblätter, 1–1,5 cm, viele lange weiße Staubgefäße. In Trauben.
Frucht: Kapsel, 1 cm groß.
Standort: Hell und sonnig.
Verwendung: In Kübeln, im Sommer auf der Terrasse. Kalthauspflanze.
Vermehrung: Aussaat im Frühling.
Kultur: In humosen Substraten mit Sand-Lehm-Zusatz. Alle 2 Wochen 0,2 %ig düngen. Im Winter kühl halten, nicht austrocknen lassen.
Hinweise: Viele weitere Arten bekannt.

Eucalyptus globulus
Eukalyptus, Blaugummibaum
Myrtaceae, Myrtengewächse

Heimat: Australien: Victoria, Tasmanien. Subtropisch, mediterran.
Wuchsform: Raschwüchsiger, aufrechter Baum mit lockerer Krone. Borke gräulich, schält sich in langen Streifen ab. Holz ist sehr brüchig. In der Heimat bis 60 m hoch wachsend.
Blatt: Wechselständig, sichelförmig, immergrün, dunkelgrün, 15–50 cm lang.
Blüte: Radiär, ohne Kronblätter, 1–1,5 cm, viele lange weißgelbe Staubgefäße. In Trauben.
Frucht: Kapsel, 2 cm groß (Bild).
Standort: Hell und sonnig.
Verwendung: In Kübeln, im Sommer auf der Terrasse. Kalthauspflanze.
Vermehrung: Aussaat im Frühling.
Kultur: In humosen Substraten mit Sand-Lehm-Zusatz. Alle 2 Wochen 0,2 %ig düngen. Im Winter kühl halten, nicht austrocknen lassen.
Besonderes: Verträgt feuchte Standorte.
Hinweise: In der Jugend sind die Blätter oval und silbrig weiß.

E. camaldulensis		*E. globulus*
3–5 m		*3–5 m*
I–II		*I–III*
Kübelpflanze		*Kübelpflanzen*
Kalthaus		*Kalthaus*

Eucalyptus gunnii
Eukalyptus
Myrtaceae, Myrtengewächse

Heimat: Australien: Tasmanien. Mediterran.

Wuchsform: Raschwüchsiger, aufrechter Baum mit lockerer Krone. Borke Grau in vielen Variationen, neue Borke weißlich gelb. In der Heimat bis 25 m hoch wachsend.

Blatt: Gegenständig, rundlich, immergrün, blassgrün, 7–13 cm lang.

Blüte: Radiär, ohne Kronblätter, 1–1,5 cm, viele cremeweiße Staubgefäße. In Trauben.

Frucht: Kapsel, 1,5 cm groß.

Standort: Hell und sonnig.

Verwendung: In Kübeln, im Sommer auf der Terrasse. Härteste Art, verträgt bis -10 °C. Kalthauspflanze.

Vermehrung: Aussaat im Frühling.

Kultur: In humosen Substraten mit Sand-Lehm-Zusatz. Alle 2 Wochen 0,2 %ig düngen. Im Winter kühl halten, nicht austrocknen lassen.

Hinweise: Schnittpflanze. Viele weitere Arten bekannt.

Eucalyptus gunnii		Euonymus japonicus
3–5 m		0,6–0,8 m
I–II		VI–VII
Kübelpflanze		Kübelpflanze
Kalthaus		Kalthaus

Euonymus japonicus
Japanischer Spindelstrauch
Celastraceae, Spindelbaumgewächse

Heimat: Japan, Korea, Riukiu-Inseln. Mediterran.

Wuchsform: Breit buschiger, aufrechter Strauch. Triebe dunkelgrün, leicht 4-kantig. In der Heimat 5–8 m hoch wachsend.

Blatt: Gegenständig, elliptisch, immergrün, glänzend, 3–7 cm lang.

Blüte: Radiär, 0,5 cm, 4-teilig, unscheinbar gelbgrün, in Trugdolden.

Frucht: Kapsel, orangefarben mit rosa, selten.

Standort: Halbschattig bis schattig,

Verwendung: Dichter Strauch für Dekorationen, Kübelpflanze. Kalthaus, im Winter frostfrei halten.

Vermehrung: Kopfstecklinge von VIII–X.

Kultur: In lehmig-humosen Substraten, nicht austrocknen lassen.

Sorte: 'Albomarginatus', weißgerandete Blätter; 'Aureus', gelbgrünes Laub (Bild).

Hinweise: Buntblättrige Sorten heller stellen. Auf Blasenfüße (Thrips) achten.

Euphorbia caput-medusae
Medusenhaupt-Wolfsmilch
Euphorbiaceae, Wolfsmilch-
gewächse

Heimat: Südafrika: Kap. Mediterran, subtropisch.
Wuchsform: Niederliegend-aufsteigend, Sukkulente. Triebe dunkelgrün, fleischig, 30–50 cm lang, übernehmen die Assimilation.
Blatt: Elliptisch, hellgrün, kurzlebig, 0,5–2 cm.
Blüte: Radiär, 1–2 cm, grünweiß, endständig,
Frucht: Kapsel 3-klappig.
Standort: Sonnig bis halbschattig, warm. Ganzjährig als Zimmerpflanze. Nicht frosthart.
Verwendung: Sukkulentensammlung.
Vermehrung: Aussaat im Frühling; Kopfstecklinge in warmes Wasser tauchen, abtrocknen lassen, nach 3–4 Wochen in Sand stecken.
Kultur: Nach Wurzelbildung (kräftige Rübenwurzel), eintopfen in sandiges Substrat oder Kakteenerde. Im Winter nicht austrocknen lassen.
Hinweise: Milchsaft ist giftig, bei der Arbeit Handschuhe tragen und den Saft nicht in die Augen bringen!
Ähnliche Art: *E. esculenta*, dicke, liegende Triebe.

0,3–0,5 m		*0,5–1 m*
VIII–IX		*I–XII*
Fensterbrett		*Zimmerpflanze*
Warmhaus		*Warmhaus*

Euphorbia × lomii
Hybrid-Wolfsmilch
Euphorbiaceae, Wolfsmilch-
gewächse

Heimat: Madagaskar. Subtropisch.
Wuchsform: Sparriger, aufrechter Halbstrauch mit dicken, stark bedornten Trieben.
Blatt: Wechselständig, eiförmig, halbimmergrün, dunkelgrün, 5–15 cm lang. Milchsaft ist giftig!
Blüte: Radiär, 1–2 cm breit, klein und gelb, von 2 leuchtend roten Hochblättern (Cyathien) umgeben, in endständigen Trugdolden.
Frucht: Spaltfrucht.
Standort: Sonnig bis halbschattig, im Winter nicht ganz austrocknen lassen.
Verwendung: Fensterbrett, Wintergarten. Im Winter frostfrei halten.
Vermehrung: Stecklinge im Vorfrühling in warmes Wasser tauchen (35 °C), dann längere Zeit trocknen lassen, stecken in sandiges Substrat.
Kultur: Saure Torfsubstrate, hell und luftig stellen.
Sorte: 'Bianca', weiße Hochblätter.
Besonderes: Naturhybride aus *E. milii* und *E. lophogona*.
Hinweise: Keine Kurztagpflanze!

Euphorbia milii
Christusdorn
Euphorbiaceae, Wolfsmilch-
gewächse

Heimat: Madagaskar. Subtropisch.
Wuchsform: Sparriger, aufrechter Halbstrauch mit dicken, stark bedornten Trieben.
Blatt: Wechselständig, eiförmig, halbimmergrün, 3–7 cm lang. Milchsaft ist giftig!
Blüte: Radiär, 1–2 cm breit, klein und gelb, von 2 leuchtend roten Hochblättern (Cyathien) umgeben, in endständigen Trugdolden.
Frucht: Spaltfrucht.
Standort: Sonnig bis halbschattig, im Winter nicht ganz austrocknen lassen.
Verwendung: Fensterbrett, Wintergarten. Im Winter frostfrei halten.
Vermehrung: Stecklinge im Vorfrühling in warmes Wasser tauchen (35 °C), dann längere Zeit trocknen lassen, in sandiges Substrat stecken.
Kultur: Kakteenerde, hell und luftig stellen.
Sorte: Mehrere Sorten mit weißen oder lachsfarbenen Cyathien.
Hinweise: Kurztagpflanze! Ab September ins Zimmer bringen.

Euphorbia obesa
Apfelförmige Wolfsmilch
Euphorbiaceae, Wolfsmilch-
gewächse

Heimat: Südafrika: Kap. Mediterran, subtropisch.
Wuchsform: Kugelförmig, 8- bis 10-rippige Sukkulente.
Blatt: Total reduziert.
Blüte: Radiär, winzig klein, 3-zählig, gelb, erscheinen im Scheitel.
Frucht: Kapsel.
Standort: Vollsonnige Lage, im Winter nicht unter 15 °C.
Verwendung: Topfpflanze, für Sukkulentensammlungen.
Vermehrung: Aussaat im Frühling.
Kultur: In Kakteenerde, durchlässig, sehr mäßig feucht halten.
Hinweise: Gutes Beispiel für Konvergenz, sieht einem Kaktus sehr ähnlich. Im Winter warm und trocken halten.

0,5–1 m	*0,1–0,16 m*
X–III	*VI–VII*
Zimmerpflanze	*Fensterbrett*
Warmhaus	*temperiertes Haus*

Euphorbia pulcherrima
Weihnachtsstern, Poinsettie
Euphorbiaceae, Wolfsmilchgewächse

Heimat: Südmexiko, Mittelamerika. Subtropisch, tropisch.
Wuchsform: Aufrechter, lockerwüchsiger Strauch. In wärmeren Gebieten bis 3 m hoch.
Blatt: Gegenständig, am Triebende rosettig, eiförmig zugespitzt, halbimmergrün, bläulich grün, 10–30 cm lang. Milchsaft ist giftig.
Blüte: Unscheinbar, klein, gelb, endständig, Blütenhülle fehlt. Auffällige sternförmigen Hochblätter (Brakteen) in rot, lachs, weiß, 10–15 cm.
Frucht: 3-fächerige Spaltfrucht.
Standort: Hell, aber nicht sonnig. Ganzjährig über 18 °C, aber nicht zu warm halten.
Verwendung: Topfpflanze im Winter, für Schalen; Schnittpflanze.
Vermehrung: Kopfstecklinge, vor dem Stecken in lauwarmes Wasser tauchen.
Kultur: In Einheitserde, ganzjährig feucht halten, keine Staunässe!
Sorten: 'Annette Hegg', rote Brakteen; 'Regina', weiß.
Hinweise: Kurztagspflanze.

Euphorbia pulcherrima	Euphorbia tetragona
0,5–1 m	1–2,5 m
X–III	VI–VIII
Zimmerpflanze	Kübelpflanze
Warmhaus	Kalthaus

Euphorbia tetragona
Wolfsmilch
Euphorbiaceae, Wolfsmilchgewächse

Heimat: Südafrika: Kap. Subtropisch.
Wuchsform: Breit aufrechter, sukkulenter Strauch oder Baum mit meist 4-kantigen Trieben. In der Heimat bis 15 m hoch wachsend.
Blatt: In paarige Blattdornen umgebildet.
Blüte: Einzelblüten klein, Blütenstand (Cyathium) gelbgrün, unscheinbar, 1 cm, selten zu sehen.
Frucht: Spaltfrucht.
Standort: Vollsonnig, warm.
Verwendung: Sukkulentensammlungen, im Sommer auch im Freien im Kübel. Ab September im Kalthaus überwintern.
Vermehrung: Seitentriebe abtrennen, in Wasser ausbluten lassen, 3 Wochen trocknen lassen, dann in Sandsubstrat stecken.
Kultur: Anspruchslos, mineralische Kakteenerde, sparsam gießen. Im Winter trocken halten.
Hinweise: Die Assimilation übernehmen die grünen, 4–6 cm dicken Triebe.

Euphorbia tirucalli

Bleistiftpflanze
Euphorbiaceae, Wolfsmilchgewächse

Heimat: Madagaskar, Süd-Afrika, Ost-Afrika. Subtropisch.
Wuchsform: Buschiger, aufrechter, feintriebiger Strauch.
Blatt: Wechselständig, linealisch, grün, meist bald abfallend, 1–2 cm lang.
Blüte: Einzelblüten klein, Blütenstand (Cyathium) blassgrün, in Kultur ganz selten.
Frucht: Spaltfrucht.
Standort: Volle Sonne, warm, im Winter mindestens 12 °C.
Verwendung: Einzeln für Großraumbüros, Wintergarten, auch in Hydrogefäßen.
Vermehrung: Seitentriebe abtrennen, einige Tage trocknen lassen, in Sand stecken.
Kultur: In stark sandiger Humuserde, Wasserbedarf gering, auch im Winter nicht völlig austrocknen lassen, anspruchslos.
Hinweise: Die Assimilation übernehmen die zierlichen Triebe.

4–8 m		*0,25–0,3 m*
VI–VIII		*VI–IX*
Kübelpflanze		*Zimmerpflanze*
Kalthaus		*Kalthaus*

Exacum affine

Blaues Lieschen, Bitterblatt
Gentianaceae, Enziangewächse

Heimat: Insel Sokotra (Golf von Aden). Subtropisch.
Wuchsform: Buschige, feintriebige Einjährige mit fleischigem Stängel.
Blatt: Gegenständig, eiförmig, gestielt, immergrün, glänzend, 3–4 cm lang.
Blüte: Radiär, schalenförmig, 2–3 cm, enzianblau mit gelben Staubgefäßen, end- und achselständig.
Frucht: Kapsel.
Standort: Hell, aber nicht zu warm.
Verwendung: Zimmerpflanze, halbschattige Blumenfenster. Kalthauspflanze.
Vermehrung: Aussaat XI–V, Temperatur um 20–22 °C, Lichtkeimer, Keimdauer 4–6 Monate! Auch Stecklinge ab III möglich.
Kultur: In Einheitserde, mäßig gießen, wöchentlich düngen.
Sorte: ‘Royal Dane Weiß’, weiß, kompakt, 25 cm.
Hinweise: Reichblühend, wird nach der Blüte nicht weiterkultiviert. auf Blattläuse achten.

× Fatshedera lizei
Efeuaralie
Araliaceae, Araliengewächse

Heimat: Züchtung. Gemäßigt, mediterran.
Wuchsform: Aufrechter, rasch wachsender Spreizklimmer.
Blatt: Wechselständig, 3- bis 5-lappig, immergrün, 10–12 cm breit.
Blüte: unscheinbar, gelblich, in Dolden. Nur bei sehr alten Pflanzen zu sehen.
Frucht: Beere, sehr selten.
Standort: Halbschattig bis schattig, kühl.
Verwendung: Schattenecken im Zimmer. Im Sommer auch im Freien möglich, im Herbst ins Kalthaus.
Vermehrung: Trieb- und Kopfstecklinge, einfach.
Kultur: In humosem Substrat, Einheitserde, kühl halten, gleichmäßig gießen.
Sorte: 'Variegata', ähnlich, aber mit weiß gefleckten Blättern.
Hinweise: Anspruchslose Gattungskreuzung aus Frankreich (1912) aus *Fatsia japonica* und *Hedera helix*. Schildläuse rechtzeitig bekämpfen.

× Fatshedera lizei		Fatsia japonica
1–4 m		*1,5–2,5 m*
IX–XI		*IX–XI*
Kübelpflanze		*Kübelpflanze*
Kalthaus		*Kalthaus*

Fatsia japonica
Zimmeraralie
Araliaceae, Araliengewächse

Heimat: Japan, Südkorea. Subtropisch.
Wuchsform: Aufrechter, meist mehrstämmiger Strauch. In der Heimat bis 5 m hoch wachsend.
Blatt: Wechselständig, handförmig, 5- bis 7-lappig, immergrün, glänzend, 20–30 cm breit.
Blüte: Radiär, 1 cm, grün-weiß, in endständigen Dolden.
Frucht: Beere schwarz.
Standort: Hell bis schattig, keine direkte Sonne.
Verwendung: Genügsame Zimmerpflanze, im Sommer auch als Kübelpflanze draußen. In wintermilden Gebieten auch frosthart bis –10 °C.
Vermehrung: Aussaat sofort nach der Ernte, Keimzeit 3–4 Wochen, Kopfstecklinge.
Kultur: In Einheitserde, braucht als ältere Pflanze viel Wasser. Von X–II etwas trockener und kühl halten.
Sorte: 'Variegata', gelbbuntes Laub, 1 m hoch, lichtbedürftiger.
Hinweise: Schutz vor Sonne! Schild- und Blattläuse rechtzeitig bekämpfen.

Fenestraria rhopalophylla
Fensterblatt
Aizoaceae, Mittagsblumengewächse

Heimat: Namibia, Südafrika. Subtropisch.
Wuchsform: Aufrechte, polsterbildende Art mit hochsukkulenten Blättern.
Blatt: Gegenständig, keulenförmig, oben mit fensterartigen Zellen, immergrün, 3–4 cm lang, bis 1 cm dick.
Blüte: Radiär, vielstrahlig, gelb.
Frucht: Kapsel.
Standort: Vollsonnig, von Sand und Kies umgeben.
Verwendung: Topfpflanze, für Sukkulentensammlungen.
Vermehrung: Aussaat im Frühling, Teilung der Polster.
Kultur: In Kakteenerde mit Kieszusatz. Im Winter ganz trocken halten.
Hinweise: Am Naturstandort (Südafrika: Oranjegebiet) ist die Pflanze oft total von Sand bedeckt. Die Fensterzellen lassen Licht zu dem Assimilationsgewebe durchdringen.

0,03–0,04 m		*0,2–0,3 m*
IX–XII		*VI–VIII*
Hobby-Glashaus		*Fensterbrett*
temperiertes Haus		*Kalthaus*

Ferocactus latispinus
Teufelszunge
Cactaceae, Kakteengewächse

Heimat: Mexiko. Tropisch.
Wuchsform: Erst kugelförmiger, später zylindrischer Körper mit vielen kräftigen, spitzen Dornen.
Blatt: Umgebildet zu roten und gelben, meist gebogenen Dornen.
Blüte: Radiär, röhrig, 4–6 cm lang, gelb. Erst bei alten Pflanzen zu sehen.
Frucht: Beere.
Standort: Vollsonnig, trocken.
Verwendung: Einzeln als Topfpflanze, Sammlungen. Im Winter kühl und trocken halten.
Vermehrung: Aussaat im Frühling.
Kultur: In Kakteenerde, von V–IX monatlich einmal düngen. Wenig gießen. Nässeempfindlich.
Hinweise: Blätter völlig reduziert. Pflanze assimiliert mit dem Spross. Die breiten Dornen sind starr und sehr gefährlich.

Ficus benjamina
Birken-Feige
Moraceae, Maulbeerbaum-gewächse

Heimat: Ost-Asien: Indien bis Malaysia, Nord-Australien. Subtropisch, tropisch.
Wuchsform: Elegant wirkender, oft mehrstämmiger, breiter Kleinbaum mit überhängender Krone. In der Heimat über 10 m hoch.
Blatt: Wechselständig, immergrün, eiförmig zugespitzt, glänzend, gestielt, dunkelgrün, führt Milchsaft, 8–12 cm lang.
Blüte: Feigenartig, unscheinbar, selten in Kultur.
Frucht: Rötliche Feige, 1 cm lang, sehr selten.
Standort: Hell, aber keine direkte Sonne, humose, durchlässige Böden.
Verwendung: Einzeln in Kübeln oder Hydrogefäßen für Wintergärten.
Vermehrung: Kopfstecklinge, Enden kurz in warmes Wasser stellen, dann stecken.
Kultur: In humosen Substraten (Einheitserde), gleichmäßig feucht halten und regelmäßig düngen.
Sorte: 'Hawaii' (Bild), grünweiß.
Hinweise: Schildläuse, Rote Spinne rechtzeitig bekämpfen.

2–4 m		*3–5 m*
keine Angaben		*keine Angaben*
Kübelpflanze		*Kübelpflanze*
Warmhaus		*Warmhaus*

Ficus cyathistipula
Gummibaum
Moraceae, Maulbeerbaum-gewächse

Heimat: Afrika. Tropisch.
Wuchsform: Breiter Baum mit ausladender Krone. In der Heimat über 15 m hoch.
Blatt: Wechselständig, immergrün, eiförmig, glänzend, lederig, dunkelgrün, 12–25 cm lang.
Blüte: Feigenartig, unscheinbar, 0,5 cm, grünlich, in den Blattachseln.
Frucht: Grünliche Feige, 1 cm lang, kugelig, wird reichlich gebildet.
Standort: Hell, aber keine direkte Sonne; humose, durchlässige Böden.
Verwendung: Einzeln in Kübeln oder Hydrogefäßen für Büros, Wintergärten. Nicht frosthart.
Vermehrung: Kopfstecklinge, Enden kurz in warmes Wasser stellen, dann stecken.
Kultur: In humosen Substraten (Einheitserde), gleichmäßig feucht halten und regelmäßig düngen.
Hinweise: Scharfer Rückschnitt wird gut vertragen. Schildläuse rechtzeitig bekämpfen.

Ficus deltoidea
Mistel-Feige
Moraceae, Maulbeerbaumgewächse

Heimat: Ost-Asien: Malaysia. Tropisch.
Wuchsform: Breiter Baum mit ausladender Krone.
Blatt: Wechselständig, rundlich bis dreieckig, gestielt, immergrün, dunkelgrün, glänzend, 4–5 cm lang.
Blüte: Feigenartig, unscheinbar, selten in Kultur zu sehen.
Frucht: Gelbliche Feige, birnenförmig, 1 cm lang, in den Blattachseln.
Standort: Hell, aber keine direkte Sonne, humose, durchlässige Böden.
Verwendung: Einzeln in Hydrogefäßen im Zimmer, Wintergärten. Nicht frosthart.
Vermehrung: Kopfstecklinge in sandig-humoses Substrat stecken.
Kultur: In humosen Substraten (Einheitserde), gleichmäßig feucht halten und regelmäßig düngen.
Hinweise: Bei geringerer Wassergabe werden eher Früchte gebildet. Schildläuse und Rote Spinne rechtzeitig bekämpfen.

Ficus deltoidea		Ficus elastica
0,8–3 m		*6–8 m*
keine Angaben		*keine Angaben*
Kübelpflanze		*Kübelpflanze*
Warmhaus		*Warmhaus*

Ficus elastica
Gummibaum
Moraceae, Maulbeerbaumgewächse

Heimat: Südost-Asien. Tropisch.
Wuchsform: Wuchtiger breiter Kleinbaum mit geschlossener Krone, selten mit Luftwurzeln. In der Heimat über 30 m hoch.
Blatt: Wechselständig, eiförmig, gestielt, immergrün, dunkelgrün, glänzend, führt Milchsaft, 15–30 cm lang.
Blüte: Feigenartig, unscheinbar, selten in Kultur.
Frucht: Grünliche Feige, 1–2 cm lang, sehr selten.
Standort: Hell, aber keine direkte Sonne, humose, durchlässige Böden.
Verwendung: Einzeln in Kübeln oder Hydrogefäßen für Büros, Wintergärten usw.
Vermehrung: Kopf- und Stammstecklinge. Enden kurz in warmes Wasser stellen, dann stecken.
Kultur: In humosen Substraten (Einheitserde), gleichmäßig feucht halten. Verträgt trockene Zimmerluft.
Sorte: 'Decora', breitere Blätter; 'Doescheri', grün-weiß gefleckte Blätter.
Hinweise: Schildläuse und Rote Spinne rechtzeitig bekämpfen.

Ficus lyrata
Geigen-Feige
Moraceae, Maulbeerbaum-
gewächse

Heimat: Tropisches West-Afrika. Tropisch.
Wuchsform: Breiter Baum mit ausladender Krone. In der Heimat über 12 m hoch.
Blatt: Wechselständig, leierförmig, immergrün, dunkelgrün glänzend, 30–50 cm lang, über 20 cm breit.
Blüte: Feigenartig, unscheinbar, selten in Kultur.
Frucht: Grünliche Feige, 3–4 cm groß, kugelig.
Standort: Hell, keine direkte Sonne, humose, durchlässige Böden. Hohe Luftfeuchtigkeit
Verwendung: Einzeln in Kübeln oder Hydrogefäßen für Büros, Wintergärten. Dankbar für warme Plätze.
Vermehrung: Kopfstecklinge, Enden kurz in warmes Wasser stellen, dann stecken.
Kultur: In humosen Substraten (Einheitserde) mit Sandzusatz, gleichmäßig feucht halten und regelmäßig düngen.
Hinweise: Schildläuse, Rote Spinne rechtzeitig bekämpfen.

Ficus lyrata		Ficus pumila
2–4 m		*1–2 m*
keine Angaben		*keine Angaben*
Kübelpflanze		*Kübelpflanz*
Warmhaus		*Warmhaus*

Ficus pumila
Kletter-Feige
Moraceae, Maulbeerbaum-
gewächse

Heimat: Ost-Asien. Subtropisch.
Wuchsform: Kriechend und mit Haftwurzeln kletternd. In der Heimat über 10 m hoch kletternd.
Blatt: Wechselständig, immergrün, eiförmig, mattgrün, 2–3 cm lang, Altersform gestielt, dunkelgrün, glänzend, 6–8 cm lang.
Blüte: Feigenartig, 1–2 cm lang, grün, nur bei der Altersform zu sehen.
Frucht: Grünliche Feige, 4–5 cm lang, birnenförmig, sehr selten.
Standort: Hell, aber keine direkte Sonne, humose, durchlässige Böden.
Verwendung: Einzeln in Kübeln oder Hydrogefäßen, Wintergärten.
Vermehrung: Kopf- und Triebstecklinge in Sand-Torfgemisch stecken.
Kultur: In humosen Substraten (Einheitserde), gleichmäßig feucht halten, Erde nicht austrocknen lassen.
Sorte: 'Sonny', grünweißes Laub.
Hinweise: Kann ganze Wände überziehen.

Ficus rubiginosa

Gummibaum
Moraceae, Maulbeerbaumgewächse

Heimat: Australien. Subtropisch, tropisch.
Wuchsform: Breiter Strauch mit geschlossener Krone. In der Heimat über 15 m hoch.
Blatt: Wechselständig, eiförmig, gestielt, immergrün, dunkelgrün, unterseits bräunlich behaart, glänzend, 8–12 cm lang,
Blüte: Feigenartig, unscheinbar, selten in Kultur.
Frucht: Grünliche Feige, 1 cm lang, sehr selten.
Standort: Hell, aber keine direkte Sonne, humose, durchlässige Böden.
Verwendung: Einzeln in Töpfen oder Hydrogefäßen für kühlere Zimmer und Wintergärten.
Vermehrung: Kopfstecklinge, Enden kurz in warmes Wasser stellen, dann stecken.
Kultur: In humosen Substraten (Einheitserde), gleichmäßig feucht halten und regelmäßig düngen.
Sorte: 'Variegata', gelbweißes Laub, 2–3 m (Bild).
Hinweise: Auf Schildläuse achten.

Ficus rubiginosa	Ficus sagittata
2–4 m	*2–4 m*
keine Angaben	*keine Angaben*
Kübelpflanze	*Ampelpflanze*
Kalthaus	*Warmhaus, Kalthaus*

Ficus sagittata

Pfeilförmige Feige
Moraceae, Maulbeerbaumgewächse

Heimat: Ost-Asien: Himalaya, Philippinen. Subtropisch, tropisch.
Wuchsform: Flacher Strauch mit überhängendem Wuchs. In der Heimat über 10 m hoch.
Blatt: Wechselständig, pfeilförmig zugespitzt, gestielt, immergrün, dunkelgrün, 4–5 cm lang.
Blüte: Feigenartig, unscheinbar, selten in Kultur.
Frucht: Grünliche Feige, 1 cm lang, sehr selten.
Standort: Hell, aber keine direkte Sonne, humose, durchlässige Böden.
Verwendung: Als Ampelpflanze für Zimmer und als Bodendecker für Wintergärten. Nicht frosthart.
Vermehrung: Kopfstecklinge.
Kultur: In humosen Substraten (Einheitserde), gleichmäßig feucht halten und regelmäßig düngen. Verträgt Wärme und hohe Luftfeuchtigkeit.
Sorte: 'Variegata', grünweißes Laub, 2–3 m (Bild).
Hinweise: Schildläuse, Rote Spinne rechtzeitig bekämpfen.

Fittonia verschaffeltii

Fittonie, Silbernetzpflanze
Acanthaceae, Akanthusgewächse

Heimat: Bolivien, Ekuador, Kolumbien, Peru. Tropisch.
Wuchsform: Niederliegende, kriechende Staude.
Blatt: Gegenständig, elliptisch, immergrün, dunkelgrün mit silbrigen Adern, 7–10 cm lang.
Blüte: Zygomorph, rachenförmig, gelb, 1 cm, in Ähren, aber wenig auffallend.
Frucht: Kapsel.
Standort: Halbschattig bis schattig, Warmhauspflanze.
Verwendung: Große Vitrinen und Wintergärten, als Bodendecker ideal.
Vermehrung: Kopfstecklinge in Torf-Sandsubstrat stecken (V–VII).
Kultur: In Einheitserde, gleichmäßig feucht halten. Staunässe vermeiden.
Sorte: 'Argyroneura', weiße Adern (Bild); 'Pearcei', rote Adern.
Hinweise: Durch Staunässe entsteht Wurzelfäule.

Fittonia	Gardenia
0,1–0,2 m	*0,3–1,5 m*
V–VI	*VII–X*
Bodendecker	*Zimmerpflanze*
Warmhaus	*Warmhaus*

Gardenia augusta

(Syn.: *Gardenia jasminoides*)
Gardenie
Rubiaceae, Rötegewächse

Heimat: Ost-Asien. Subtropisch, tropisch.
Wuchsform: Breit buschig, halbkugeliger Strauch.
Blatt: Gegenständig, elliptisch, immergün, glänzend, 6–7 cm lang.
Blüte: Radiär, schalenförmig, 10–12 cm, milchweiß, angenehm duftend, meist gefüllt, einzeln über dem Laub stehend.
Frucht: Gelbe Beere.
Standort: Hell und sonnig; saure Böden.
Verwendung: Anspruchsvolle Zimmerpflanze für Blumenfenster, Wintergärten. Warmhauspflanze.
Vermehrung: Kopfstecklinge bei 25 °C Bodenwärme in Torf-Sand-Gemisch stecken.
Kultur: In kalkfreien Substraten, Torf-Moorerde, mit Regenwasser gießen.
Sorte: 'Radicans', nur 30 cm hoch, aber breit wachsend, kleinblumig.
Besonderes: Bei Chlorose (Gelbfärbung der Blätter) mit Eisenchelatzusatz gießen (Citrusdünger).
Hinweise: Bei Trockenheit werden Knospen abgeworfen.

Gasteria pillansii
Hirschzunge, Gasterie
Aloeaceae, Aloengewächse

Heimat: Süd-Afrika. Mediterran, subtropisch.
Wuchsform: Dichte rosettig wachsende Sukkulente.
Blatt: Dickfleischig, lanzettlich, steif, 2-zeilig, immergrün, hellbraun mit vielen hellen Punkten, 8–10 cm lang, 3–4 cm breit.
Blüte: Radiär, röhrig, 2–3 cm lang, 3-zählig, hellrosa, in Rispen.
Frucht: Kapsel.
Standort: Vollsonnig, warm.
Verwendung: Fensterbrett, Sukkulentensammlung. Kalthaus.
Vermehrung: Teilung im Frühling, auch Aussaat möglich.
Kultur: In Kakteenerde, mäßig gießen und düngen, im Winter trocken halten.
Hinweise: Sehr anspruchslose Pflanze.
Ähnliche Arten: *G. liliputana,* grün; *G. verrucosa,* mit weißen Warzen.

Gerbera jamesonii
Gerbera
Asteraceae, Asterngewächse

Heimat: Süd-Afrika. Mediterran, subtropisch.
Wuchsform: Buschige Staude, Blütenstiele aufrecht, Blätter geneigt.
Blatt: In Rosetten, eiförmig zugespitzt, gebuchtet, 20 cm.
Blüte: Zungen- und Röhrenblüten, klein, Köpfchen mit langen Zungenblüten, oft gefüllte Sorten.
Frucht: Achäne.
Standort: Durchlässige Humusböden in sonnigen Lagen.
Verwendung: Niedere Sorten als Topfpflanze, Balkon; höhere zum Schnitt.
Vermehrung: Aussaat im IX oder Frühling, Sorten durch Teilung und Stecklinge.
Kultur: Einheitserde mit Sandzusatz unter Glas.
Sorte: Viele Rassen und Sorten, (Bild: 'Rotelli'.)
Hinweise: Blütenköpfe müssen meist mit Bindedraht gestützt werden. Blattläuse, Weiße Fliege, Minierfliegen und Mehltau bekämpfen.

Gasteria pillansii		Gerbera jamesonii
0,1–0,15 /0,2–0,25 m		*0,25–0,3/ 0,4–0,6 (– 0,9) m*
VII–VIII		*I–XII*
Fensterbrett		*Balkonpflanze*
Kalthaus		*Kalthaus*

Globba winitii
Globba
Zingiberaceae, Ingwergewächse

Heimat: Thailand. Tropisch.
Wuchsform: Aufrechte, horstbildende Staude mit Wurzelknollen, Triebe übergeneigt.
Blatt: Schraubig gestellt, breit lanzettlich, sommergrün, 10–50 cm lang.
Blüte: Disymmetrisch, Sonderform, 4–5 cm lang, Tragblätter rosa mit gelben Staubgefäßen, in lockeren Ähren.
Frucht: Kapsel.
Standort: Hell und warm, verträgt keine pralle Sonne. Warmhauspflanze.
Verwendung: Topfpflanze für Wintergärten und warme Zimmer. Nicht frosthart.
Vermehrung: Brutknöllchen oder Teilung des Wurzelstocks im Frühling.
Kultur: Im Februar Knollen in frische Einheitserde topfen und warm antreiben. Erde nie austrocknen lassen.
Hinweise: Pflanze zieht im Herbst ein, Knollen frostfrei überwintern.

Globba winitii		Gloriosa superba
0,6–1 m		*1–2 m*
VII–IX		*VI–VIII*
Wintergarten		*Kletterpflanze*
Warmhaus		*Warmhaus*

Gloriosa superba
(Syn.: *Gloriosa rothschildiana*)
Ruhmeskrone
Colchicaceae, Zeitlosengewächse

Heimat: Afrika, Asien. Tropisch.
Wuchsform: Lockerer Spreizklimmer mit rhizomartigen Wurzelknollen.
Blatt: Wechselständig, lanzettlich, sommergrün, glänzend, 12–15 cm lang.
Blüte: Radiär, Lilienblüte mit zurückgeschlagenen Kronblättern, 10–15 cm, rot mit gelb, auffallend, langgestielte Einzelblüten.
Frucht: Kapsel.
Standort: Sonnig warm, keine Mittagssonne.
Verwendung: Schnittpflanze, Topfpflanze.
Vermehrung: Rhizomknollen teilen, jedes Teil hat nur einen Vegetationspunkt!
Kultur: In lehmig-humosem Substrat im Warmhaus. Knollen nach dem Kauf im Frühling in 12–15 cm große Töpfe legen und unter Glas antreiben. Im Herbst zieht die Pflanze ein, trocken und frostfrei (17 °C) überwintern.
Sorte: 'Aurea', gelbe Blüten.
Hinweise: Auf Blattläuse achten.

Goethea strictiflora
(Syn.: *Goethea cauliflora*)
Goetheblume
Malvaceae, Malvengewächse

Heimat: Brasilien. Tropisch.
Wuchsform: Aufrechter, locker buschiger Strauch.
Blatt: Wechselständig, schmal-eiförmig, immergrün, grün mit rot, 15–25 cm lang.
Blüte: Radiär, 1 cm, 5-teilig, rot-weiß, einzeln am Stamm (Kauliflorie), roter, 4-zähliger Hüllkelch 2–3 cm groß, auffällig.
Frucht: Spaltfrucht.
Standort: Hell, ohne direkte Sonne, hohe Luftfeuchtigkeit.
Verwendung: Topfpflanze, Schnittpflanze, Warmhausgewächs. Im Winter kühler und trockener halten. Nicht winterhart.
Vermehrung: Stecklinge von III–VIII, später stutzen.
Kultur: In humosem Substrat, dauernd feucht, aber nie nass halten.
Hinweise: Die Stammblütigkeit (Kauliflorie) ist im Pflanzenreich wenig verbreitet.

2–4 m		*0,1/ 0,15 m*
VII–IX		*V–VII*
Zimmerpflanze		*Fensterbrett*
temperiertes Haus		*Kalthaus*

Graptopetalum bellum
(Syn.: *Tacitus bellus*)
Stern von Mexiko
Crassulaceae, Dickblattgewächse

Heimat: Mexiko: Chihuahua. Subtropisch.
Wuchsform: Dichte Rosetten bildende Blattsukkulente.
Blatt: Schraubig, breit, zugespitzt, immergrün, grau, 2–3 cm lang.
Blüte: Radiär, sternförmig, 2–3 cm breit, 5-zählig, rosa, in Trugdolden.
Frucht: Sternförmige Kapsel.
Standort: Vollsonnige Lagen in sandigen Böden.
Verwendung: Fensterbrett, Sukkulentensammlung, im Sommer auch im Freien. Im Herbst in Kalthaus einräumen.
Vermehrung: Samen, ganzjährige Aussaat möglich, sandiges Substrat. Auch Blattstecklinge möglich.
Kultur: In Kakteenerde, mehrfach pikieren, wenig gießen, im Winter kühl halten, aber frostfrei.
Hinweise: Anspruchslose Zimmerpflanze mit hübschen Blüten. Erinnert sehr an eine Hauswurz, stirbt aber nach der Blüte nicht ab.

Grevillea robusta
Silbereiche
Proteaceae, Silberbaumgewächse

Heimat: Australien: Neusüdwales, Queensland. Subtropisch.
Wuchsform: Aufrechter Baum mit kegelförmiger Krone. In der Heimat bis 50 m hoch.
Blatt: Wechselständig, doppelt gefiedert, immergrün, dunkelgrün, unterseits hellgrau, 15–20 cm lang.
Blüte: Disymmetrisch, 2–3 cm, schmal, orangegelb, gekrümmter Griffel, in 10 cm langen Ähren.
Frucht: Balgfrucht.
Standort: Helle, aber keine vollsonnige Lagen in durchlässigen Böden.
Verwendung: Robuste Zimmerpflanze, für Wintergärten, sommers auf der Terrasse. Verträgt im Winter bis zu -5 °C, Kalthauspflanze.
Vermehrung: Frische Samen im II aussäen, 20 °C Bodentemperatur.
Kultur: Jungpflanzen in sandig-humose Erde topfen.
Hinweise: Wird gelegentlich von Spinnmilben befallen.

Guzmania lingulata
Guzmanie
Bromeliaceae, Ananasgewächse

Heimat: Mittelamerika, Südamerika. Tropisch.
Wuchsform: Trichterförmige Rosetten bildender Epiphyt.
Blatt: Schraubig gestellt, linealisch, immergrün, dunkelgrün, im Zentrum rote Hochblätter, 25–35 cm lang.
Blüte: Radiär, 3–4 cm, gelb, Ähre im Rosetten-Zentrum. Die eigentliche Zierde sind die leuchtend roten Hochblätter.
Frucht: Kapsel.
Standort: Hell, aber Schutz vor Sonne.
Verwendung: Topfpflanze, Epiphytenstamm, Vitrine.
Vermehrung: Abtrennen der Kindel, in Sphagnum bewurzeln lassen.
Kultur: Durchlässiges Substrat aus Sphagnum, Nadelstreu und Sand. Immer auf hohe Luftfeuchtigkeit
Weitere Unterart: *G. lingulata* var. *minor*, ähnlich, aber kleiner in allen Teilen.
Hinweise: Auf Wurzelläuse und Schildläuse achten. Viele weitere Arten und Hybriden im Sortiment.

1–2 m		*0,25–0,4/ 0,5–0,7 m*
III–V		*XI–I*
Zimmerpflanze		*Zimmerpflanze*
Kalthaus		*Warmhaus*

Gymnocalycium mihanovichii
Spinnenkaktus, Erdbeerkaktus
Cactaceae, Kakteengewächse

Heimat: Nordparaguay. Tropisch.
Wuchsform: Flachkugelige, wenig bedornt, Sprosssukkulenz.
Blatt: Umgebildet zu Dornen, 1 cm lang, gebogen.
Blüte: Radiär, glockig, 3–4 cm breit, gelbgrün bis weiß, einzeln.
Frucht: Längliche Beere.
Standort: Vollsonnige Lage in durchlässiger Erde.
Verwendung: Fenster oder Kakteensammlung. Kalthaus.
Vermehrung: Aussaat und Ableger.
Kultur: In Kakteenerde, warm und trocken, im Winter trocken.
Sorte: *G. m.* var. *friedrichii* 'Rubra', Erdbeerkaktus, roter Korpus, besitzt kein Chlorophyll, muss daher auf *Trichocereus* veredelt werden (Bild).
Hinweise: Blätter völlig reduziert. Pflanze assimiliert mit dem Spross. Ähnliche Sorten mit gelben oder braunem Korpus. Wurzelläuse regelmäßig bekämpfen.

Gymnocalycium mihanovichii		Gynura aurantiaca
0,03–0,06/ 0,06– 0,1 m		0,5–1 m
VI–VII		IX–X
Fensterbrett		Ampelpflanze
Kalthaus		temperiertes Haus

Gynura aurantiaca
Samtpflanze
Asteraceae, Asterngewächse

Heimat: Java, Sulawesi. Tropisch.
Wuchsform: Kriechende, hängend oder kletternde, krautige Pflanze.
Blatt: Wechselständig, eiförmig, am Rand gezähnt, immergrün, dunkelgrün mit violetter Behaarung 8–12 cm lang.
Blüte: Radiär, klein, Köpfchen 1–1,5 cm breit, orangerot, duften unangenehm.
Frucht: Achäne.
Standort: Hell, auch sonnig, aber Schutz vor Mittagssonne, Warmhauspflanze.
Verwendung: Kletter- und Ampelpflanze.
Vermehrung: Stecklinge von V–VIII.
Kultur: In Einheitserde, diese stets feucht halten. Im Winter trockener und kühler stellen.
Sorte: 'Purple Passion', stärkere violette Behaarung als die Art.
Hinweise: Ältere Pflanzen sehen nicht mehr so schön aus, daher stets Jungpflanzen nachziehen. Auf Rote Spinne achten.

Hatiora salicornioides

(Syn.: *Rhipsalis salicornioides*)
Hatiora
Cactaceae, Kakteengewächse

Heimat: Südbrasilien. Tropisch.
Wuchsform: Aufrecht-überhängende Sukkulente mit keulig verdickten Trieben. Triebglieder dünn, keulenförmig, 2–3 cm lang. Areolen winzig mit kurzen Borsten. In der Heimat bis 1,8 m hoch. Assimiliert mit den Trieben.
Blüte: Radiär, glockig, 1 cm lang, gelb, orange- bis lachsfarben, an den Triebenden.
Frucht: Beere, weiß.
Standort: Hell, aber keine volle Sonne, stets warm.
Verwendung: Einzeln am Fensterbrett, Wintergarten, Ampelpflanze. Nicht frosthart. Warmhauspflanze.
Vermehrung: Triebstecklinge im Frühling in Sand-Torfgemisch stecken.
Kultur: In TKS 2.
Hinweise: Ruhezeit im Winter etwa 3 Monate einhalten. Sehr genügsam.

Haworthia attenuata

(Syn.: *Haworthia fasciata*)
Haworthie
Aloaceae, Aloengewächse

Heimat: Südafrika: Kap. Subtropisch.
Wuchsform: Rosettige Sukkulente, 5–10 cm Durchmesser.
Blatt: Schraubig, lanzettlich dreieckig, immergrün, oliv mit weißen Flecken auf der Unterseite, 3–4 cm lang.
Blüte: Disymmetrisch, röhrig, 3-zählig, weiß, an 40 cm langen Ähren.
Frucht: Kapsel.
Standort: Hell, nicht in der prallen Sonne, im Sommer im Freien.
Verwendung: Fensterbrett, Sukkulentensammlung.
Vermehrung: Teilung der Horste im Frühling.
Kultur: In sandig-humosem Substrat, im Winter im Kalthaus frostfrei halten.
Hinweise: Anspruchslose Sukkulente. Viele weitere Arten für Sukkulentensammlungen geeignet.

0,2–0,6 m		*0,04–0,05/ 0,3–0,4 m*
II–III		*II–III*
Ampelpflanze		*Fensterbrett*
Warmhaus		*Kalthaus*

Hebe × andersonii
Strauchveronika
Scrophulariaceae, Braunwurzgewächse

Heimat: Züchtung, Ursprungsarten aus Neuseeland. Mediterran, subtropisch.
Wuchsform: Breit aufrechter, kugeliger Strauch. In der Heimat 1,2–1,8 m hoch.
Blatt: Gegenständig, elliptisch, immergrün, dunkelgrün, glänzend, 3–4 cm lang.
Blüte: Disymmetrisch, röhrig geschlitzt, 0,8 cm lang, rosa. 7–15 cm lange, endständige Ähren.
Frucht: Kapsel.
Standort: Halbschattig, kühl. Im Winter im Kalthaus, im Sommer hell.
Verwendung: Schalen, Balkonkasten, Kübel. Kalthaus.
Vermehrung: Kopfstecklinge im Frühling, in Sand-Torfgemisch stecken, 20 °C.
Kultur: In Einheitserde topfen, öfters stutzen, Substrat gleichmäßig feucht halten.
Sorte: 'Catherine', rosa, später weiß, 'Dineke', blau.
Hinweise: Schöner Herbstblüher.
Ähnliche Art: *Hebe pinguifolia*, grau.

Hebe × andersonii	Hedera canariensis
0,3–0,6 m	*3–4 m*
VIII–IX	–
Balkonpflanze	*Kletterpflanze, Bodendecker*
Kalthaus	*Kalthaus*

Hedera canariensis
Kanarischer Efeu
Araliaceae, Araliengewächse

Heimat: Kanaren, Madeira, Nordwest-Afrika. Mediterran.
Wuchsform: Immergrüner Bodendecker und kräftiger Kletterer, Haftwurzler. In der Heimat bis 30 m hoch.
Blatt: Wechselständig, herzförmig, 3- bis 5-lappig, immergrün, 12–20 cm lang. Im Alter eiförmig zugespitzt, gestielt, dunkelgrün, 10–20 cm lang.
Blüte: Gelbgrün, in Dolden im Herbst an älteren Trieben.
Frucht: Kugelige, beerenförmige Steinfrüchte, schwarz; giftig!
Standort: Kräftige, humose, kalkhaltige Böden im Schatten.
Verwendung: Sehr guter anspruchsloser Bodendecker, zur Begrünung von Wänden, Kübelpflanze.
Vermehrung: Triebstecklinge im Frühherbst, etwa 20 cm lang.
Kultur: Einheitserde mit Sand vermagern, im Winter im Kalthaus.
Sorte: 'Gloire de Marengo', grün mit weiß', schwächer wachsend.
Ähnliche Art: *Hedera helix*.

Hibiscus rosa-sinensis
Chinesischer Roseneibisch
Malvaceae, Malvengewächse

Heimat: Asien. Tropisch.
Wuchsform: Breit aufrechter, buschiger Strauch. In der Heimat bis 5 m hoch wachsend.
Blatt: Wechselständig, eiförmig, immergrün, glänzend, 6–10 cm lang.
Blüte: Radiär, schalenförmig, 9–12 cm groß, rot.
Frucht: Spaltfrucht.
Standort: Hell bis halbschattig, direkte Sonne vermeiden, warm, im Winter nicht unter 14 °C.
Verwendung: Kübelpflanze, im Sommer auch im Freien, Wintergärten. Nicht frosthart.
Vermehrung: Kopfstecklinge (mit Bewurzelungshormon) im Frühsommer.
Kultur: In TKS 2 oder Einheitserde T, Staunässe und Ballentrockenheit vermeiden.
Sorte: 'Cherie', gelb mit rotbrauner Mitte; 'Hamburg', rot.
Hinweise: Standortveränderungen können zum Abwurf der Blütenknospen führen, Blattläuse, Schildläuse und Spinnmilben bei Bedarf bekämpfen.

2–3 m		*0,4–0,5/ 0,5– 0,6 m*
III–X		*I–IV*
Kübelpflanze		*Zimmerpflanze*
Kalthaus		*Warmhaus*

Hippeastrum vittatum
Ritterstern, Amaryllis
Amaryllidaceae, Amaryllisgewächse

Heimat: Peru. Subtropisch.
Wuchsform: Horstbildendes, aufrechtes Zwiebelgewächs, Laub übergeneigt.
Blatt: 2-zeilig, riemenförmig, 30–50 cm lang, 2–3 cm breit. Zieht im Herbst ein.
Blüte: Radiär, trichterförmig, 8–12 cm, rosa-rot, 2–6 Blüten erscheinen am Ende des hohlen Schaftes. Hybriden bis 25 cm große Blüten.
Frucht: Kapsel.
Standort: Hell, aber nicht vollsonnig.
Verwendung: Fensterbrett, Zimmerpflanze, Wintergarten. Im Sommer auch im Freien.
Vermehrung: Brutzwiebeln.
Kultur: Große Zwiebel (bis 15 cm) im Herbst in Einheitserde pflanzen und ins Zimmer stellen. Nach der Blüte den Schaft abschneiden, regelmäßig wässern und düngen. Verträgt keine Staunässe. Ab Herbst Laub einziehen lassen, 2 Mon. Ruhezeit.
Sorten: 'Fire Dance', rot (Bild).
Hinweise: Auf Roten Brenner (Pilzkrankheit) achten.

Howea belmoreana

(Syn.: *Howeia belmoreana; Kentia belmoreana*)
Kleine Kentiapalme
Arecaceae, Betelpalmengewächse

Heimat: Lord-Howe-Inseln (Australien). Tropisch.
Wuchsform: Aufrechter Baum mit schirmförmiger Krone, Stammbasis verdickt. In der Heimat bis 10 m hoch.
Blatt: Schraubig gestellt, linealisch, unpaarig gefiedert, immergrün, 2 m lang.
Blüte: Radiär, einhäusig, klein, 3-zählig, ist im Haus kaum anzutreffen.
Frucht: Steinfrucht 3–4 cm groß, oliv.
Standort: Hell, aber nicht sonnig, durchlässige Böden.
Verwendung: Zimmerpflanze, Wintergarten, Warm- bis Kalthauspflanze (mind. 14 °C im Winter).
Vermehrung: Aussaat von frischem Saatgut, Keimdauer kann 3–8 Monate betragen.
Kultur: In Einheitserde mit Sandzusatz, 20 °C warm.
Hinweise: Blätter hängen stark über. Auf Spinnmilben und Schildläuse achten.

Howea belmoreana		Howea forsteriana
1–2 m		*1–2 m*
keine Angaben		*keine Angaben*
Zimmerpflanze		*Zimmerpflanze*
temperiertes Haus		*temperiertes Haus*

Howea forsteriana

(Syn.: *Howeia forsteriana; Kentia forsteriana*)
Kentiapalme
Arecaceae, Betelpalmengewächse

Heimat: Lord-Howe-Inseln (Australien). Tropisch.
Wuchsform: Aufrechter Baum mit schirmförmiger Krone, Stamm kräftig. In der Heimat bis 20 m hoch.
Blatt: Schraubig gestellt, linealisch, unpaarig gefiedert, immergrün, 3–4 m lang.
Blüte: Radiär, einhäusig, klein, 3-zählig. Wird selten bei uns ausgebildet.
Frucht: Steinfrucht 2–3 cm groß, orangerot.
Standort: Hell, nicht sonnig, durchlässige Böden.
Verwendung: Zimmerpflanze, Wintergarten, Kübelpflanze.
Vermehrung: Aussaat von frischem Saatgut, Keimdauer kann 3–8 Monate betragen.
Kultur: In Einheitserde mit Sandzusatz, 20 °C warm, im Winter mindestens 14 °C.
Besonderes: Blätter hängen nicht über. Vertragen keine trockene Luft.
Hinweise: Auf Spinnmilben und Schildläuse achten.

Hoya bella
Wachsblume
Asclepiadaceae, Seidenpflanzengewächse

Heimat: Myanmar (Birma). Tropisch, subtropisch.
Wuchsform: Überhängender oder kletternder Strauch.
Blatt: Gegenständig, elliptisch zugespitzt, 2–3 cm lang, immergrün, grün.
Blüte: Radiär, sternförmig, 1–1,5 cm breit, zartrosa und weiß, in Scheindolden.
Frucht: Balgfrucht.
Standort: Hell, aber nicht sonnig, in durchlässigen Böden.
Verwendung: Kleine Kletterpflanze, meist als Ampelpflanze im Zimmer. Nicht frosthart.
Vermehrung: Stecklinge bei 20–25 °C bewurzeln lassen, auch Veredelung (Unterlage: *H. carnosa*).
Kultur: Einheitserde mit Sand- und Lehmzusatz, gleichmäßig gießen und düngen. Liebt hohe Luftfeuchtigkeit.
Hinweise: Veredelte Pflanzen blühen reicher. Auf Schild- und Wollläuse achten.

Hoya bella		Hoya carnosa
0,6–0,9 m		2–4 m
V–IX		V–IX
Ampelpflanze		Kletterpflanze
Warmhaus		Kalthaus

Hoya carnosa
Wachsblume
Asclepiadaceae, Seidenpflanzengewächse

Heimat: China, Australien. Tropisch, subtropisch.
Wuchsform: Schlingender, sukkulenter Strauch.
Blatt: Gegenständig, elliptisch, immergrün, glänzend, 4–8 cm lang.
Blüte: Radiär, sternförmig, 1,2–1,8 cm breit, 5-zählig, zartrosa und weiß, in Scheindolden.
Frucht: Balgfrucht.
Standort: Hell, aber nicht sonnig, in durchlässigen Böden.
Verwendung: Kletterpflanze, auch als Ampelpflanze im Zimmer und Wintergarten. Im Winter hell und kühl halten. Nicht frosthart.
Vermehrung: Stecklinge bei 20–25 °C bewurzeln lassen, auch Veredelung der Sorten auf *H. carnosa*.
Kultur: Einheitserde mit Sand- und Lehmzusatz, gleichmäßig gießen und düngen.
Sorte: 'Variegata', gelb-grüne Blätter; 'Compacta', gedrehtes Laub.
Hinweise: Verträgt trockene Luft besser als *H. bella*. Auf Schild- und Wollläuse achten.

Hyacinthus orientalis

Hyazinthe
Hyacinthaceae,
Hyazinthengewächse

Heimat: Türkei, Syrien. Mediterran.
Wuchsform: Straff aufrechte Zwiebelpflanze.
Blatt: Linealisch, sommergrün, 4–6 Blätter pro Zwiebel, 20–30 cm lang.
Blüte: Radiär, röhrig, sternförmig, 2–2,5 cm, 6-teilig, weiß, rosa, rot, blau, gelb, je nach Sorte, in dichter Traube an kräftigem Stängel, süß duftend.
Blütezeit: Getriebene Zwiebeln im Haus von XII–IV.
Frucht: Kapsel.
Standort: Sonnig bis leicht beschattet.
Verwendung: Beete, Einfassungen, Topfpflanze .
Kultur: Treibsorten im Herbst topfen, 8–9 Wochen bei 4 °C dunkel halten und bewurzeln lassen, dann wärmer und heller stellen. Einheitserde stets feucht halten.
Sorten: 'Blue Jacket', blau; 'Jan Bos', rot, 'Pink Pearl', rosa.
Hinweise: Präparierte Zwiebeln kann man im Winter auf dem Glas zur Blüte bringen.

Hydrangea macrophylla

Garten-Hortensie
Hydrangeaceae, Hortensiengewächse

Heimat: Japan. Gemäßigt, submediterran.
Wuchsform: Breit buschiger, aufrechter Strauch.
Blatt: Gegenständig, eiförmig zugespitzt, glänzend, 8–12 cm lang.
Blüte: Unscheinbar, 2–3 cm breit, weiß, rosa oder blau. Auffällige Scheinblüten am Rand.
Frucht: Wenig auffällige Kapseln.
Standort: Halbschattig bis schattig, kühl, Boden sauer und humos.
Verwendung: Topfpflanze, Schalen, Kübel. Nach der Blüte in den Garten pflanzen, Winterschutz.
Vermehrung: Kopfstecklinge im Sommer.
Kultur: Einheitserde, mit Regenwasser gießen, im Sommer laufend düngen. Hell und kühl (Kalthaus) überwintern, ab II wärmer stellen, antreiben.
Sorten: 'Adria', blau; 'Merkur', rot; 'Schwan', weiß; 'Rotkehlchen', rot.
Hinweise: Rosablühende Sorten mit Aluminiumsulfat oder Alaun blau färben (5 g je Liter Erdsubstrat).

Hyacinthus orientalis		Hydrangea macrophylla
0,2–0,3 m		*0,6–0,8 (–2) m*
IV–V		*VI–VII*
Beetpflanze		*Zimmerpflanze*
–		*Kalthaus, Laubdecke*

 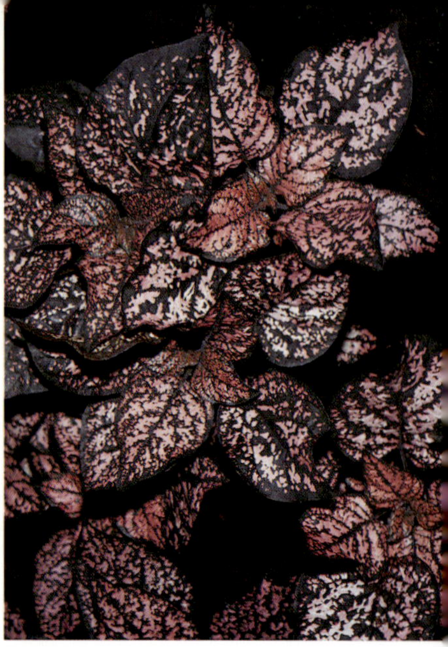

Hypocyrta glabra

Kussmäulchen

Gesneriaceae, Gesneriengewächse

Heimat: Brasilien. Tropisch.

Wuchsform: Buschiger, vieltriebiger, auch kriechend-überhängender Halbstrauch.

Blatt: Gegenständig, eiförmig, immergrün, glänzend, lederig, 2–3 cm lang.

Blüte: Disymmetrisch, bauchförmig, 2–3 cm groß, orangefarben, in den Blattachseln.

Frucht: Kapsel.

Standort: Schattig bis halbschattig, hohe Luftfeuchtigkeit.

Verwendung: Zimmerpflanze für warme Standorte, Vitrinen, Epiphytenstamm, Warmhauspflanze.

Vermehrung: Stecklinge von Frühling bis Sommer in Torf-Sand-Gemisch stecken.

Kultur: Einheitserde stets feucht halten, stutzen. Die Regenwaldpflanze braucht stets hohe Luft- und Bodenfeuchtigkeit.

Hinweise: Pflegeleicht.

0,2–0,3 m		*0,2–0,6 m*
I–XII		*VI–VIII*
Zimmerpflanze		*Blumenfenster*
Warmhaus		*Warmhaus*

Hypoestes phyllostachya

Punktblume

Acanthaceae, Akanthusgewächse

Heimat: Madagaskar. Tropisch.

Wuchsform: Buschiger Halbstrauch.

Blatt: Gegenständig, elliptisch, immergrün, rosa, grün gefleckt, 5–7 cm lang.

Blüte: Disymmetrisch, Rachenblüte, klein, 4-zählig, unscheinbar, in Ähren.

Frucht: Kapsel.

Standort: Hell bis halbschattig, keine direkte Sonne, Warmhauspflanze. Nicht frosthart.

Verwendung: Geschlossene Blumenfenster, Vitrinen, Tröge, Schalen.

Vermehrung: Kopfstecklinge, auch Aussaat möglich.

Kultur: In Einheitserde, Substrat gleichmäßig feucht halten, wöchentlich düngen. Hohe Luftfeuchtigkeit erwünscht.

Sorte: 'Pink Splash', Laub rosa mit grün; 'White Splash', weiß mit grün.

Hinweise: Rückschnitt im Frühling nach dem Umtopfen.

Impatiens Cultivar

Neuguinea-Gruppe, Edellieschen
Balsaminaceae, Balsaminengewächse

Heimat: Züchtung, Ursprungsart *I. hawkeri* aus Neuguinea. Tropisch.
Wuchsform: Aufrechte, horstige Staude. Meist einjährig gezogen.
Blatt: Wechselständig, lanzettlich, glänzend, oft gelb-braun-grün gezeichnet.
Blüte: Tellerförmig, 3–5 cm groß, gespornt, in vielen Farbtönen.
Blütezeit: Im Freiland von V–X.
Frucht: Kapsel, 5-teilig, springt bei Reife auf.
Standort: Humusreiche Böden in sonnigen bis halbschattigen Lagen.
Verwendung: Beete, Rabatten, Gräber, Balkon, Schalen.
Vermehrung: Stecklinge in Vorfrühling unter Glas oder im Sommer. Aussaat von I–II unter Glas bei 20–22 °C, humose Erde.
Kultur: Überwinterung im temperierten Haus, Erde darf nie ganz austrocknen.
Sorte: Viele Klassen, z. B. Java F1 und Sorten.

Impatiens niamniamensis

Papageienschnabel
Balsaminaceae, Balsaminengewächse

Heimat: Ost-Afrika. Tropisch.
Wuchsform: Breit horstige Krautige mit knotigen, fleischigen Trieben.
Blatt: Wechselständig, elliptisch, gezähnt, immergrün, 7–12 cm lang.
Blüte: Disymmetrisch, 2–3 cm, rot-gelb, gekrümmter Sporn ähnelt einem Papageienschnabel, in Doldentrauben.
Frucht: Kapsel, platzt bei Reife und Berührung auf.
Standort: Hell bis halbschattig, Warmhauspflanze.
Verwendung: Auffällige Zimmerpflanze für geschlossene Blumenfenster, Vitrinen.
Vermehrung: Kopfstecklinge, bei 25 °C Bodentemperatur bewurzeln lassen.
Kultur: In Humuserde wie TKS oder Einheitserde, stets feucht halten. Liebt hohe Luftfeuchtigkeit.
Hinweise: Auf rote Spinne achten, frühzeitig bekämpfen.

Impatiens Cultivar		Impatiens niamniamensis
0,2/0,3–0,5 m		*0,3–0,5 m*
I–XII		*I–XII*
Beetpflanze		*Blumenfenster*
temperiertes Haus		*Warmhaus*

Iresine herbstii
Iresine
Amaranthaceae, Fuchsschwanzgewächse

Heimat: Brasilien. Tropisch.

Wuchsform: Aufrecht buschige, vieltriebige, nur kurzlebige Pflanze.

Blatt: Gegenständig, rundlich, lang gestielt, 3–5 cm lang, grün oder rot mit auffallenden Blattadern.

Blüte: Unscheinbar, sehr selten in Kultur zu sehen.

Frucht: Nüsschen, in Kultur selten.

Standort: Hell, auch sonnig, in humosen Substraten.

Verwendung: Zimmerpflanze, für das Warmhaus. Im Sommer auch im Freien als Beetpflanze.

Vermehrung: Kopfstecklinge von Frühling bis Herbst.

Kultur: In Einheitserde, Substrat regelmäßig gießen und düngen.

Sorte: 'Aureo-Reticulata', Blatt grün, Adern gelb, Stiele rot.

Hinweise: Anspruchslos

Ähnliche Art: *I. lindenii* aus Ekuador, rotes Laub.

Iresine herbstii		Ixora coccinea
0,3–0,6 m		0,6–1,1 m
keine Angaben		IV–VIII
Zimmerpflanze		Blumenfenster
Warmhaus		Warmhaus

Ixora coccinea
Ixore
Rubiaceae, Rötegewächse

Heimat: Indien. Tropisch.

Wuchsform: Aufrecht buschiger Strauch. In der Heimat bis 6 m hoch.

Blatt: Gegenständig, elliptisch, immergrün, glänzend, 7–10 cm lang.

Blüte: Radiär, röhrig, 3–4 cm lang, 4-zählig, leuchtend rot, in endständigen, bis 10 cm breiten Doldentrauben.

Frucht: Beere.

Standort: Hell und warm, hohe Luftfeuchtigkeit.

Verwendung: Geschlossene Blumenfenster, Vitrinen, Wintergarten, Warmhauspflanze.

Vermehrung: Stecklinge im Frühling.

Kultur: In Einheitserde, gleichmäßig feucht halten und düngen, keine Staunässe.

Sorte: 'Orange King', orangefarben, 0,8–1 m hoch.

Hinweise: Bei sparrigem Wuchs stutzen (pinzieren). Es gibt noch viele weitere Hybriden in vielen Blütenfarben.

Jacaranda mimosifolia
Jacaranda, Falscher Palisander
Bignoniaceae, Bignoniengewächse

Heimat: Argentinien, Brasilien. Tropisch, subtropisch, mediterran.
Wuchsform: Aufrechter Baum mit schirmförmiger Krone.
Blatt: Gegenständig, doppelt unpaarig gefiedert, farnähnlich, sommergrün, hellgrün, 30–45 cm lang. Einzelblättchen 1 cm lang.
Blüte: Disymmetrisch, glockenförmig, 4–5 cm, hellblau, in endständigen, bis 20 cm langen Rispen. Blüht nur in wintermilden Gebieten.
Frucht: Flache Kapsel braun, 5–6 cm groß.
Standort: Hell, auch sonnig, Warmhauspflanze.
Verwendung: Topfpflanze für warme Wintergärten, im Kübel auch sommers im Freien. Überwinterung im Kalthaus nicht unter 12 °C.
Vermehrung: Aussaat bei 25 °C bald nach der Ernte.
Kultur: In Einheitserde, bei gleichmäßiger Feuchtigkeit, regelmäßiger Düngung.
Hinweise: Das echte Palisanderholz stammt von Bäumen der Gattung *Dalbergia*. Auf Rote Spinne achten.

Jacaranda mimosifolia	Jasminum polyanthum
12–20 m	4–7 m
V–VII	II–IX
Kübelpflanze	Wintergarten
Kalthaus	Kalthaus

Jasminum polyanthum
Jasmin
Oleaceae, Ölbaumgewächse

Heimat: Westchina. Mediterran.
Wuchsform: Spreizklimmer.
Blatt: Gegenständig, unpaarig gefiedert, eiförmig, immergrün, 1–7 cm lang.
Blüte: Radiär, sternförmig, röhrig, 1–2 cm breit, weiß mit rosafarbenem Rand, in Rispen, reichblühend und duftend.
Frucht: Beere, selten zu sehen.
Standort: Sonnig bis halbschattig, in humosen Böden.
Verwendung: Sehr gute Schlingpflanze im Topf (Gitter), Terrasse. Wintergarten. Kalthauspflanze. Übersteht Fröste bis -5 °C.
Vermehrung: Stecklinge im Frühling, nach dem Austrieb stutzen.
Kultur: In Einheitserde T, Substrat gleichmäßig feucht halten.
Ähnliche Art: *J. officinale* aus Iran und China mit weißen, aber kleineren Blüten.

Jatropha podagrica
Flaschenpflanze
Euphorbiaceae, Wolfsmilchgewächse

Heimat: Mittelamerika. Tropisch, subtropisch.
Wuchsform: Aufrechter, sparriger Halbstrauch mit flaschenförmigen Stammverdickungen.
Blatt: Wechselständig, schildförmig, lang gestielt, gebuchtet, glänzend dunkelgrün, 10–20 cm lang.
Blüte: Radiär, klein, 5-zählig, hellrot, in endständiger, langstieliger Trugdolde.
Frucht: Kapsel.
Standort: Hell und sonnig, warm.
Verwendung: Zimmerpflanze, Wintergarten.
Vermehrung: Aussaat von frischen Samen, der gelegentlich gebildet wird.
Kultur: In Kakteenerde, nährstoffarm, durchlässig. Mit Wasser sparen. Ruhezeit im Winter einhalten, erst nach Austrieb gießen.
Hinweise: Temperatur stets über 18 °C halten.

Jatropha podagrica		Justicia brandegeana
0,5–0,6/ 0,6– 0,7 m		*0,9– 1,2 m*
I–XII		*I–XII*
Zimmerpflanze		*Zimmerpflanze*
Warmhaus		*Warmhaus*

Justicia brandegeana
(Syn.: *Beloperone guttata*)
Spornbüchschen
Acanthaceae, Akanthusgewächse

Heimat: Mexiko. Tropisch.
Wuchsform: Aufrecht-überhängender, vieltriebiger Strauch.
Blatt: Gegenständig, eiförmig, weichhaarig, immergrün, 5–7 cm lang.
Blüte: Disymmetrisch, 1–2 cm, weiß, unscheinbar. In hängenden, 10 cm langen Ähren mit braunroten Deckblättern.
Frucht: Kapsel.
Standort: Hell und luftig, keine volle Sonne im Sommer.
Verwendung: Zimmerpflanze, Wintergärten, Warmhauspflanze. Nicht frosthart.
Vermehrung: Kopfstecklinge im Frühling, nach der Bewurzelung pinzieren.
Kultur: In Einheitserde, im Sommer gleichmäßig gießen, sparsam im Winter.
Sorte: 'Yellow Queen', leuchtend gelb.
Hinweise: Alle 2 Jahre umtopfen. Blattläuse rechtzeitig bekämpfen.

Justicia carnea,
(Syn.: *Jacobinia carnea*)
Jakobinie
Acanthaceae, Akanthusgewächse

Heimat: Brasilien. Tropisch.
Wuchsform: Aufrechter, etwas steif wirkender Strauch. In der Heimat bis 2 m hoch.
Blatt: Gegenständig, breit lanzettlich, immergrün, flaumig behaart, dunkelgrün, bis 20 cm lang.
Blüte: Disymmetrisch, rachenförmig, 3–5 cm, fleischfarben, klebrig, in dichten, bis 12 cm langen, endständigen Ähren.
Frucht: Kapsel.
Standort: Hell, aber ohne direkte Sonne, hohe Luftfeuchtigkeit.
Verwendung: Reich-, aber kurzblütige Zimmerpflanze, Warmhausgewächs. Nicht frosthart.
Vermehrung: Kopfstecklinge von II–III, bei 22 °C Bodentemperatur bewurzeln lassen.
Kultur: In Einheitserde, nach dem Austrieb pinzieren. Substrat stets feucht halten, wöchentlich düngen.
Hinweise: Nach der Ruheperiode im Winter zurückschneiden.

Justicia carnea		Justicia rizzinii
0,6–0,8/ 0,7–0,9 m		*0,4–0,6 m*
IV–IX		*I–II*
Zimmerpflanze		*Zimmerpflanze*
Warmhaus		*Kalthaus*

Justicia rizzinii
(Syn.: *Jacobinia pauciflora*)
Jakobinie
Acanthaceae, Akanthusgewächse

Heimat: Brasilien. Tropisch.
Wuchsform: Dichter, überhängender Strauch.
Blatt: Gegenständig, breit lanzettlich, immergrün, dunkelgrün, 2–3 cm lang.
Blüte: Disymmetrisch, röhrenförmig, 2–3 cm lang, gelb-orangefarben in reichblühenden, lockeren, end- und achselständigen Ähren.
Frucht: Kapsel.
Standort: Hell, aber ohne direkte Sonne.
Verwendung: Reichblütige Zimmerpflanze, Kalthausgewächs. Nicht frosthart.
Vermehrung: Kopfstecklinge von II–III, bei 22 °C Bodentemperatur bewurzeln lassen.
Kultur: In Einheitserde, nach dem Austrieb pinzieren. Substrat stets feucht halten, wöchentlich düngen.
Hinweise: Nach der Blütezeit im Winter zurückschneiden. Auf Blattläuse achten.

Kalanchoë beharensis
Elefantenohr, Napoleons Hut
Crassulaceae, Dickblattgewächse

Heimat: Madagaskar. Tropisch, subtropisch.
Wuchsform: Breit aufrechte, locker strauchförmige Sukkulente.
Blatt: Gegenständig, dreieckig, graufilzig behaart, immergrün, 10–30 cm lang.
Blüte: Radiär, glockig, bis 1 cm groß, wachsgelb, in Trugdolden, wenig auffällig, nur an älteren Pflanzen zu sehen.
Frucht: Kapsel.
Standort: Vollsonnig, magere und trockene Plätze.
Verwendung: Kübelpflanze, Sukkulentensammlung.
Vermehrung: Aussaat im Frühling, auch Kopf- und Blattstecklinge.
Kultur: In Kakteenerde, sonnig und trocken halten.
Hinweise: Die filzigen Blätter nicht besprühen, sonst Fleckenbildung. Auf Weichhautmilben und Blattläuse achten.

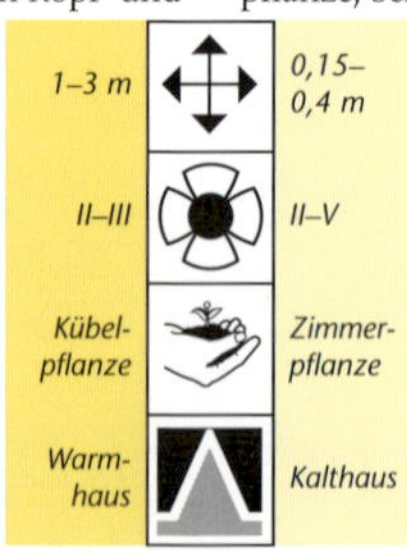

Kalanchoë blossfeldiana
Flammendes Käthchen
Crassulaceae, Dickblattgewächse

Heimat: Madagaskar. Tropisch, subtropisch.
Wuchsform: Breit gedrungener, sukkulenter Halbstrauch.
Blatt: Gegenständig, eiförmig, gekerbt, dickfleischig, immergrün, dunkelgrün, 2–7 cm lang.
Blüte: Radiär, röhrig, 4–6 mm breit, 4-zählig, in endständigen Trugdolden, reichblühend. Farben rot, rosa, auch gelb. Bei Verdunkelungsmaßnahmen auch ganzjährig.
Frucht: Kapsel.
Standort: Vollsonnig, trocken und warm.
Verwendung: Lang- und reichblühende Zimmerpflanze, Schalen, Beete. Frostfrei überwintern.
Vermehrung: Kopfstecklinge in sandiges Substrat (20–25 °C).
Kultur: Kakteenerde oder Ähnliches, durchlässiges Substrat, ganzjährig sparsam gießen (Ruhezeit von I–V einhalten), im Sommer ab Mai düngen (P-reich).
Sorten: 'Beta', gelb; 'Hurricane', leuchtend rot; 'Mistral', rosa.
Hinweise: Auf Läuse und Echten Mehltau achten.

Kalanchoë daigremontiana
(Syn.: *Bryophyllum daigremontiana*)
Brutblatt
Crassulaceae, Dickblattgewächse

Heimat: Madagaskar. Tropisch, subtropisch.
Wuchsform: Aufrechter, sukkulenter Halbstrauch.
Blatt: Gegenständig, dreieckig, gekerbt, dickfleischig, immergrün, dunkel- bis graugrün mit purpurnen Flecken, 10–20 cm lang.
Blüte: Radiär, Röhrenblüte, 2–5 cm, 5-zählige in endständigen Trugdolden, purpur.
Frucht: Kapsel.
Standort: Vollsonnig, trocken und warm.
Verwendung: Zimmerpflanze.
Vermehrung: Tochterpflänzchen abnehmen, bei 20–25 °C in sandigem Substrat bewurzeln lassen.
Kultur: Kakteenerde oder Ähnliches, durchlässiges Substrat, ganzjährig gießen.
Besonderes: Auch als „Goethepflanze" bekannt.
Hinweise: Jungpflanzen bilden sich am Blattrand.
Ähnliche Art: *K. tubiflora*, zierlicher, viele Brutpflänzchen am Blattende

K. daigremontiana		*K. manginii*
0,3–0,9 m		*0,15–0,35 m*
II		*II–III*
Zimmerpflanze		*Zimmerpflanze*
Kalthaus		*Kalthaus*

Kalanchoë manginii
Kalanchoe
Crassulaceae, Dickblattgewächse

Heimat: Südmadagaskar. Tropisch, subtropisch.
Wuchsform: Breit gedrungener, später hängender, sukkulenter Halbstrauch.
Blatt: Gegenständig, eiförmig, am Rand gekerbt, dickfleischig, immergrün, dunkelgrün, 2–5 cm lang.
Blüte: Radiär, Röhrenblüte, 3–4 cm, 5-zählig, hängende Trugdolden rosarot mit gelbem Rand.
Frucht: Kapsel.
Standort: Vollsonnig, trocken und warm.
Verwendung: Zimmer- und Ampelpflanze. Frostfrei überwintern.
Vermehrung: Kopfstecklinge bei 20–25 °C in sandigem Substrat bewurzeln lassen.
Kultur: Kakteenerde oder Ähnliches, durchlässiges Substrat, ganzjährig sparsam gießen. Ruhezeit von I–V einhalten.
Hinweise: Auf Läuse und Echten Mehltau achten.

Kalanchoë tomentosa
Filzige Kalanchoë
Crassulaceae, Dickblattgewächse

Heimat: Madagaskar. Tropisch, subtropisch.
Wuchsform: Aufrechter, sukkulenter Halbstrauch.
Blatt: Gegenständig, elliptisch, graufilzig, immergrün, hellgrau mit braunen Rändern, dickfleischig, 5–7 cm lang.
Blüte: Radiär, Röhrenblüte, 2–3 cm, 5-zählig, gelbgrün, blüht in Kultur fast nie.
Frucht: Kapsel.
Standort: Vollsonnig, trocken und warm.
Verwendung: Zimmerpflanze, Sammlungen. Frostfrei überwintern.
Vermehrung: Blattstecklinge bei 20–25 °C in sandigem Substrat bewurzeln lassen.
Kultur: Kakteenerde oder Ähnliches, durchlässiges Substrat, ganzjährig sparsam gießen. Ruhezeit von I–V einhalten.
Hinweise: Anspruchslose, auffällige Art.

Kohleria amabilis
Kohlerie
Gesneriaceae, Gesneriengewächse

Heimat: Kolumbien. Tropisch.
Wuchsform: Aufrechter, dicht buschiger, krautiger Rhizombildner.
Blatt: Gegenständig, eiförmig, weich behaart, grün 12–18 cm lang.
Blüte: Disymmetrisch, röhrig, 2–3 cm, 5-zählig, rot mit weißen Flecken, in endständigen Trauben.
Frucht: Kapsel (selten).
Standort: Halbschattig, keine direkte Sonne, feuchtwarm, im Winter kühler und trockener.
Verwendung: Zimmerpflanze mit leuchtenden Blüten, Vitrine.
Vermehrung: Teilung der schuppenförmigen Rhizome im Frühling beim Umtopfen.
Kultur: In Einheitserde, Zusatz von Perlite günstig, Substrat stets feucht halten. Mit weichem Wasser gießen.
Hinweise: Großblumige Hybriden entstanden aus mehreren Arten.

Kalanchoë tomentosa	Kohleria amabilis
0,2–0,8 m	0,2/0,3–0,35 m
II	IV–X
Zimmerpflanze	Zimmerpflanze
Kalthaus	temperiertes Haus

Lagerstroemia indica
Kreppmyrte
Lythraceae, Weiderichgewächse

Heimat: China, Korea. Subtropisch.
Wuchsform: Breit aufrechter Kleinbaum. In der Heimat bis 8 m hoch wachsend.
Blatt: Gegenständig, oval, grün, im Herbst gelb bis rot, 3–6 cm lang.
Blüte: Radiär, gestielt, 5-zählig, rot-rosa, gekräuselt in endständigen Rispen.
Frucht: Kapsel.
Standort: Sonnige, geschützte Lagen.
Verwendung: In Kübeln auf der sonnigen Terrasse. Vor dem Frost ins Kalthaus bringen.
Vermehrung: Krautige Stecklinge im Sommer. Aussaat im Frühling.
Kultur: In nährstoffreichen Erden, öfters gießen und düngen.
Sorten: 'Catawba', purpur; 'Seminole', violett.
Hinweise: Im März kräftiger Rückschnitt erforderlich. Auf Mehltau achten.

3–4 m		*7–10 m*
VI–X		*IV–V*
Kübelpflanze		*Kübelpflanze*
Kalthaus		*kühle Räume*

Laurus nobilis
Lorbeer
Lauraceae, Lorbeergewächse

Heimat: Mittelmeergebiet. Mediterran.
Wuchsform: Breit aufrechter Baum.
Blatt: Wechselständig, dunkelgrün, elliptisch, glänzend, immergrün, aromatisch duftend, 5–10 cm lang.
Blüte: Radiär, 1 cm, 4-zählig, mattgelb, zweihäusig, in Büscheln.
Frucht: Beere mit Steinkern, blauschwarz, 1–2 cm.
Standort: Halbschattig, auch sonnig, im Sommer im Freien. Im Winter bei 1–6 °C überwintern.
Verwendung: Kübelpflanze für Dekoration, Wintergärten, Formschnitt.
Vermehrung: Kopfstecklinge im Herbst, bei 20 °C bewurzeln lassen, kühl überwintern.
Kultur: Humose Erden mit Sand vermagern, mäßig feucht halten, hell und luftig, Düngung im Frühling.
Sorte: 'Aurea', Blatt goldgelb.
Besonderes: Heil- und Gewürzpflanze
Hinweise: Oft geschnitten als Kugel oder Säule. Auf Schildläuse achten; wärmeliebend.

Leea sambucina
Leea
Leeaceae, Leeagewächse

Heimat: Ost-Asien bis Australien. Tropisch.
Wuchsform: Aufrechter Strauch.
Blatt: Wechselständig, elliptisch, mehrfach gefiedert, immergrün, glänzend grün, 30–40 cm lang, Einzelblättchen 5–7 cm lang.
Blüte: Einzelblüten klein, gelbgrün schirmförmige Dolde ähnlich *Vitis,* in Kultur sehr selten.
Frucht: Beere.
Standort: Absonnig bis halbschattig, Warmhauspflanze, liebt Feuchtigkeit.
Verwendung: Hübsche, aber seltene Pflanze für das geschlossene Blumenfenster. Nicht frosthart.
Vermehrung: Kopfstecklinge, auch Aussaat bei 25 °C.
Kultur: Humose, durchlässige Erde, z. B. Einheitserde. Ballen nicht austrocknen lassen, verträgt keine Staunässe.
Hinweise: Empfindlich gegen krasse Temperaturunterschiede. Im Winter bei mindestens 16 °C hell überwintern (Bild: *Leea coccinea*).

2–3 m		*0,02–0,04 m*
VI–VIII		*IX*
Blumenfenster		*Fensterbrett*
Warmhaus		*Kalthaus*

Lithops meyeri
Lebende Steine
Aizoaceae, Eiskrautgewächse

Heimat: Südafrika: Nördliches Kap. subtropisch.
Wuchsform: Flache, gedrungen und langsam wachsende Sukkulente. In der Heimat den Boden selten überragend.
Blatt: Gegenständig, Pflanzenkörper besteht aus nur 2 verdickten Blättern, oben abgeflacht, graugrün mit brauner Zeichnung, 2–3 cm groß.
Blüte: Radiär, 1–2 cm, mit vielen schmalen Blütenblättern, hellgelb. Erscheint zwischen den beiden Blättern. Im südlichen Afrika Blütezeit im III.
Frucht: Runde Kapsel.
Standort: Volle Sonne in durchlässigem, steinigen Substrat (Quarz).
Verwendung: Sukkulentensammlung, spezielle Liebhaberpflanze.
Vermehrung: Aussaat, die feinen Samen nicht abdecken.
Kultur: Nach der Keimung in mineralische Kakteenerde pikieren, selten gießen. Nie überbrausen, daher Wasser im Frühling vorsichtig nur von unten zuführen. Keine Düngung.
Hinweise: Ruhezeit beachten.

Livistona australis
Australische Fächerpalme
Arecaceae, Betelpalmengewächse

Heimat: Australien: Neusüdwales, Queensland, Victoria. Tropisch, subtropisch.
Wuchsform: Aufrechter, durchgehender Stamm mit breiter Krone.
Blatt: Schraubig gestellt, immergrün, fächerförmig, tief geschlitzt, glänzend, Enden hängen herab. Blatt mit gelben Mittelnerven, 1–1,5 m breit. Blattstiel 2–3 m lang, gezähnt.
Blüte: Radiär, 3-zählig, in langer, gelber Rispe, anfangs wollig eingehüllt.
Frucht: Steinfrucht, 1–2 cm lang, rund, rotschwarz.
Standort: Sonnig und warm, im Winter im Warmhaus hell und luftig.
Verwendung: Bei uns als Kübelpflanze sommers im Freien. Verträgt Frost bis zu -6 °C.
Vermehrung: Aussaat der gequollenen Samen im Frühling.
Kultur: In lehmig-humosen Böden, viel Wasser und Nährstoffe günstig.
Ähnliche Art: *L. chinensis*, Stamm später glatt, Blätter hängen noch weiter herab.

Lobivia famatimensis
Lobivie
Cactaceae, Kakteengewächse

Heimat: Argentinien. Subtropisch.
Wuchsform: Kugeliger Körper mit Rübenwurzeln.
Blatt: Umgebildet zu Dornen.
Blüte: Radiär, röhrenförmig mit Blütenschale, 3–5 cm, gelb.
Frucht: Beere.
Standort: Vollsonnig, warm und trocken.
Verwendung: Fensterbrett, Sammlungen. Im Sommer im Freien.
Vermehrung: Aussaat im Frühling, Abtrennen der Seitensprosse.
Kultur: In Kakteenerde, Staunässe vermeiden. Tiefe Töpfe verwenden (Rübenwurzeln).
Hinweise: Blätter völlig reduziert. Pflanze assimiliert mit dem Spross. Die Temperaturunterschiede zwischen Tag und Nacht sind günstig für die Blütenbildung.

Livistona australis		Lobivia famatimensis
10–25 m		0,03–0,07 m
VI–VIII		VI–VII
Kübelpflanze		Zimmerpflanze
Warmhaus		Kalthaus

Lotus berthelotii
Hornklee
Fabaceae, Hülsenfrüchtler

Heimat: Kanaren: Teneriffa. Submediterran.

Wuchsform: Horstbildende Krautige, liegend bis überhängend. Triebe können bis 1 m lang werden.

Blatt: Wechselständig, sommergrün, nadelförmig, graugrün, 1–2 cm lang.

Blüte: Disymmetrisch, Schmetterlingsblüte mit schnabelförmigem Schiffchen, 3–4 cm, rot, in achselständigen Büscheln. Nachblüte im Herbst möglich.

Frucht: Hülse. Werden selten ausgebildet.

Standort: Sonnig und warm, trocken.

Verwendung: Ampelpflanze, für Kübel. Im Winter ins Kalthaus bringen.

Vermehrung: Stecklinge von Frühling bis Sommer, auch Aussaat.

Kultur: Einheitserde nie austrocknen lassen.

Hinweise: Relativ empfindliche Art, Blüten werden bei Ballentrockenheit abgeworfen. Auf Blattläuse achten.

Ähnliche Art: *L. maculatus*, Kanaren, gelbe Blüten, robuster und blühwilliger.

0,3–0,6 m		*1–3 m*
III–V		*VI–VIII*
Ampelpflanze		*Kübelpflanze*
Kalthaus		*Warmhaus*

Lytocaryum weddellianum
(Syn.: *Microcoelum weddellianum*)
Kokospälmchen
Arecaceae, Betelpalmengewächse

Heimat: Brasilien. Tropisch.

Wuchsform: Säulenförmig mit schirmförmiger Krone.

Blatt: Schraubig gestellt, linealisch, unpaarig gefiedert, fein, immergrün.

Blüte: Radiär, 3-zählig, unscheinbar, gelb.

Frucht: Steinfrucht, gelborange, 2–3 cm.

Standort: Hell und warm, keine direkte Sonne.

Verwendung: Topf- und Kübelpflanze, gut im Schatten.

Vermehrung: Aussaat der gequollenen Samen bei 20–25 °C Bodenwärme.

Kultur: In Einheitserde mit Sandbeigabe, immer gut feucht halten. Gelegentlich mit kalkfreiem Wasser übersprühen.

Hinweise: Zierliche und schwachwachsende Art, Schildlausbefall möglich.

Malvaviscus arboreus
Bechermalve
Malvaceae, Malvengewächse

Heimat: Südamerika. Tropisch.
Wuchsform: Breiter, aufrecht buschiger Strauch.
Blatt: Wechselständig, eiförmig-lanzettlich, 3- bis 5-lappig, immergrün, 6–12 cm lang.
Blüte: Radiär, röhrig, 3–5 cm, 5-zählig, hängend, rot, Griffel herausragend.
Frucht: Spaltfrucht.
Standort: Hell bis sonnig.
Verwendung: Kübelpflanze, Gewächshaus, Wintergarten. Im Sommer im Freien, im Winter im Kalthaus.
Vermehrung: Kopfstecklinge oder Aussaat im Frühling.
Kultur: Einheitserde mit Sand vermagern, stets feucht halten. In der Ruhezeit trockener und kühler stellen.
Hinweise: Im Frühling Triebe zurückschneiden.

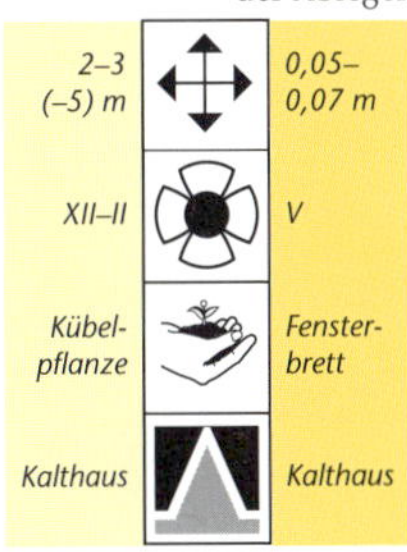

Mammillaria zeilmanniana
Warzenkaktus, Muttertags-Mammillarie
Cactaceae, Kakteengewächse

Heimat: Mexiko. Subtropisch.
Wuchsform: Kugelförmige langsam wachsende Sukkulente mit warzenartigen Areolen (1 gekrümmten, braunen und 11–23 weiße, gerade Dornen).
Blüte: Radiär, röhrig, 2 cm, violettrot, reichblühend.
Frucht: Beere.
Standort: Vollsonnig, warm.
Verwendung: Fensterbrett, Kakteensammlung.
Vermehrung: Aussaat im Frühling oder Abtrennen der Ableger.
Kultur: In mineralischer Kakteenerde, wenig gießen und düngen.
Hinweise: Wurzelläuse und Spinnmilben gelegentlich bekämpfen. Viele weitere Arten und Sorten bekannt.

Mandevilla sanderi

(Syn.: *Dipladenia sanderi*)
Dipladenie
Apocynaceae, Hundsgiftgewächse

Heimat: Brasilien. Tropisch.
Wuchsform: Kräftig wachsender Schlinger.
Blatt: Gegenständig, eiförmig, immergrün, dunkelgrün glänzend, 8–14 cm lang.
Blüte: Radiär, trichterförmig, 5–7 cm, 5-zählig, rosa, Schlund gelb, in Trauben.
Frucht: Kapsel.
Standort: Sonnig bis halbschattig.
Verwendung: Sehr schöner Schlinger für geschlossene Blumenfenster, Gewächshaus. Warmhaus.
Vermehrung: Kopfstecklinge im Frühling, Milchsaft vor dem Stecken stoppen (Wasserbad), Bewurzelungshormon verwenden.
Kultur: Saure Substrate wie TKS 2, regelmäßig wässern und düngen.
Sorten: 'Rosea', rosa; 'Rubiniana', rot, noch größere Blüten.
Hinweise: Der Gärtner verwendet Wuchshemmstoffe zur Kultur, daher Pflanzen zunächst gedrungen, die Wirkung hält etwa 6 Monate an. Milchsaft ist giftig.

Mandevilla sanderi	Manettia luteorubra
6–9 m	*1–2 (–4) m*
VI–X	*IV–IX*
Blumenfenster	*Wintergarten*
Kalthaus	*temperiertes Haus*

Manettia luteorubra

(Syn.: *Manettia bicolor, Manettia inflata*)
Manettie
Rubiaceae, Krappgewächse

Heimat: Brasilien, Paraguay, Uruguay. Subtropisch, tropisch.
Wuchsform: Schlingend bis 4 m.
Blatt: Gegenständig, breit lanzettlich, immergrün, 5–8 cm lang.
Blüte: Radiär, röhrig-bauchig, 2 cm lang, gelb-rot, achselständig.
Frucht: Kapsel.
Standort: Hell und warm, keine pralle Sonne.
Verwendung: Kletterpflanze für Gerüste im Wintergarten, Kübel mit Kletterhilfe. Im Winter im temperierten Haus halten.
Vermehrung: Kopfstecklinge unter Glas bei 20 °C Bodenwärme bewurzeln lassen.
Kultur: In Einheitserde, mäßig feucht halten.
Hinweise: Rückschnitt im Frühling vornehmen. Selten angebotene Art, blüht nicht auffällig.

Maranta leuconeura
Pfeilwurz
Marantaceae, Marantengewächse

Heimat: Nordbrasilien. Tropisch.
Wuchsform: Aufrecht-übergeneigte, horstbildende Staude.
Blatt: Wechselständig, eiförmig, lang gestielt, immergrün, grün mit roten Adern oder braunen Flecken, 10–15 cm lang.
Blüte: Disymmetrisch, 1 cm, unscheinbar, weiß, selten.
Frucht: Kapsel.
Standort: Absonnig bis schattig.
Verwendung: Schalen, als Unterwuchs im Blumenfenster. Warmhauspflanze.
Vermehrung: Teilung und Kopfstecklinge.
Kultur: In Einheitserde P oder TKS 1 (Anzuchterden), hohe Luftfeuchtigkeit, Erde nicht austrocknen lassen, auch nicht im Winter. Nur mit weichem Wasser gießen.
Sorte: 'Erythroneura' (Bild), rote Blattadern; 'Kerchoviana', blaugrün mit braunen Flecken.
Hinweise: Nie in voller Sonne kultivieren (Blattflecken).

0,2–0,3 m		1–1,5 m
IV–V		II–VIII
Blumenfenster		Blumenfenster
Warmhaus		Warmhaus

Medinilla magnifica
Medinille
Melastomataceae, Schwarzmundgewächse

Heimat: Philippinen. Tropisch.
Wuchsform: Aufrechter, später überhängender Epiphyt.
Blatt: Gegenständig, herz-eiförmig, immergrün, lederig, 15–30 cm lang, grün.
Blüte: Radiär, 0,5 cm, rosa, in dichten, hängenden, bis 30 cm langen Rispen; rosa Tragblätter auffällig.
Frucht: Beere.
Standort: Hell, aber keine direkte Sonne.
Verwendung: Große, auffallende Topfpflanze für geschlossene Blumenfenster und warme Wintergärten.
Vermehrung: Kopfstecklinge von Frühling bis Sommer bei 30–35 °C Bodenwärme.
Kultur: In humosen Substraten oder Einheitserde, stets feucht halten, im Winter mäßig gießen.
Hinweise: Rückschnitt und Umtopfen im Frühling. Auf Rote Spinne achten.

Melia azedarach
Zedrachbaum, Paternosterbaum
Meliaceae, Zedrachgewächse

Heimat: Südwest-Asien. Mediterran, subtropisch, tropisch.
Wuchsform: Breit ausladender, mehrstämmiger Baum. In der Heimat bis 17 m hoch.
Blatt: Wechselständig, eiförmig, doppelt unpaarig gefiedert, sommergrün, im Herbst gelb, 30–50 cm lang, Einzelblatt 3–5 cm lang.
Blüte: Radiär, sternförmig, 1,5 cm, rosa-lila, in bis 25 cm langer Rispe.
Frucht: Beere, gelb, 1 cm groß, mit hartem Kern.
Standort: Vollsonnig und warm, hell.
Verwendung: Kübelpflanze, sommers im Freien, im Winter im Kalthaus. Nicht winterhart.
Vermehrung: Aussaat im Frühling.
Kultur: Lehmig-sandiger Boden, stets feucht halten
Sorte: 'Umbraculifera', flache Krone.
Besonderes: Samen wurden zu Rosenkränzen verarbeitet, sie haften lange am Baum.
Hinweise: In Südeuropa wichtiger Straßenbaum, laubabwerfend.

Metrosideros excelsa
Eisenholzbaum
Myrtaceae, Myrtengewächse

Heimat: Neuseeland. Subtropisch, mediterran.
Wuchsform: Breit aufrechter, oft mehrstämmiger Baum. In der Heimat bis 20 m hoch.
Blatt: Wechselständig, elliptisch, immergrün, derb, grün, unterseits weißfilzig, 6–8 cm lang.
Blüte: Radiär, 2 cm, lange rote Staubgefäße in Büscheln.
Frucht: Kapsel.
Standort: Sonnig bis halbschattig.
Verwendung: Kübelpflanze für das Kalthaus. Im Sommer im Freien.
Vermehrung: Kopfstecklinge im Sommer bei 20–25 °C Bodentemperatur, Bewurzelungshormone verwenden.
Kultur: In kalkfreiem, humosem Substrat, auch Einheitserde, mit Regenwasser gießen und im Sommer regelmäßig düngen. Nicht austrocknen lassen.
Hinweise: Auf Schildläuse achten, frei von Krankheiten.

2–3 m		*1,5–5 m*
V–VIII		*V–VII XII–I*
Kübelpflanze		*Kübelpflanze*
Kalthaus		*Kalthaus*

Miltonia 'Strawberry Joy'

Miltonie
Orchidaceae, Orchideengewächse

Heimat: Züchtung, Ursprungsarten aus Südamerika. Tropisch.
Wuchsform: Epiphytisch, kurze, flache Pseudobulben.
Blatt: Aus Pseudobulben entstehend, meist je 3 Blätter je Bulbe immergrün, linealisch, 10–15 cm lang.
Blüte: Disymmetrisch, breit und flach, 5–8 cm, rot mit weißer Mitte.
Frucht: Kapsel.
Standort: Hell bis halbschattig, verträgt keine direkte Sonne.
Verwendung: Topfpflanze, Vitrinen, Blumenfenster.
Vermehrung: Teilung der Horste.
Kultur: In durchlässigem Orchideensubstrat aus Farnwurzeln, Rindenschrot, Styromull. Hohe Luftfeuchtigkeit, Warmhauspflanze, nicht über 25 °C. Nur mit kalkfreiem Wasser gießen. Keine Ruhezeit.
Sorte: 'Alger', rot mit weiß.
Hinweise: Die Züchtungen haben viel größere Blüten als die Arten.

Mimosa pudica

Mimose, Sinnpflanze
Mimosaceae, Mimosengewächse

Heimat: Brasilien. Tropisch.
Wuchsform: Zierlicher, lockerer, breit ausladender Halbstrauch, Stängel mit wenigen Stacheln, einjährige Kultur.
Blatt: Wechselständig, immergrün, linealisch, paarig gefiedert.
Blüte: Radiär, klein, Köpfchen mit vielen feinen Strahlen, 1–1,5 cm, hellrosa.
Frucht: Hülse.
Standort: Hell, Temperatur stets über 20 °C, hohe Luftfeuchtigkeit.
Verwendung: Topfpflanze für Zimmer, Vitrinen.
Vermehrung: Aussaat im Frühling, mehrere Sämlinge in einen Topf pflanzen.
Kultur: Einheitserde ganzjährig feucht, aber nicht nass halten, wöchentlich düngen. Wird meist einjährig kultiviert, also keine Überwinterung nötig. Mit Regenwasser gießen.
Hinweise: Die Blätter falten sich bei der geringsten Berührung zusammen, richten sich aber nach einiger Zeit wieder auf.

Miltonia		Mimosa
0,25–0,35 m		*0,3–0,5 m*
IV–VII		*IV–X*
Blumenfenster		*Zimmerpflanze*
Warmhaus		*Warmhaus*

Monstera deliciosa
Fensterblatt
Araceae, Aronstabgewächse

Heimat: Mexiko, Mittelamerika. Tropisch.
Wuchsform: Lockerwüchsiger raschwachsender Kletterer mit vielen Luftwurzeln.
Blatt: Wechselständig, in der Jugend herzförmig, später durchlöchert und fiederig gelappt, immergrün, dunkelgrün 0,4–1 m lang.
Blüte: Blütenkolben von weißer Spatha umgeben, 25 cm lang.
Frucht: Violette Beeren an rotem Kolben, essbar, in Kultur selten.
Standort: Hell bis halbschattig, benötigt hohe Luftfeuchtigkeit.
Verwendung: Zimmerpflanze für große Räume, Wintergarten, Büros.
Vermehrung: Kopf- und Stammstecklinge, auch Abmoosen möglich.
Kultur: In Einheitserde, benötigt viel Wasser und Nährstoffe. Im Winter weniger.
Sorte: 'Variegata', weiß-grün geflecktes Laub, wächst schwächer.
Hinweise: Luftwurzeln tragen zur Ernährung bei. Auf Schildläuse und Rote Spinne achten.

Monstera deliciosa	Muehlenbeckia complexa
2–5 m	0,5–1 m
VI–VIII	VII
Zimmerpflanzen	Ampelpflanze
Warmhaus, Kalthaus	Kalthaus

Muehlenbeckia complexa
Mühlenbeckie
Polygonaceae, Knöterichgewächse

Heimat: Neuseeland. Subtropisch.
Wuchsform: Feintriebiges, kriechend-rankendes, auch überhängendes Gehölz. In der Heimat bis 5 m weit kletternd.
Blatt: Wechselständig, halbimmergrün, eirund, 1,5–2 cm groß.
Blüte: Radiär, sternförmig, 3–5 mm, grünweiß, in bis zu 3 cm großen Ähren.
Frucht: Weiße Beerenfrucht mit schwarzem Nüschen.
Standort: Hell, aber nicht sonnig, Kalthauspflanze.
Verwendung: Bodendecker oder Ampelpflanze für Wintergärten. Kühl und hell überwintern.
Vermehrung: Stecklinge im Sommer, auch Aussaat im Frühling.
Kultur: In humosem, durchlässigen Substrat mit Sandzusatz.
Hinweise: Lässt sich auch durch Schnitt formen. Kalthauspflanze mit zierlichen Trieben

Musa acuminata
Zwerg-Banane, Zierbanane
Musaceae, Bananengewächse

Heimat: Südost-Asien. Subtropisch, tropisch.
Wuchsform: Aufrechte, raschwüchsige Staude.
Blatt: Stängelumfassend, immergrün, elliptisch, bläulich grün, 1,2–1,5 m lang.
Blüte: Zygomorph, röhrenförmig, 3 cm, gelb, in Büscheln unter einem rotbraunen Deckblatt.
Frucht: Beerenartig, 9–15 cm lang, grün, bei der Reife gelb, essbar, wohlschmeckend.
Standort: Hell bis sonnig, aber windgeschützt.
Verwendung: Für große Wintergärten, Kübel, sommers im Freien. Hell und kühl überwintern.
Vermehrung: Schösslinge nach der Fruchtbildung abtrennen und eintopfen.
Kultur: In nährstoffreichen Humusböden, benötigt viel Wasser und Nährstoffe.
Sorte: 'Dwarf Cavendish', ähnlich der Kulturbanane, aber kürzere Früchte.
Hinweise: Wegen der niedrigen Höhe als Zimmerpflanze geeignet, wärmeliebend.
Ähnliche Art: *M. basjoo,* härter.

Musa acuminata		Myrtus communis
1,5–2 m		*1–3 m*
I–XII		*V–VIII*
Kübelpflanze		*Kübelpflanze*
temperiertes Haus		*Kalthaus*

Myrtus communis
Braut-Myrte
Myrtaceae, Myrtengewächse

Heimat: Mittelmeergebiete, Kanaren. Mediterran.
Wuchsform: Breit buschiger, feinverzweigter Strauch. In der Heimat bis 5 m hoch wachsend.
Blatt: Gegenständig, lanzettlich, immergrün, glänzend, 1–5 cm lang.
Blüte: Radiär, 5-zählige Schalenblüte, 2–3 cm, weiß, mit langen Staubgefäßen.
Frucht: Beere, blauschwarz, 1 cm, rund.
Standort: Sonnig bis halbschattig, warm, luftig.
Verwendung: Zimmer- und Kübelpflanze, Gewürz- und Arzneipflanze (Myrtenöl). Im Winter bei 5–10 °C halten.
Vermehrung: Aussaat und Stecklinge im Sommer.
Kultur: Saure, humose Substrate mit Sand vermischen, Ballentrockenheit vermeiden.
Sorten: Vielzahl von Varietäten und Sorten mit verschieden gefärbten Blättern und Früchten.
Hinweise: Formschnitt möglich, Rückschnitt ergibt buschigere Pflanzen. Auf Schildläuse achten..

Nandina domestica

Himmelsbambus, Nandine
Berberidaceae, Berberitzengewächse

Heimat: Ost-Asien. Submediterran, subtropisch.
Wuchsform: Horstbildender aufrechter Strauch.
Blatt: Gegenständig, lanzettlich, 2–3fach gefiedert, halbimmergrün, grün, im Frühling und Herbst rosa, 30–60 cm lang, Einzelblättchen 3–6 cm lang.
Blüte: Radiär, 5 mm, in lockeren, bis 35 cm langen Rispen, reichblühend.
Frucht: Beere, glänzend rot, 6–8 mm groß, lange haftend.
Standort: Sonnig bis halbschattig.
Verwendung: Zimmer- und Kübelpflanze für helle, ungeheizte Räume. (Im Winter im Kalthaus hell stellen.)
Vermehrung: Stecklinge, Bewurzelungshormon verwenden.
Kultur: In Einheitserde, reichlich gießen und mäßig düngen.
Sorte: 'Alba', Früchte weiß.
Hinweise: In Japan werden die Zweige als Schmuck für Altäre verwendet.

Nandina domestica		Neoregelia carolinae
2–3 m		*0,2–0,3 m*
VI–VII		*VI–XI*
Kübelpflanze		*Blumenfenster*
Kalthaus		*Warmhaus*

Neoregelia carolinae

Neoregelie
Bromeliaceae, Bromeliengewächse

Heimat: Südostbrasilien. Tropisch.
Wuchsform: Trichterförmige Rosette.
Blatt: Schraubig gestellt, linealisch, immergrün, glänzend, grün, übergeneigt, 30–40 cm lang. Mit weißen Streifen, in der Rosettenmitte oft rot gefärbt.
Blüte: Radiär, Sternblüte im Trichter, 1 cm, 3-zählige, violett.
Frucht: Beeren, erscheinen sehr selten bei uns, weil der Bestäuber fehlt.
Standort: Hell, feucht-warm.
Verwendung: Geschlossenes Blumenfenster, auf Epiphytenstämmen, Warmhaus.
Vermehrung: Abtrennen der Kindel (Seitentriebe).
Kultur: Torfsubstrat mit Styromull vermischen, wenig düngen. In den Blatttrichtern sollte stets Wasser stehen. Substrat stets feucht, aber nicht nass halten.
Sorte: 'Tricolor' (Bild), 3-farbiges Blatt (grün-weiß-rot).
Hinweise: Als Epiphyt auf anderen Pflanzen aufsitzend.

Nepenthes mirabilis

Kannenstrauch

Nepenthaceae, Kannenstrauchgewächse

Heimat: Südost-Asien, Nordost-Australien. Tropisch.

Wuchsform: Spreizklimmer mit aufrechten Trieben und überhängenden Kannen.

Blatt: Wechselständig, breit lanzettlich, immergrün, am Ende zu einer Kanne mit Deckel umgebildet. Darin ist eine Flüssigkeit, die Eiweiß auflöst, 40–50 cm lang. Fleisch fressende Pflanze.

Blüte: Radiär, sternförmig, 1 cm, braunrot, in 40–50 cm langen Rispen, selten.

Frucht: Lederige, 4-teilige Kapsel.

Standort: Hell, aber keine direkte Sonne, hohe Wärme und Luftfeuchtigkeit.

Verwendung: Ampelpflanze für Vitrinen, Epiphytenstämme.

Vermehrung: Aussaat, Keimdauer allerdings 2–3 Monate, Kopfstecklinge im I stecken.

Kultur: In Orchideensubstrat aus Wurzeln von Königsfarn, Torfmoos, Lauberde. Substrat stets mit kalkarmem Wasser feucht halten, hohe Luftfeuchtigkeit. Bild: *N. alata.*

Nepenthes mirabilis		Nephrolepis exaltata
0,3–0,4 m		*0,5–0,8 m*
VI–VIII		*–*
Ampelpflanze		*Zimmerpflanze*
Warmhaus		*Warmhaus*

Nephrolepis exaltata

Schwertfarn, Nierenschuppenfarn

Nephrolepidaceae, Schwertfarngewächse

Heimat: Amerika. Tropisch.

Wuchsform: Aufrecht, ausläuferbildende Staude.

Blatt: Grundständig, lanzettlich gefiedert, immergrün, hellgrün 0,7–1 m lang.

Standort: Hell, halbschattig bis schattig

Verwendung: Zimmerfarn für mäßig warme Räume, Blumenfenster, als Raumteiler. Nicht frosthart.

Vermehrung: Durch fadenförmige, lange Ausläufer, Teilung, auch Sporenaussaat im Frühling.

Kultur: In Einheitserde im Halbschatten bei etwa 20 °C, mäßige Düngung im Sommer, dauernde Luftfeuchtigkeit.

Sorten: 'Rooseveltii', groß; 'Teddy Junior', klein.

Hinweise: Auch in Hydrokultur möglich. Auf Schildläuse achten

Nerium oleander
Oleander
Apocynaceae, Hundsgiftgewächse

Heimat: Mittelmeergebiete. Mediterran.
Wuchsform: Breit aufrechter, oft mehrstämmiger Strauch oder Baum.
Blatt: Quirlständig, lanzettlich, immergrün, dunkelgrün, 15–30 cm lang.
Blüte: Radiär, trichterförmig, 3–5 cm, 5-zipfelig, rosa, in endständigen Doldentrauben, duftend.
Frucht: Balgfrucht braun, mit vielen behaarten Samen
Standort: Vollsonnig, warm.**Verwendung:** Kübelpflanze, in der
Heimat als Straßenbaum. Im Winter hell und frostfrei bei 5–8 °C.
Vermehrung: Stecklinge im Sommer bewurzeln sich leicht.
Kultur: In nährstoffreichen, durchlässigen Substraten, hoher Wasserbedarf.
Sorten: Unzählige Sorten in vielen Farben (weiß, gelb, rosa, rot; mit einfachen und gefüllten Blüten). 'Alassio', purpur; 'Isle of Capri', hellgelb.
Hinweise: Alle Pflanzenteile sind stark **giftig**! Auf Schildläuse achten.

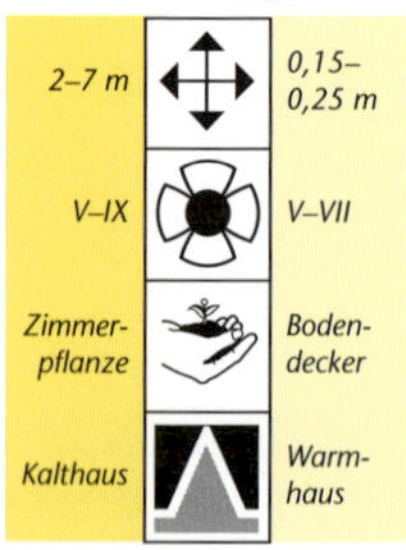

Nertera granadensis
Korallenbeere
Rubiaceae, Rötegewächse

Heimat: Mittel- und Südamerika, Neuseeland, Australien. Subtropisch, mediterran.
Wuchsform: Mattenförmige, Polster bildende Krautige.
Blatt: Gegenständig, rund, hellgrün, 3–4 mm groß.
Blüte: Unscheinbar, 3 mm, grünlich, an endständigen Trieben.
Frucht: Beere leuchtend orangefarben, 7–8 mm groß.
Standort: Halbschatten bis Schatten.
Verwendung: Bodendecker im geschlossenen Blumenfenster, einzeln in Schalen. Im Winter frostfrei.
Vermehrung: Teilung ganzjährig möglich.
Kultur: In Einheitserde oder sandiger Torferde, stets feucht halten.
Hinweise: Wird nur wegen der auffallenden Früchte kultiviert. Auf Blattläuse achten, möglichst von unten gießen.

Nidularium billbergioides
Nestrosette
Bromeliaceae, Ananasgewächse

Heimat: Brasilien. Tropisch.
Wuchsform: Trichter bildende Rosette.
Blatt: Schraubig, breit lanzettlich, 20–30 cm lang, 3–4 cm breit, hellgrün.
Blüte: Radiär, röhrig, 1–2 cm, weiß, von grün-orangefarbenen Hochblättern umgeben.
Frucht: Beere.
Standort: Hell, aber nicht sonnig.
Verwendung: In geschlossenen Blumenfenstern, auf Epiphytenstämmen. Warmhauspflanze.
Vermehrung: Durch Seitensprosse (Kindel), diese werden abgetrennt und eingetopft.
Kultur: In Nadelerde-Torf-Sandgemisch, stets feucht halten (Wasser kalkfrei!). Liebt Wärme und hohe Luftfeuchtigkeit. Wenig düngen, in der Rosette soll immer Wasser stehen.
Hinweise: In der Heimat als Epiphyt anderen Pflanzen aufsitzend.

Nidularium billbergioides		Nidularium fulgens
0,3–0,4/ 0,5–0,6 m		*0,25–0,30 m*
VI–VIII		*VI–VIII*
Blumenfenster		*Blumenfenster*
Warmhaus		*Warmhaus*

Nidularium fulgens
Nestrosette
Bromeliaceae, Ananasgewächse

Heimat: Ostbrasilien. Tropisch.
Wuchsform: Trichter bildende Rosette.
Blatt: Schraubig, breit lanzettlich, blaugrün gefleckt, mit starker Randzahnung, 20–30 cm lang, 4–5 cm breit.
Blüte: Radiär, röhrig, 1–2 cm, weiß, von leuchtend roten Hochblättern umgeben.
Frucht: Beere blauviolett.
Standort: Hell, aber nicht sonnig, Warmhauspflanze.
Verwendung: In geschlossenen Blumenfenstern, auf Epiphytenstämmen. Im Winter nicht unter 18 °C.
Vermehrung: Durch Seitensprosse (Kindel), diese werden abgetrennt und eingetopft.
Kultur: In Nadelerde-Torf-Sandgemisch, stets feucht halten (Wasser kalkfrei). Liebt Wärme und hohe Luftfeuchtigkeit. Wenig düngen, in der Rosette soll immer Wasser stehen.
Hinweise: In der Heimat als Epiphyt, anderen Pflanzen aufsitzend.

Nopalxochia phyllanthoides
Blattkaktus, Phyllokaktus
Cactaceae, Kakteen

Heimat: Mexiko. Tropisch.
Wuchsform: Aufrechte bis überhängende Sukkulente, klettert mit Haftwurzeln. Triebe blattartig abgeflacht, wenig bedornt, dunkelgrün.
Blüte: Radiär, schalenförmig, 8–10 cm breit, rosa, rot, gelb.
Frucht: Beere, erscheint selten.
Standort: Halbschattig, hohe Luftfeuchtigkeit erforderlich.
Verwendung: Als Epiphyt an Stämmen oder in großen Kübeln.
Vermehrung: Stecklingsvermehrung durch Abtrennen der Triebe, Schnittwunden 2–3 Wochen trocknen lassen.
Kultur: In Einheitserde mit Sandzusatz. Ruhezeit im Winter einhalten.
Sorten: 'Ackermannii', rot; 'Dante', gelb.
Hinweise: Rückschnitt der über 3-jährigen Triebe im Frühling sinnvoll. Auf Wollläuse achten.

Notocactus ottonis
Buckelkaktus
Cactaceae, Kakteengewächse

Heimat: Nordostargentinien, Südparaguay. Subtropisch, tropisch.
Wuchsform: Kugelförmig bis zylindrische, langsamwüchsige Sukkulente mit 6–13 Rippen.
Blatt: Umgebildet zu wenigen Dornen.
Blüte: Radiär, strahlenförmig, 4–6 cm, tiefgelb.
Frucht: Beere.
Standort: Hell,verträgt volle Sonne.
Verwendung: Topfpflanze für das Fensterbrett, Kakteensammlungen.
Vermehrung: Aussaat im Frühling, Saatgut nicht abdecken.
Kultur: In Kakteenerde mit Lehmzusatz, nie ganz austrocknen lassen, auch nicht im Winter. Mit Regenwasser gießen.
Hinweise: Blätter völlig reduziert. Pflanze assimiliert mit dem Spross. Auf Woll- und Wurzelläuse achten.
Weitere Art: *N. uebelmannianus,* hellrote Blüten. In der Abbildung wird eine Hybride gezeigt.

0,5–0,8 m		0,2–0,3 m
V–VI		III–IV
Kübelpflanze		Fensterbrett
temperiertes Haus		Kalthaus

Notocactus scopa
Buckelkaktus
Cactaceae, Kakteengewächse

Heimat: Südbrasilien. Subtropisch, tropisch.
Wuchsform: Kugelförmige bis zylindrische, langsamwüchsige Sukkulente.
Blatt: Umgebildet zu weichen Dornen.
Blüte: Radiär, strahlenförmig, 3–4 cm, hellgelb.
Frucht: Beere.
Standort: Hell bis sonnig, aber keine Mittagssonne vertragend.
Verwendung: Topfpflanze für das Fensterbrett, Kakteensammlungen.
Vermehrung: Aussaat im Frühling, Saatgut nicht abdecken.
Kultur: In Kakteenerde mit Lehmzusatz, nie ganz austrocknen lassen, auch nicht im Winter. Mit Regenwasser gießen.
Hinweise: Blätter völlig reduziert. Pflanze assimiliert mit dem Spross. Einfach zu pflegende Art. Auf Woll- und Wurzelläuse achten.
Weitere Arten: *N. haselbergii,* orangerote Blüten.

0,2–0,3 m		*0,3–0,5/0,6–0,9 m*
III–IV		*III–VII*
Fensterbrett		*Blumenfenster*
Kalthaus		*temperiertes Haus*

Odontoglossum triumphans
Odontoglossum
Orchidaceae, Orchideengewächse

Heimat: Gebirge Kolumbiens. Tropisch.
Wuchsform: Lockerhorstige Epiphyte mit Pseudobulben.
Blatt: Aus 10 cm langen Pseudobulben entspringend, linealisch, immergrün, 30–45 cm lang.
Blüte: Disymmetrisch, 4–5 cm, 6-teilig, gelb mit braun-roten Flecken, an langer Traube. Reichblühend.
Frucht: Kapsel.
Standort: Hell, aber nicht vollsonnig.
Verwendung: Vitrine, Epiphytenstamm
Vermehrung: Abtrennen der Bulben beim Verpflanzen.
Kultur: In Orchideensubstrat aus Farnwurzeln und Rindenstücken, hohe Luftfeuchtigkeit, Wurzeln dürfen nicht austrocknen. Temperatur tags 20 °C, nachts deutlich kühler, winters nicht unter 12 °C. Stets mit Regenwasser gießen
Sorte: 'Paradiese', gelb-braun gefleckt (Bild).
Hinweise: Auf Blatt- und Schildläuse achten.

Olea europaea
Ölbaum, Olive
Oleaceae, Ölbaumgewächse

Heimat: Mittelmeergebiet. Mediterran.
Wuchsform: Breiter, dichtkroniger Baum mit unregelmäßigem Wuchs.
Blatt: Gegenständig, immergrün, schmal elliptisch, blaugrün, glänzend, unterseits silbern beschuppt, 3–8 cm lang.
Blüte: Radiär, 3–4 mm, 4-zählig, gelbweiß, in Trauben.
Frucht: Steinfrucht, oliv bis schwarz, 2–3 cm lang, liefert Olivenöl.
Standort: Sonnig und warm.
Verwendung: Kübelpflanze für das Kalthaus, im Sommer im Freien, winters +5 °C.
Vermehrung: Stecklinge im Sommer, Aussaat im Frühling.
Kultur: In durchlässigem, lehmigem Substrat, im Sommer regelmäßig düngen.
Sorte: 'Bonita', Kultursorte mit höheren Ansprüchen.
Besonderes: Der Ölbaum ist seit Jahrtausenden die wichtigste Nutzpflanze im Mittelmeergebiet. Er liefert Holz, Öl und Früchte.

Olea europaea		Oncidium ornithorhynchum
6–9 m		0,25/0,5 –0,6 m
IV–VI		XI–III
Kübelpflanze		Ampelpflanze
Kalthaus		Kalthaus

Oncidium ornithorhynchum
Vogelschnabel-Oncidie
Orchidaceae, Orchideen

Heimat: Mittelamerika. Tropisch, subtropisch.
Wuchsform: Aufrechte, locker wachsende Epiphyte.
Blatt: Linealisch, immergrün, 25 cm lang, aus 6 cm langen Pseudobulben.
Blüte: Disymmetrisch, 2 cm, rosafarben, zu vielen an langer, verzweigter Rispe, überhängend.
Frucht: Kapsel.
Standort: Hell und kühl bis temperiert, stammt aus Regenwäldern in 1500 m Höhe.
Verwendung: Ampelpflanze oder am Epiphytenstamm.
Vermehrung: Teilung der Pseudobulben im Frühling.
Kultur: Durchlässiges Rindenmaterial oder Orchideensubstrat hell und kühl. Benötigt viel Luftfeuchtigkeit,
Hinweise: Ruhezeit nach der Blüte einhalten. Auf Blattläuse achten.

Ophiopogon jaburan
Schlangenbart
Convallariaceae, Maiglöckchengewächse

Heimat: Japan, Riukiu-Inseln. Gemäßigt, subtropisch.
Wuchsform: Aufrecht bis überhängende, zierliche, grasähnliche Staude.
Blatt: Grundständig, linealisch, immergrün, 40–80 cm lang, 1 cm breit.
Blüte: Radiär, glöckchenförmig, 6–8 mm, weiß bis lila, an langem Blütenstand.
Frucht: Beere, lila.
Standort: Hell bis schattig, keine direkte Sonne.
Verwendung: Bodendecker für Wintergärten, anspruchslose Topfpflanze. Im Sommer auch draußen.
Vermehrung: Teilung im Frühling.
Kultur: Einheitserde, stets mäßig feucht halten, im Sommer um 20 °C, im Winter nicht über 15 °C.
Sorte: 'Variegatus', Laub weiß gestreift.
Hinweise: Blüten werden oft von den Blättern verdeckt. Auf Luftfeuchtigkeit achten, besonders im Winter.

Ophiopogon jaburan		Ophiopogon japonicus
0,4–0,8 m		0,15–0,25 m
VII–VIII		VII–VIII
Bodendecker		Bodendecker
Kalthaus		Kalthaus

Ophiopogon japonicus
Schlangenbart
Convallariaceae, Maiglöckchengewächse

Heimat: Ost-Asien. Subtropisch, gemäßigt.
Wuchsform: Horstige, aufrechte, leicht übergeneigte Staude.
Blatt: Grundständig, linealisch, immergrün, 15–20 cm lang.
Blüte: Radiär, sternförmig, 5 mm, blasslila, in Blütentrauben, selten.
Frucht: Beere.
Standort: Halbschattig, kühl.
Verwendung: Unterpflanzung in Vitrinen, Anspruchslose Topfpflanze. Nicht frosthart. Im Winter Temperatur mindestens 10 °C.
Vermehrung: Teilung im Frühling.
Kultur: Einheitserde stets mäßig feucht halten.
Sorte: 'Minor', nur 15 cm hoch.
Hinweise: Auf Blasenfüße (Thrips) und Rote Spinne achten.

Opuntia microdasys
Hasenohr-Feigenkaktus,
Gold-Opuntie
Cactaceae, Kakteen

Heimat: Nordmexiko. Subtropisch, tropisch.
Wuchsform: Breit aufrechte Sukkulente mit kleinen blattartigen Gliedern ohne große Dornen, Glochiden gelb oder weiß.
Blatt: Umgebildet zu Glochiden, das sind Borsten mit Widerhaken.
Blüte: Radiär, röhrig, 4–5 cm breit, blassgelb, nur bei älteren Pflanzen.
Frucht: Fleischige Beere, selten.
Standort: Vollsonnige Lagen in mageren Böden.
Verwendung: Einzeln als Topfpflanze am Fensterbrett oder in Sammlungen.
Vermehrung: Abtrennen der Blattglieder, erst nach einigen Tagen in Substrat stecken.
Kultur: In Kakteenerde mit etwas Lehmzusatz, mäßig gießen und düngen.
Sorte: 'Albispina', weiße Glochiden.
Hinweise: Ruhezeit im Winter einhalten. Befall durch Spinnmilben, Woll- und Wurzelläuse möglich.

Oreopanax nymphaeifolius
Bergaralie
Araliaceae, Araliengewächse

Heimat: Guatemala. Tropisch.
Wuchsform: Aufrechter Strauch mit etagenförmiger Krone.
Blatt: Wechselständig, breit oval, lang gestielt, immergrün, glänzend 10–12 cm lang.
Blüte: Radiär, 5-zählig, klein, weiß, in Dolden, selten zu sehen.
Frucht: Beere.
Standort: Benötigt viel Licht, aber keine volle Sonne.
Verwendung: Zimmerpflanze mit mäßigen Temperaturansprüchen, auch im Winter.
Vermehrung: Kopfstecklinge bei hoher Bodenwärme stecken.
Kultur: In lehmig-humoser Erde oder Einheitserde.
Hinweise: Widerstandsfähige Grünpflanze, Bewurzelungshormone für die Stecklinge verwenden.

0,4–0,6 m		*0,6–0,8 m*
VI–VIII		*II–III*
Profi-Glashaus		*Zimmerpflanze*
Kalthaus		*temperiertes Haus*

Oxalis tetraphylla
(Syn.: *Oxalis deppei*)
Glücksklee
Oxalidaceae, Sauerkleegewächse

Heimat: Mexiko. Subtropisch, mediterran.
Wuchsform: Büschelig wachsende krautige Pflanze mit Wurzelknollen.
Blatt: Herzförmig, 4-teilig, grün mit braunrotem Fleck, 4–6 cm groß.
Blüte: Radiär, trichterförmig, 1,5–2 cm, 5-zählig, rosarot, in doldenartigen Büscheln an langen Stielen über dem Laub.
Frucht: Kapsel, schleudert reife Samen aus.
Standort: Hell, aber nicht vollsonnig.
Verwendung: Topfpflanze für das Fensterbrett, im Sommer auch im Freien. Pflanze ist sehr frostempfindlich.
Vermehrung: Durch Brutknollen im Herbst.
Kultur: Knollen ab X für Neujahr eintopfen und 6–8 °C warm stellen, später bei 12–14 °C halten, für Freilandbeete ab Mai auspflanzen. Substrat durchlässig und humos, Einheitserde mit Sandzusatz.
Sorte: 'Iron Cross', Flecken auf den Blättern noch dunkler.

Oxalis tetraphylla	Pachypodium lamerei
0,1–0,15 /0,15–0,2 m	*1–2 m*
VII–IX	*VI–VIII*
Zimmerpflanze	*Wintergarten*
temperiertes Haus	*temperiertes Haus*

Pachypodium lamerei
Dickfuß, Madagaskarpalme
Apocynaceae, Hundsgiftgewächse

Heimat: Madagaskar. Subtropisch.
Wuchsform: Aufrecht-sparriger, stark bedornter Baum mit keulenartig verdicktem Stammfuß. In der Heimat bis 8 m hoch.
Blatt: Wechselständig, linealisch, schopfartig am Triebende, dunkelgrün, 25–40 cm lang
Blüte: Radiär, schalenförmig, 3–4 cm, 5-zählig, weiß, in Trugdolden, Duft.
Frucht: Kapsel, Samen mit Flughaaren.
Standort: Sonnig bis vollsonnig, warm und trocken.
Verwendung: Solitär in Sukkulentenecken im Wintergarten, Zimmerpflanze.
Vermehrung: Aussaat im Frühling.
Kultur: In durchlässigem Substrat, nur mäßig gießen, wenn Blätter vorhanden; in der Ruhe kaum gießen.
Hinweise: Blätter werden im Herbst abgeworfen, dann Ruhezeit einhalten. Die ganze Pflanze ist **stark giftig**, Milchsaft nicht in die Augen bringen!!

Pachystachys lutea
Gelbe Dickähre
Acanthaceae, Akanthusgewächse

Heimat: Peru. Tropisch.
Wuchsform: Aufrecht, steifer Halbstrauch.
Blatt: Gegenständig, breit lanzettlich, immergrün, mattgrün, 9–12 cm lang.
Blüte: Disymmetrisch, 2 cm, Lippenblüte weiß, erscheint zwischen den gelben Deckblättern in Ähren über dem Laub.
Frucht: Kapsel.
Standort: Hell und luftig, liebt hohe Luftfeuchtigkeit.
Verwendung: Reichblühende Zimmerpflanze mit langer Wirkung durch die gelben Ähren. Warmhauspflanze.
Vermehrung: Kopfstecklinge im Frühling.
Kultur: In TKS 2 oder Einheitserde T, stets mäßig feucht halten, im Winter trockener halten. Nach Austrieb Triebe stutzen.
Hinweise: Im Vorfrühling Rückschnitt sinnvoll. Mottenschildläuse rechtzeitig bekämpfen.

Pachystachys lutea		Pandanus utilis
0,25–0,4 m		*3–4 m*
III–X		*VI–VIII*
Zimmerpflanze		*Wintergarten*
Warmhaus		*temperiertes Haus*

Pandanus utilis
Schraubenbaum
Pandanaceae, Schraubenbaumgewächse

Heimat: Madagaskar. Tropisch.
Wuchsform: Aufrechter Baum. Im Alter bildet der Stamm Stelzwurzeln. In der Heimat bis 10 m hoch.
Blatt: Schraubig am Stamm angeordnet, linealisch, immergrün, olivgrün, am Rande rot bestachelt, 1–2 m lang, 5–10 cm breit.
Blüte: Blüten- und Kelchblätter fehlen, männliche Blüte mit weißem Hochblatt (Spatha), weibliche Blüten in ananasähnlichen Blütenständen.
Frucht: Mehrsamige Beere in Kugelform.
Standort: Hell bis halbschattig, feucht.
Verwendung: Einzelstand als Topfpflanze, besser im Wintergarten auspflanzen.
Vermehrung: Kopfstecklinge in Sand-Torfgemisch stecken, Samen 24 Stunden einweichen.
Kultur: In humosem Substrat, Einheitserde stets feucht halten. Im Sommer mäßig düngen.
Hinweise: Ältere Pflanzen zieren durch die Stelzwurzeln.

Pandanus veitchii
Schraubenbaum
Pandanaceae, Schraubenbaumgewächse

Heimat: Polynesien. Tropisch.
Wuchsform: Aufrechter Baum. Im Alter bildet der Stamm Stelzwurzeln. In der Heimat bis 20 m hoch.
Blatt: Schraubig am Stamm angeordnet, linealisch, immergrün, dunkelgrün mit weißen Streifen, am Rande bestachelt, 60 cm lang, 5–8 cm breit.
Blüte: Blüten- und Kelchblätter fehlen, männliche Blüte mit weißem Hochblatt (Spatha), weibliche Blüten in ananasähnlichen Blütenständen.
Frucht: Mehrsamige Beere in Kugelform.
Standort: Hell bis halbschattig, feucht.
Verwendung: Einzelstand als Topfpflanze, besser im Wintergarten auspflanzen.
Vermehrung: Abtrennen von bewurzelten Seitensprossen; Samenaussaat sofort nach der Ernte bei mindestens 25 °C Bodentemperatur.
Kultur: In humosem Substrat, Einheitserde stets feucht halten. Im Sommer mäßig düngen.

Pandanus veitchii		Paphiopedilum callosum
0,8–1 m		*0,25–0,3 /0,4–0,45 m*
VI–VIII		*II–III*
Wintergarten		*Blumenfenster*
temperiertes Haus		*Warmhaus*

Paphiopedilum callosum
Venusschuh
Orchidaceae, Orchideengewächse

Heimat: Kambodscha, Laos, Thailand. Tropisch.
Wuchsform: Aufrechte erdbewohnende Orchidee ohne Speicherorgane.
Blatt: 2-zeilig angeordnet, linealisch, immergrün, hellgrün mit dunkler Marmorierung, leicht übergeneigt, bis 25 cm lang, 5 cm breit.
Blüte: Disymmetrisch, Lippe pantoffelförmig, 5 cm lang, bis 10 cm breit, grün-weiß mit braunen Streifen, Stiel über 40 cm lang.
Frucht: Kapsel mit vielen staubfeinen Samen.
Standort: Halbschattig, keine direkte Sonne.
Verwendung: Blumenfenster, auch Schnitt.
Vermehrung: Teilung beim Umpflanzen.
Kultur: In Substrat aus Rindenstücken, Farnwurzeln und Sphagnum. Immer mit Regenwasser feucht halten, schwach düngen, Temperatur mindestens 18 °C, im Sommer auch höher. Ganzjährig hohe Luftfeuchtigkeit, keine Ruhezeit.
Hinweise: Hybriden in vielerlei Farben und Formen, Blüten bis 20 cm. Auf Spinnmilben und Schildläuse achten.

Passiflora caerulea

Blaue Passionsblume
Passifloraceae, Passionsblumengewächse

Heimat: Südamerika: Südbrasilien, Argentinien, Paraguay. Subtropisch, tropisch.
Wuchsform: Sprossranker mit dünnen Trieben. In der Heimat bis 7 m hoch.
Blatt: Wechselständig, 5- bis 7-lappig, grün, 10–15 cm breit.
Blüte: Radiär, Schalenblüte mit Strahlenkranz, 8–9 cm, 3-teilige Narbe, blau mit weiß, achselständig.
Frucht: Beere orangefarben, 5–6 cm, eiförmig.
Standort: Hell, auch sonnig, luftig, warm.
Verwendung: Reichblühende Zimmerpflanze für Wintergärten. Im Winter bei 8–15 °C kultivieren.
Vermehrung: Stecklinge von III–IV, 25 °C Bodentemperatur.
Kultur: Einheitserde nicht austrocknen lassen, jährlich umpflanzen, oft düngen.
Sorte: 'Kaiserin Eugenie', Blüten violett und größer.
Hinweise: Auf Spinnmilben, Schildläuse achten.

Pavonia multiflora

Pavonie
Malvaceae, Malvengewächse

Heimat: Brasilien. Tropisch.
Wuchsform: Aufrechter, locker buschiger Strauch.
Blatt: Wechselständig, lanzettlich, immergrün, 15–25 cm lang, grün, glänzend.
Blüte: Radiär, knospenförmig, 1–2 cm, purpur, umgeben von hellrotem Hüllkelch, korbförmig, vielteilig, 2–3 cm groß, endständig, auffällig.
Frucht: Spaltfrucht 5-fächerig.
Standort: Hell, ohne direkte Sonne, hohe Luftfeuchtigkeit.
Verwendung: Topfpflanze, Schnittpflanze, Warmhausgewächs.
Vermehrung: Stecklinge von III–VIII, später stutzen. Bei Stecklingen Bewurzelungshormon verwenden.
Kultur: In humosem Substrat, dauernd feucht, nie nass. Im Winter kühler und trockener halten.

1,5–3 m		*1–2 m*
VI–IX		*IX–V*
Wintergarten		*Zimmerpflanze*
Kalthaus		*Warmhaus*

Pelargonium grandiflorum
Edel-Pelargonie
Geraniaceae, Storchschnabelgewächse

Heimat: Süd-Afrika: Kap, Namibia. Mediterran, subtropisch.
Wuchsform: Aufrecht buschiger Strauch mit fleischigem Stängel.
Blatt: Wechselständig, handförmig, am Rand gezähnt, grün, 6–10 cm breit.
Blüte: Disymmetrisch, 4–5 cm, 5-zählig, rot, rosa, weiß, mit dunklen Flecken, in Dolden.
Frucht: Spaltfrucht.
Standort: Sonnig, im Sommer luftig, im Winter bei 10–12 °C.
Verwendung: Auffällige Zimmerpflanze mit großen Blüten. Im Sommer ins Freie. Kalthauspflanze.
Vermehrung: Kopfstecklinge im Sommer, auch Aussaat möglich.
Kultur: Einheitserde im Sommer gleichmäßig feucht halten, wöchentlich düngen, Staunässe vermeiden.
Hinweise: Viele Hybriden in unterschiedlichen Farbtönen bekannt. Im Winter 6 Wochen bei 10 °C kühl und trocken halten (Blütenbildung).

Pelargonium grandiflorum		Pelargonium × graveolens
0,4–0,7/ 0,5–0,8 m		*0,4–1 m*
IV–VI		*VI–VIII*
Zimmerpflanze		*Zimmerpflanze*
Kalthaus		*Kalthaus*

Pelargonium × graveolens
Rosen-Geranie
Geraniaceae, Storchschnabelgewächse

Heimat: Südafrika: Kap. Mediterran, subtropisch.
Wuchsform: Aufrecht buschiger Strauch.
Blatt: Wechselständig, handförmig, fiederteilig gezähnt, behaart, grün, duftet nach Zitrone, 8–10 cm lang.
Blüte: Disymmetrisch, 1–2 cm, zartlila, in langstieligen Dolden. Blüte remontiert.
Frucht: Spaltfrucht.
Standort: Hell und sonnig, ganzjährig im Zimmer halten.
Verwendung: Dankbare Zimmerpflanze, im Winter kühl halten (Kalthaus)
Vermehrung: Kopfstecklinge im Sommer.
Kultur: In mit Sand vermischter Einheitserde, Rückschnitt der Triebe im Frühling, bei Bedarf umtopfen.
Sorte: 'Variegatum', Laub mit weißgelbem Blattrand.
Hinweise: Widerstandsfähige Zimmerpflanze. Auf Weiße Fliege achten.

Pellaea rotundifolia
Rundblättriger Zwergfarn
Adiantaceae, Frauenhaarfarngewächse

Heimat: Neuseeland, Norfolkinseln. Subtropisch.
Wuchsform: Buschig überhängende, horstbildende Staude.
Blatt: Wechselständig, immergrün, Wedel 20–30 cm lang, Einzelblättchen rundlich, grün, 1–2 cm lang.
Standort: Halbschattig bis schattig, hohe Luftfeuchtigkeit.
Verwendung: Kalthausgewächs für Vitrinen, Blumenfenster und Schalen.
Vermehrung: Sporenaussaat im Frühling auf sterilen Weißtorfsoden. Auch Teilung.
Kultur: Substrat aus Heide-, Lauberde und Torf, oder Einheitserde. Substrat stets mäßig feucht halten, wenig düngen. Im Winter hell und trockener stellen.
Hinweise: Empfindlich gegen zu trockene Luft.

0,2–0,3 m		*0,3–0,6/0,5–0,7 m*
–		*IX–I*
Blumenfenster		*Zimmerpflanze*
Kalthaus		*Warmhaus*

Pentas lanceolata
Pente
Rubiaceae, Krappgewächse

Heimat: Afrika, Arabische Halbinsel. Tropisch.
Wuchsform: Aufrechter Halbstrauch.
Blatt: Gegenständig, elliptisch, immergrün, behaart, dunkelgrün, 5–15 cm lang.
Blüte: Radiär, röhrenförmig, 3 cm, 5-zählig, rot, auch weiß und rosa, in endständigen Trugdolden. Ganzjährig möglich.
Frucht: Kapsel.
Standort: Hell, sonnig bis halbschattig.
Verwendung: Reichblühende Zimmerpflanze, Schnittpflanze. Warmhauspflanze. Nicht winterhart.
Vermehrung: Stecklinge im Frühling, öfters stutzen; auch Aussaat möglich.
Kultur: In Einheitserde, stets mäßig feucht halten, im Winter nicht austrocknen lassen. Regenwasser verwenden. Im Sommer um 20 °C, im Winter bei 10–15 °C halten.
Sorte: 'New Look', rosa.
Hinweise: Wird mit Hemmstoffen behandelt, daher so niedrig.

Peperomia caperata
Zwergpfeffer
Piperaceae, Pfeffergewächse

Heimat: Brasilien. Tropisch.
Wuchsform: Dichte, gedrungene, horstbildende Staude.
Blatt: Grundständig, herzförmig, lang gestielt, immergrün, runzelig, fleischig, Blattstiel rötlich, 2–4 cm lang.
Blüte: Klein, ohne Kelch- und Blütenblätter, cremeweiß, in Ähren über dem Laub.
Frucht: Beere.
Standort: Absonnig bis halbschattig, warm.
Verwendung: Schalen, als Bodendecker für Vitrinen.
Vermehrung: Stecklinge von IV–VIII in Sand-Torf-Mischung.
Kultur: Einheitserde stets mäßig feucht halten, im Frühling umtopfen.
Sorte: 'Variegata', panaschiertes Laub.
Besonderes: Robuste Zimmerpflanze.
Hinweise: Es treten kaum Schädlinge auf.

Peperomia obtusifolia
Zwergpfeffer
Piperaceae, Pfeffergewächse

Heimat: Südamerika. Tropisch.
Wuchsform: Dichte, gedrungene, horstbildende Staude.
Blatt: Grundständig, eiförmig, immergrün, fleischig, glänzend, 5–8 cm lang.
Blüte: Klein, ohne Kelch- und Blütenblätter, blassgrün, in Ähren.
Frucht: Beere.
Standort: Hell, aber nicht vollsonnig, warm.
Verwendung: Schalen, als Bodendecker für Vitrinen.
Vermehrung: Stecklinge von IV–VIII in Sand-Torf-Mischung.
Kultur: Einheitserde stets mäßig feucht halten, im Frühling umtopfen.
Sorte: 'USA', kräftig gelbgrünes; 'Variegata' (Bild), hellgelbgrün panaschiertes Laub.
Hinweise: Robuste Zimmerpflanze. Auf Rote Spinne achten.

Peperomia caperata	Peperomia obtusifolia
0,15/ 0,25 m	0,15– 0,3 m
IV–XII	IV–XII
Bodendecker	Bodendecker
Warmhaus	Warmhaus

Pereskia aculeata
Pereskie
Cactaceae, Kakteengewächse

Heimat: Amerika. Subtropisch, tropisch.
Wuchsform: Spreizklimmer mit Klammerdornen in den Blattachseln. In warmen Gebieten bis 10 m hoch kletternd.
Blatt: Wechselständig, breit lanzettlich, sommergrün, gelbgrün gefleckt, dickfleischig, 6–9 cm lang.
Blüte: Radiär, sternförmig, 4–5 cm, hellrosa, duftet nach Zitronen.
Frucht: Beere, gelb, 2 cm groß, essbar.
Standort: Hell bis vollsonnig, im Winter Ruhezeit, Kalthauspflanze.
Verwendung: Zimmer- und Kübelpflanze, für Wintergärten als Kletterer.
Vermehrung: Grünstecklinge nicht abtrocknen lassen, in Sand-Torfgemisch stecken.
Kultur: In Kakteenerde mit Humuszusatz, mäßig gießen, kaum düngen.
Hinweise: Wenig empfindliche Pflanze. Veredelungsunterlage für Weihnachtskakteen.

Pericallis × hybrida
(Syn.: *Senecio-Cruentus-Hybriden, Cineraria hybrida*)
Gartencinerarie
Asteraceae, Asterngewächse

Heimat: Kanaren. Mediterran.
Wuchsform: Aufrechte, buschige Staude.
Blatt: Wechselständig, herz-eiförmig, Rand gezähnt, sattgrün, 8–12 cm lang.
Blüte: Radiär und zungenförmig, klein, weiß, rosa, purpur, lila, blau, Köpfchen 2–3 cm breit, in Doldentrauben über dem Laub.
Frucht: Achäne.
Standort: Sonnig und luftig bei 16–18 °C.
Verwendung: Topfpflanze mit reicher Blüte für kühlere Plätze, im Winter 10–14 °C.
Vermehrung: Aussaat VIII–X im Kalthaus, Keimzeit 2 Wochen.
Kultur: Einheitserde stets feucht halten, wöchentliche Düngung, im Winter weniger.
Hinweise: Abgeblühte Pflanzen kommen auf den Kompost. Auf Blattläuse achten. Viele Sorten in allen möglichen Farben außer Gelb im Sortiment.

Pereskia aculeata		Pericallis × hybrida
0,8–1 m		*0,3–0,45 m*
VI–VIII		*II–IX*
Kübelpflanze		*Zimmerpflanze*
Kalthaus		*Kalthaus*

Phalaenopsis amabilis
Nachtfalterorchidee
Orchidaceae, Orchideengewächse

Heimat: Malayischer Archipel, Neuguinea, Australien: Queensland. Tropisch.

Wuchsform: Epiphytische, locker wachsende Orchidee mit fleischigen Haftwurzeln.

Blatt: 2-teilig gestellt, elliptisch, immergrün, 20–30 cm lang.

Blüte: Disymmetrisch, spornlos, bis zu 10 cm breit, rosa, Sorten von weiß bis rot, an bis zu 70 cm langer Rispe.

Frucht: Kapsel mit staubfeinen Samen.

Standort: Hell bis halbschattig, aber keine direkte Sonne.

Verwendung: Blumenfenster und Wintergärten.

Vermehrung: Kindel an den Blütenrispen abtrennen; Aussaat und Gewebekulturen.

Kultur: Rindenreiches Orchideensubstrat, hohe Luftfeuchtigkeit, gießen mit kalkfreiem Wasser, öfters mäßig düngen, nicht unter 15 °C. Im Winter für 3–4 Wochen Nachttemperatur auf 13–15 °C absenken.

Hinweise: Auf Schildläuse und Spinnmilben achten. Viele Sorten.

Phalaenopsis amabilis		Phlebodium aureum
0,15–0,2 /0,4–0,7 m		*0,6–1 m*
X–IV		*–*
Zimmerpflanze		*Zimmerpflanze*
Warmhaus		*Warmhaus*

Phlebodium aureum
(Syn.: *Polypodium aureum*)
Tüpfelfarn
Polypodiaceae, Tüpfelfarngewächse

Heimat: Tropisches Amerika. Tropisch.

Wuchsform: Mit hellbraunen Rhizomen kriechende Staude mit überhängenden Wedel.

Blatt: Grundständig, fiederspaltig, immergrün, glänzend bläulich grün 0,6–1 m lang, bis 50 cm breit.

Frucht: Runde Sporenhäufchen (Sori) auf der Blattunterseite, gelb, rund.

Standort: Halbschattig bis schattig, mäßig feucht.

Verwendung: Zimmerpflanze, Wintergärten, Blumenfenster, Warmhauspflanze.

Vermehrung: Teilung der Rhizome, Aussaat der Sporen im Frühling.

Kultur: Humose Substrate (Einheitserde) gleichmäßig feucht halten. Rhizome mit gelbbraunen Haaren möglichst nicht bedecken.

Sorte: 'Mandaianum', krause Blattspitzen, niedriger.

Hinweise: Verträgt auch Zimmertrockenheit.

Philodendron erubescens

Rotwerdender Baumfreund
Araceae, Aronstabgewächse

Heimat: Kolumbien. Tropisch.
Wuchsform: Kletterpflanze mit grünrotem Stamm.
Blatt: Wechselständig, immergrün, pfeilförmig, glänzend grün, unterseits rötlich, Deckblätter und junge Blätter rot gefärbt, 25–40 cm lang.
Blüte: Winzige Blüten an Kolben, weiße Spatha, selten.
Frucht: Kolben.
Standort: Hell bis halbschattig, warm, hohe Luftfeuchtigkeit.
Verwendung: Warmhauspflanze für Vitrinen, Wintergärten.
Vermehrung: Kopfstecklinge, benötigt hohe Bodenwärme.
Kultur: In Einheitserde, gleichmäßig feucht halten und düngen.
Sorte: 'Red Emerald', rötliche Stiele.
Hinweise: Auf Schildläuse achten.

Philodendron pedatum

Baumfreund
Araceae, Aronstabgewächse

Heimat: Venezuela, Guayana, Nordbrasilien. Tropisch.
Wuchsform: Kletterpflanze mit zierlichem Stamm.
Blatt: Wechselständig, immergrün, 3-teilige Blattspreite mehrfach eingeschnitten, glänzend grün, unterschiedliche Blattformen, 25–30 cm lang.
Blüte: Winzige Blüten an Kolben, weiße Spatha, selten.
Frucht: Kolben.
Standort: Hell bis halbschattig, warm, hohe Luftfeuchtigkeit.
Verwendung: Warmhauspflanze für Vitrinen, Wintergärten.
Vermehrung: Kopfstecklinge, benötigt hohe Bodenwärme.
Kultur: In Einheitserde, gleichmäßig feucht halten und düngen.
Hinweise: Klettertriebe stets aufbinden. Auf Schildläuse achten.

Philodendron erubescens		Philodendron pedatum
2–4 m		*0,8–1,2 m*
VI–VIII		*VI–VIII*
Wintergarten		*Wintergarten*
Warmhaus		*Warmhaus*

Philodendron scandens
Kletternder Baumfreund
Araceae, Aronstabgewächse

Heimat: Mexiko. Tropisch.
Wuchsform: Kletterpflanze mit dünnen Trieben und Haftwurzeln.
Blatt: Wechselständig, immergrün, herzförmig, glänzend grün, 8–14 cm lang, 5–9 cm breit, ältere Blätter können noch größer werden.
Blüte: Wird nur in den Tropen ausgebildet.
Frucht: Wird nur in den Tropen ausgebildet.
Standort: Hell bis halbschattig, warm, hohe Luftfeuchtigkeit.
Verwendung: Warmhauspflanze für Vitrinen und Ampeln.
Vermehrung: Kopfstecklinge, hohe Bodenwärme günstig zur Bewurzelung.
Kultur: In Einheitserde, gleichmäßig feucht halten und düngen.
Hinweise: Benötigt Kletterhilfe wie Moosstäbe. Auf Schildläuse achten.

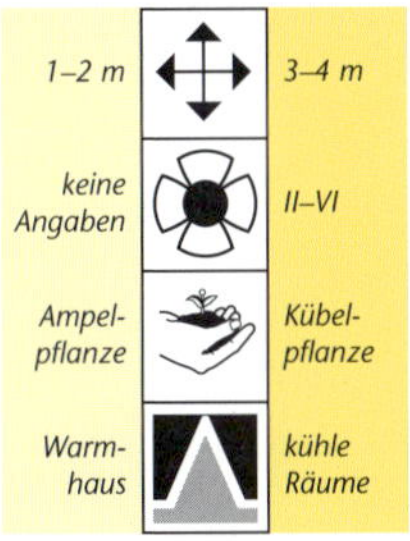

Phoenix canariensis
Kanarische Dattelpalme
Arecaceae, Betelpalmengewächse

Heimat: Kanaren. Mediterran.
Wuchsform: Baum mit durchgehenden Stamm und schirmförmiger Krone. In der Heimat bis 18 m hoch.
Blatt: Schraubig gestellt, schwertförmige Blattspreite, unpaarig gefiedert, immergrün, bis 3 m lang. Einzelblatt graugrün, 20–30 cm lang.
Blüte: Radiär, 3-zählig, in bis zu 1 m langer, gelber Rispe.
Frucht: Fleischige Steinfrucht, orangefarben, eiförmig, 2 cm lang.
Standort: Hell und sonnig.
Verwendung: Einzeln im Kübel, für Wintergärten oder große Büros. Im Sommer auch im Freien, im Winter kühl halten.
Vermehrung: Samen vor der Aussaat im Wasser quellen lassen.
Kultur: Einheitserde mit Sandzusatz, viel gießen und wenig düngen. Ballen nicht austrocknen lassen.
Hinweise: Auf Schildläuse und Spinnmilben achten.

Phoenix dactylifera
Echte Dattelpalme
Arecaceae, Betelpalmengewächse

Heimat: Nord-Afrika. Subtropisch.
Wuchsform: Sparriger Baum mit durchgehendem Stamm und schirmförmiger Krone. In der Heimat bis 30 m hoch.
Blatt: Schraubig gestellt, schwertförmige Blattspreite bis 4 m lang, unpaarig gefiedert, immergrün, Einzelblatt grau, 30–40 cm lang.
Blüte: Radiär, 3-zählig, in bis zu 1 m langer, gelber Rispe
Frucht: Fleischige Steinfrucht, orangefarben, eiförmig, 2–7 cm lang, süß, essbar.
Standort: Hell und sonnig.
Verwendung: Einzeln im Kübel, für Wintergärten. Im Sommer auch im Freien, im Winter kühl halten.
Vermehrung: Samen vor der Aussaat im Wasser quellen lassen.
Kultur: Einheitserde mit Sandzusatz, viel gießen und wenig düngen. Ballen nicht austrocknen lassen.
Hinweise: Auf Schildläuse und Spinnmilben achten.

3–4 m		*1–2 m*
II–VI		*II–VI*
Kübelpflanze		*Kübelpflanze*
kühle Räume		*Warmhaus*

Phoenix roebelenii
Zwerg-Dattelpalme
Arecaceae, Betelpalmengewächse

Heimat: Laos. Tropisch.
Wuchsform: Mehrstämmiger Kleinbaum mit schirmförmiger, steifer Krone.
Blatt: Schraubig gestellt, schwertförmige Blattspreite, unpaarig gefiedert, immergrün, bis 150 cm lang. Einzelblatt grün, 15–20 cm lang, weich.
Blüte: Radiär, 3-zählig, in bis zu 1 m langer, gelber Rispe.
Frucht: Lederige Steinfrucht, schwarz, eiförmig, 1–2 cm lang.
Standort: Hell und sonnig.
Verwendung: Einzeln im Kübel, für Wintergärten. Im Sommer auch im Freien. Im Winter warm halten.
Vermehrung: Samen vor der Aussaat (Frühling) im Wasser quellen lassen.
Kultur: Einheitserde mit Sandzusatz, viel gießen und wenig düngen. Ballen nicht austrocknen lassen. Hohe Luftfeuchtigkeit.
Hinweise: Auf Schildläuse und Spinnmilben achten.

Phormium tenax

Neuseeländischer Flachs
Phormiaceae, Neuseelandflachsgewächse

Heimat: Neuseeland, Norfolkinseln. Submediterran.
Wuchsform: Breit aufrechte, raschwüchsige, Ausläufer treibende Staude.
Blatt: 2-zeilig, schwertförmig, immergrün, dunkelgrün, 1–3 m lang, 5–12 cm breit.
Blüte: Disymmetrisch, röhrig, 3–4 cm lang, gelbrötlich, an langen Rispen.
Frucht: Kapsel.
Standort: Sonnig und warm.
Verwendung: Als Kübelpflanze auf sonnigen Terrassen, Innenhöfe. Im Winter im Kalthaus.
Vermehrung: Teilung im Frühling beim Umtopfen.
Kultur: In Einheitserde mit Sandzusatz, jährlich umtopfen, viel gießen und düngen, im Winter sparsamer.
Sorte: 'Atropurpureum', wie die Art, aber mit rötlichen Blättern.
Besonderes: Aus den Blättern werden haltbare Fasern gewonnen.
Hinweise: Auf Blasenfuß (Thrips) achten.

Phyllostachys aurea

(Syn.: *Bambusa aurea*)
Knotenbambus
Poaceae, Rispengrasgewächse

Heimat: Ost-Asien. Gemäßigt, submediterran, subtropisch.
Wuchsform: Aufrecht bis übergeneigtes, Ausläufer bildendes Gras, Stamm 2–5 cm dick.
Blatt: 2-zeilig, lanzettlich, immergrün, gelb-grün, bis 10 cm lang.
Blüte: Unscheinbar, in endständiger Ähre, gelblich. Sehr selten ausgebildet. Einzelpflanze stirbt nach der Blüte ab.
Frucht: Karyopse.
Standort: Sonnig, warm, geschützt.
Verwendung: Wintergärten, Kübelpflanze, warme Plätze im Sommer im Freien. Überwinterung im Kalthaus.
Vermehrung: Abtrennen der bewurzelten Ausläufer, Teilung.
Kultur: In lockeren Gartenböden, benötigt viel Feuchtigkeit.
Hinweise: Stets für hohe Luftfeuchtigkeit sorgen, sonst Laubfall.

Phormium tenax		Phyllostachys aurea
1,5–3/ 2–3,5 m		*3–5 m*
VII–VIII		*VI–VIII*
Kübelpflanze		*Kübelpflanze*
Kalthaus		*Kalthaus*

Pilea cardierei
Kanonierblume
Urticaceae, Nesselgewächse

Heimat: Nordvietnam. Tropisch.
Wuchsform: Aufrechte, dichte Horste bildende Staude.
Blatt: Gegenständig, eiförmig, immergrün, dunkelgrün mit silberweißen Flecken in 4 Reihen 6–10 cm lang.
Blüte: Radiär, 3 mm, 4-zählig, weißgrün, unscheinbar.
Frucht: Nüsschen.
Standort: Hell bis halbschattig, warm.
Verwendung: Topf- und Schalenpflanze, Vitrinen. Nicht frosthart.
Vermehrung: Kopfstecklinge im Frühling, jährlich neu vermehren.
Kultur: Einheitserde mit Sandzusatz stets feucht halten, öfters düngen.
Hinweise: Der Pollen wird bei Reife explosionsartig weggeschleudert (Name!) Windbestäubung. Bei hoher Luftfeuchtigkeit und Wärme bestes Wachstum. Befall durch Rote Spinne möglich.
Weitere Art: *P. microphylla,* zierliche Einfassungspflanze, 10–15 cm.

Pilea cardierei		Piper ornatum
0,15–0,2 m		3–4 m
VI–VIII		VI–VIII
Zimmerpflanze		Profi-Glashaus
Warmhaus, Kalthaus		Warmhaus

Piper ornatum
Pfeffer
Piperaceae, Pfeffergewächse

Heimat: Sulawesi. Tropisch.
Wuchsform: Kriechende oder hängend Art, kletternd mit Haftwurzeln.
Blatt: Wechselständig, eiförmig zugespitzt, immergrün, grün mit rosa-weißer Maserung, glänzend, unterseits purpur, 8–10 cm lang.
Blüte: Winzig klein in Ähren, unscheinbar.
Frucht: Steinfrucht.
Standort: Hell bis halbschattig, keine direkte Sonne.
Verwendung: Kletterpflanze an Gerüsten oder höheren Sträuchern im Gewächshaus. Warmhauspflanze.
Vermehrung: Stecklinge ab Frühling in Torf-Sandsubstrat stecken.
Kultur: In Einheitserde mit Sandzusatz, stets warm und feucht halten.
Besonderes: *Piper nigrum* ist der Lieferant des Pfeffers, grünes Laub.
Hinweise: Schöner sind die buntblättrigen Arten.
Ähnliche Art: *P. crocatum* aus Peru wächst zierlicher.

Pittosporum tenuifolium
Dünnblättriger Klebsame
Pittosporaceae, Klebsamengewächse

Heimat: Neuseeland. Subtropisch.
Wuchsform: Dichter aufrecht-ausladender, übergeneigter Strauch. In der Heimat bis 9 m hoch.
Blatt: Wechselständig, elliptisch, immergrün, glänzend 3–7 cm lang.
Blüte: Radiär, 1–1,5 cm, 5-zählig, rot-orangefarben, in endständigen Büscheln.
Frucht: Kapsel mit klebrigen Samen.
Standort: Hell, aber nicht sonnig.
Verwendung: Topfpflanze, in milden Gebieten als Formgehölz verwendet. Im Kalthaus bei mindestens 5 °C überwintern.
Vermehrung: Kopfstecklinge im VIII/IX unter Glas.
Kultur: Humusreiches Substrat mit Sand vermischen, mäßig warm halten.
Sorten: 'Silver Queen', Blätter silbrig, 2–5 m; 'Sunburst', Blätter gelblich, 2–5 m; (Bild: 'Variegatum').
Hinweise: Auf Schildläuse achten.

Pittosporum tenuifolium		Pittosporum tobira
1–2 m	Wuchshöhe	1–1,5 m
III–V	Blütezeit	III–V
Zimmerpflanze	Verwendung	Kübelpflanze
Kalthaus	Überwinterung	Kalthaus

Pittosporum tobira
Klebsame
Pittosporaceae, Klebsamengewächse

Heimat: China, Japan, Korea. Subtropisch.
Wuchsform: Dichter, aufrecht ausladender, übergeneigter Strauch. In der Heimat bis 5 m hoch.
Blatt: Wechselständig, elliptisch, immergrün, glänzend 10–12 cm lang.
Blüte: Radiär, 1,5–2,5 cm, 4- bis 5-zählig, blassgelb, in endständigen Trugdolden
Frucht: Runde Kapsel mit klebrigen, schwarzen Samen.
Standort: Hell, aber nicht sonnig.
Verwendung: Kübelpflanze, in milden Gebieten für Hecken verwendet. Im Kalthaus bei mindestens 5 °C überwintern.
Vermehrung: Kopfstecklinge im VIII/IX unter Glas.
Kultur: Humusreiches Substrat mit Sand vermischen, mäßig warm halten.
Sorten: 'Nanum', nur 60 cm hoch; 'Variegatum', Blätter grünweiß, 1–2 m.
Hinweise: Auf Schildläuse achten.

Platycerium bifurcatum

Geweihfarn

Polypodiaceae, Tüpfelfarn-gewächse

Heimat: Neuguinea, Australien: Queensland. Tropisch.

Wuchsform: Bogig überhängend, epiphytisch an Bäumen wachsend.

Blatt: Grundständig, geweihförmig gefingert, immergrün, graugrün, fertil 40–90 cm lang, an der Basis hellgrüne, später braune Nischenblätter.

Standort: Absonnig, warm, liebt hohe Luftfeuchtigkeit.

Verwendung: Ampelpflanze in Orchideenkörbchen, Epiphytenstamm im Wintergarten.

Vermehrung: Abtrennen von Jungpflanzen oder Aussaat der Sporen.

Kultur: In grober Lauberde und Torf, dazu grobe Rindenstücke, benötigt viel Wärme, Substrat und Luft ständig feucht halten.

Hinweise: Braune Nischenblätter nicht entfernen, diese bilden Humus. Gelegentlich Befall durch Schildläuse möglich.

Platycerium bifurcatum		Pleioblastus variegatus
0,5–1 m	Wuchs	0,3–1,5 m
–	Blüte	VI–VIII
Ampelpflanze	Verwendung	Wintergarten
Warmhaus	Standort	Kalthaus

Pleioblastus variegatus

(Syn.: *Arundinaria variegata*)

Zwergbambus

Poaceae, Rispengrasgewächse

Heimat: Japan. Mediterran, tropisch.

Wuchsform: Dicht buschiger Strauch, Ausläufer bildend, Stämme weiß gestreift.

Blatt: 2-zeilig, lanzettlich, immergrün, dunkelgrün, cremefarbene Streifen, 10–20 cm lang.

Blüte: Unscheinbar, in endständiger Ähre, gelblich. Sehr selten, Pflanze stirbt nach der Blüte ab.

Frucht: Karyopse.

Standort: Sonnig, warm, geschützt, Winterschutz erforderlich.

Verwendung: Wintergärten, Kübelpflanze, warme Plätze im Sommer im Freien. Überwinterung im Kalthaus.

Vermehrung: Abtrennen der bewurzelten Ausläufer, Teilung.

Kultur: In lockeren Gartenböden, benötigt viel Feuchtigkeit.

Hinweise: Stets für hohe Luftfeuchtigkeit sorgen, sonst Laubfall (Bild: *P. viridistriatus*).

Plumbago auriculata
Bleiwurz
Plumbaginaceae, Bleiwurz-gewächse

Heimat: Süd-Afrika. Mediterran, subtropisch.
Wuchsform: Sparrig, bogig überhängend, auch Spreizklimmer. In milden Lagen bis 4 m hoch und breit wachsend.
Blatt: Wechselständig, elliptisch, immergrün, hellgrün, 5–6 cm lang.
Blüte: Radiär, scheibenförmige Röhrenblüte, 2 cm, hellblau, in Ähren.
Frucht: Nuss.
Standort: Hell und sonnig, warm.
Verwendung: Zimmerpflanze, im Sommer Kübelpflanze im Freien. Überwinterung im Kalthaus.
Vermehrung: Kopfstecklinge im Sommer in Torf-Sandgemisch stecken.
Kultur: Einheitserde mit Sand vermischen, mäßig gießen und düngen.
Sorte: 'Alba', weiße Blüten.
Hinweise: Im Herbst scharf zurückschneiden. Verträgt Hitze und Trockenheit, ist aber frostempfindlich.

1–2 m		1–2 m
V–X		VI–XI
Kübelpflanze		Zimmerpflanze
Kalthaus		Warmhaus

Plumbago indica
Indischer Bleiwurz
Plumbaginaceae, Bleiwurz-gewächse

Heimat: Indien, Südost-Asien. Tropsich, subtropisch.
Wuchsform: Sparrig, bogig überhängend, auch Spreizklimmer.
Blatt: Wechselständig, elliptisch, immergrün, hellgrün, 6–10 cm lang.
Blüte: Radiär, scheibenförmige Röhrenblüte, 2 cm, rot, in Ähren.
Frucht: Nuss.
Standort: Hell und sonnig, warm und feucht.
Verwendung: Empfindliche Zimmerpflanze, benötigt mehr Wärme und Feuchtigkeit. Überwinterung im Warmhaus.
Vermehrung: Kopfstecklinge im Sommer in Torf-Sandgemisch stecken.
Kultur: Einheitserde mit Sand vermischen, mäßig gießen und düngen.
Hinweise: Im Herbst stark zurückschneiden. Selten zu sehende Art, für botanische Sammlungen wichtig.

Podocarpus macrophyllus
Großblättrige Steineibe
Podocarpaceae, Steineibengewächse

Heimat: Südchina, Südjapan. Subtropisch.
Wuchsform: Dichter, aufrechter Strauch, nicht frosthartes Nadelgehölz. In der Heimat bis 15 m hoch wachsend.
Blatt: Schraubig, nadelförmig, immergrün, dunkelgrün, 12–18 cm lang.
Blüte: Unscheinbar, zweihäusig, gelb. In Kultur bei uns nicht zu sehen.
Frucht: Beerenartige Steinfrucht mit schwarzem Arillus.
Standort: Hell bis halbschattig, im Sommer auch im Freien.
Verwendung: Kübelpflanze, im Winter ins Kalthaus bringen. Kann leichte Fröste vertragen.
Vermehrung: Stecklinge im Sommer.
Kultur: Einheitserde, stets mäßig feucht halten, im Winter trockener.
Hinweise: Steineiben kommen nur auf der Südhalbkugel vor.

Pogonatherum paniceum
Zimmerbambus, Katzengras
Poaceae, Rispengrasgewächse

Heimat: Nordost-Australien, Südost-Asien. Tropisch, subtropisch.
Wuchsform: Dicht buschiges, aufrechtes Gras.
Blatt: Wechselständig, linealisch, immergrün, 4–7 cm lang.
Blüte: Unscheinbar, gelblich, in Ähren, selten.
Frucht: Karyopse.
Standort: Hell, sonnig, warm.
Verwendung: Zierliche Topfpflanze für das Fensterbrett, Wintergarten.
Vermehrung: Teilung im Frühling.
Kultur: Einheitserde mäßig feucht halten, im Frühling umtopfen. Nicht austrocknen lassen. Alle 3 Wochen leichte Düngergaben ins Gießwasser geben.

1–2 m		*0,2–0,4 m*
keine Angaben		*VI–VIII*
Kübelpflanze		*Zimmerpflanze*
Kalthaus		*Warmhaus*

Polyscias scutellaria

(Syn.: *Polyscias balfouriana*)
Fiederaralie
Araliaceae, Araliengewächse

Heimat: Neukaledonien. Tropisch.

Wuchsform: Sparrig, locker, oft mehrstämmiger Strauch. In der Heimat bis 5 m hoch.

Blatt: Wechselständig, rundlich, immergrün, glänzend, 6–12 cm lang und breit.

Blüte: Radiär, klein, weiß, in bis 60 cm langen Rispen

Frucht: Beere.

Standort: Halbschattig, keine direkte Sonne, aber warm.

Verwendung: Zimmerpflanze, in der Heimat als Heckengehölz. Warm und etwas trockener überwintern.

Vermehrung: Aussaat im Frühling, Stecklinge im Sommer.

Kultur: Humusreiches Substrat wie Einheitserde, stets feucht halten.

Sorte: 'Pennockii', Blatt mit weißen Adern (Bild).

Hinweise: Auf Schildäuse achten.

Polystichum falcatum

(Syn.: *Cyrtomium falcatum*)
Schildfarn
Dryopteridaceae, Wurmfarngewächse

Heimat: Indien, China, Japan, Malaiischer Archipel, auch Süd-Afrika. Tropisch.

Wuchsform: Aufrecht-übergeneigter, horstbildender Farn.

Blatt: Grundständig, einfach gefiedert, immergrün, lederig derb, glänzend dunkelgrün, 0,7–1 m lang.

Standort: Schattig, keine direkte Sonne.

Verwendung: Wintergärten, Kalthauspflanze, im Winter bei 10–15 °C halten.

Vermehrung: Teilung der Rhizomwurzeln im Frühling, auch Sporenaussaat möglich.

Kultur: Humoses Torfsubstrat, auch Einheitserde, stets feucht halten. Im Sommer alle 3–4 Wochen düngen.

Hinweise: Hohe Luftfeuchtigkeit ist ideal.

Polyscias scutellaria		Polystichum falcatum
1–2 m		*0,7–1 m*
VII–VIII		–
Zimmerpflanze		*Wintergarten*
Warmhaus		*Kalthaus*

Portulacaria afra
Speckbaum
Portulacaceae, Portulakgewächse

Heimat: Süd-Afrika. Subtropisch.
Wuchsform: Aufrechte, sparrige, strauchförmige Sukkulente. In der Heimat bis 4 m hoch wachsend.
Blatt: Gegenständig, oval, immergrün, fleischig, 1–2 cm lang.
Blüte: Radiär, 5 mm, hellrosa, wenig auffällig, in Rispen.
Frucht: Kapsel.
Standort: Vollsonnig.
Verwendung: Robuste Topfpflanze für das Zimmer, sommers im Freien.
Vermehrung: Stecklinge im Frühling, Schnittstellen einige Wochen abtrocknen lassen.
Kultur: In Lehm-Sand-Substrat, humusarm, wenig gießen.
Besonderes: In Afrika Futterpflanze für Elefanten, auch Heckenpflanze.
Hinweise: Rückschnitt im Frühling möglich, anspruchslos.
Weitere Art: *P. pygmaea,* 10 cm hohe Zwergart mit Caudexbildung (Bild).

Portulacaria afra	Primula malacoides
1–2 m	0,15–0,25/ 0,25–0,4 m
VI–VIII	XII–III
Zimmerpflanze	Zimmerpflanze
Kalthaus	Kalthaus

Primula malacoides
Flieder-Primel, Braut-Primel
Primulaceae, Primelgewächse

Heimat: Südwestchina. Subtropisch.
Wuchsform: Rosette mit aufrechtem Blütenstand.
Blatt: Grundständig, verkehrt eiförmig, beidseitig behaart, hellgrün, 4–7 cm lang.
Blüte: Radiär, 1,5–2 cm, 5-zählig, weiß, rosa, rot, in Quirlen über dem Laub, reichblühend.
Frucht: Kapsel.
Standort: Hell, aber kühl.
Verwendung: Reichblühende Zimmerpflanze.
Vermehrung: Aussaat im VI–VII, feine Samen nicht abdecken. Keimdauer 20–30 Tage.
Kultur: Einheitserde P mit wenig Nährstoffen, stets feucht halten, Keimtemperatur um 16 °C, pikieren und kühl bei 10 °C überwintern. Keine Düngung erforderlich.
Sorte: Viele Sorten in zarten Farbtönen, ‘Helena Karmin’, karminrot.
Hinweise: Blütenflor hält etwa 6 Wochen, auf Blattläuse achten.

Primula obconica
Becher-Primel
Primulaceae, Primelgewächse

Heimat: China. Subtropisch.
Wuchsform: Rosette mit aufrechtem Blütenstand, kurzlebige, krautige Art.
Blatt: Grundständig, rund-herzförmig, beidseitig behaart, Rand gewellt, hellgrün, 6–10 cm lang, Blattstiel 20–30 cm lang. Allergieauslösende Pflanze.
Blüte: Radiär, 3–5 cm, 5-zählig, weiß, rosa, rot, in endständigen Dolden reichblühend.
Frucht: Kapsel.
Standort: Hell, aber kühl.
Verwendung: Zimmerpflanze für Töpfe und Schalen. Im Sommer nie über 20 °C.
Vermehrung: Aussaat im VII–VIII, feine Samen nicht abdecken. Keimdauer 20 Tage, Keimtemperatur um 16 °C, pikieren, kühl , überwintern.
Kultur: Einheitserde P mit wenig Nährstoffen, stets feucht halten.
Sorte: Priminarme Sorten wählen, z. B. 'Mayers Nonprimina Bayernblut', karminrot. Weitere Sorte: 'Königssee', dunkelblau.
Hinweise: Auf Blattläuse achten.

Primula obconica		Primula vulgaris
0,15–0,3 m		*0,05–0,1 m*
I–XII		*III–IV*
Zimmerpflanze		*Zimmer- und Beetpflanze*
Kalthaus		–

Primula vulgaris
Kissen-Primel
Primulaceae, Schlüsselblumengewächse

Heimat: Europa, Kaukasus. Gemäßigt.
Wuchsform: Lockerhorstige Rosette mit aufrechtem Blütenstand.
Blatt: Grundständig, spatelig, am Rand gezähnt, grün, 10–12 cm lang.
Blüte: Radiär, trichterförmig, 3–4 cm, 5-zählig, weiß, rosa, rot.
Frucht: Kugelige Kapsel in bleichen Hüllblättern.
Standort: Hell und kühl, Halbschatten.
Verwendung: Zimmerpflanze, Schalen, Friedhof, Balkon.
Vermehrung: Teilung, Aussaat im Vorfrühling.
Kultur: In humosem Substrat, Einheitserde P, stets feucht halten.
Hinweise: Nach der Blüte in den Garten verpflanzen. Durch Züchtung entstanden großblütige Hybriden in vielen Farbtönen, die im Spätherbst angeboten werden; auf Blattläuse achten.

Psidium guajava
Guave
Myrtaceae, Myrtengewächse

Heimat: Amerika. Subtropisch, tropisch.
Wuchsform: Aufrechter Kleinbaum oder Strauch.
Blatt: Gegenständig, immergrün, elliptisch, lederig, unterseits behaart, 15 cm lang.
Blüte: Radiär, weiß, groß, lange Staubfäden, in den Blattachseln.
Frucht: Rundliche Beere, 8 cm groß, grün, später gelb, essbar.
Standort: Sehr sonnig und warm.
Verwendung: Große Kübelpflanze für das Warmhaus. Nicht frosthart.
Vermehrung: Stecklinge im Sommer.
Kultur: In lehmig-humosen, nährstoffreichen Substraten.
Besonderes: Frucht ist wohlschmeckend und vitaminreich, rosa Fruchtfleisch. Wird in subtropischen Ländern auch zu Fruchtsaft verarbeitet.
Hinweise: In vielen Tropenländern eingebürgert.
Ähnliche Art: *P. littorale* var. *longipes*, Erdbeerguave, gelbe, essbare Früchte, 6 m.

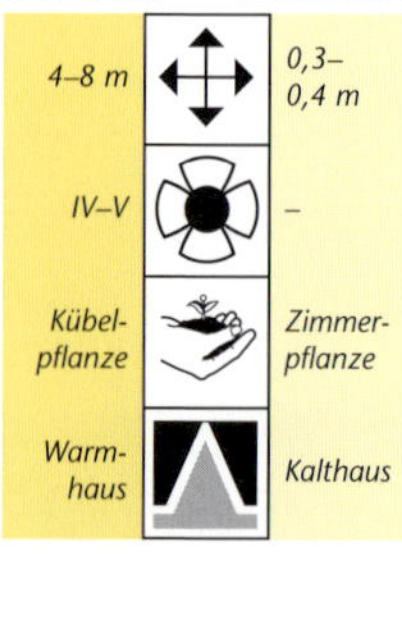

Pteris cretica
Kretischer Saumfarn
Pteridaceae, Saumfarngewächse

Heimat: Weltweit. Subtropisch, tropisch.
Wuchsform: Aufrechte bis überhängende, horstbildende Staude.
Blatt: Grundständig, immergrün, unpaarig gefiedert, grün, 30 cm lang. Sori an der Unterseite des Blattrandes, saumartig, braun.
Standort: Halbschattig bis schattig bei hoher Luftfeuchtigkeit
Verwendung: Unterwuchs in Vitrinen, Schalenbepflanzung, Bodendecker. Nicht frosthart.
Vermehrung: Sporen keimen bei 20–22 °C auf sterilem Torf.
Kultur: In Einheitserde P bei hoher Luft- und Bodenfeuchtigkeit, im Frühling umpflanzen. Staunässe vermeiden. Verträgt nur schwache Düngergaben.
Sorte: 'Albolineata', weiß gestreift; 'Wimsettii' (Bild), stark gefiedert.
Hinweise: Auf Schild- und Blattläuse achten.
Ähnliche Art: *P. ensiformis*, Saumfarn aus den Tropen Asiens und Australiens.

Punica granatum
Granatapfel
Punicaceae, Granatapfelgewächse

Heimat: Südwest-Asien. Mediterran.
Wuchsform: Dichter, mehrtriebiger, leicht bedornter Strauch oder Kleinbaum.
Blatt: Gegenständig, elliptisch, grün, im Austrieb rotorange, im Herbst gelb, 2–8 cm lang.
Blüte: Radiär, 3–4 cm, rot, fleischiger Kelch, einfach oder gefüllt.
Frucht: Beeren kugelig, rötlichbraune Schale, 5–8 cm groß, sehr saftig und süß, Granatapfel, reift im Winter, Kerne eckig.
Standort: Sonnig und warm.
Verwendung: Kübelpflanze, im Mittelmeergebiet wichtige Obstart. Im Herbst ins Kalthaus bringen.
Vermehrung: Aussaat, Sorten durch Kopfstecklinge bei 25 °C Bodentemperatur.
Kultur: In Einheitserde, benötigt viel Wasser und Nährstoffe.
Sorte: 'Nanum', Zwergform, 70 cm hoch, rot.
Hinweise: Spinnmilben und Schildläuse bei Befall bekämpfen.

Punica granatum		Radermachera sinica
2–7 m		1–1,5 m
V–IX		VI–VIII
Kübelpflanze		Kübelpflanze
Kalthaus		Kalthaus

Radermachera sinica
Zimmeresche
Bignoniaceae, Bignoniengewächse

Heimat: Südostchina. Subtropisch.
Wuchsform: Aufrechter Baum mit etagenförmiger Krone.
Blatt: Gegenständig, elliptisch, doppelt unpaaarig gefiedert, immergrün, glänzend, bis 1 m lang, Einzelblättchen bis 5 cm lang.
Blüte: Disymmetrische Rachenblüte, hellgelb, an langer Rispe bei älteren Pflanzen.
Frucht: Kapsel bis zu 40 cm lang.
Standort: Hell und nicht zu warm, Jungpflanzen schattig kultivieren.
Verwendung: Zimmerpflanze, im Sommer auch in Kübeln auf der Terrasse. Im Winter ins Kalthaus bringen.
Vermehrung: Stecklinge oder aus frischem, eingeführten Samen.
Kultur: Einheitserde stets feucht halten, alle 2 Wochen im Sommer düngen.
Hinweise: Erde nie ganz austrocknen lassen, sonst Laubabwurf.

Rebutia minuscula
Rebutie
Cactaceae, Kakteengewächse

Heimat: Nordargentinien: Salta, Tucuman. Subtropisch, montan.
Wuchsform: Flachkugelige Sukkulente mit vielen Seitensprossen.
Blatt: Umgebildet zu Dornen, 20–30 pro Warze, je 1 cm lang.
Blüte: Radiär, strahlig, 3–4 cm breit, hellrot.
Frucht: Beere.
Standort: Vollsonnig und luftig.
Verwendung: Topfpflanze, besonders gut für Anfänger. Im Winter frostfrei.
Vermehrung: Abtrennen der Seitensprosse, mehrere Tage trocknen lassen, dann eintopfen. Auch Aussaat im Frühling. Sämlinge können schon im ersten Jahr blühen.
Kultur: In durchlässigem Substrat, z. B. Kakteenerde, hell.
Hinweise: Blätter völlig reduziert. Pflanze assimiliert mit dem Spross. Im Herbst einräumen, frostfrei halten, nicht zu warm überwintern.

Rhapis excelsa
Steckenpalme
Arecaceae, Betelpalmengwächse

Heimat: Südchina. Subtropisch.
Wuchsform: Aufrechter, Ausläufer bildender Stamm mit lockerem Schopf. In der Heimat bis 4 m hoch.
Blatt: Schraubig, fächerförmig, tief eingeschnitten, immergrün, glänzend, 25–30 cm breit, grün.
Blüte: Radiär, klein, 3-zählig, mattgelb, selten in Kultur zu sehen.
Standort: Hell, keine direkte Sonne.
Verwendung: Zimmerpflanze, Wintergarten. Kalthauspflanze, kann im Sommer ins Freie.
Vermehrung: Teilung im Frühling, abtrennen der Ausläufer.
Kultur: In Einheitserde, stets warm und feucht, im Winter bei 5–10 °C halten.
Hinweise: Auf Rote Spinne und Schildläuse achten.

Rebutia minuscula	Rhapis excelsa
0,05–0,08 m	1–1,5 m
V–VI	VI–VIII
Fensterbrett	Zimmerpflanze
Kalthaus	Kalthaus

Rhipsalidopsis gaertneri

(Syn.: *Hatiora gaertneri*)
Osterkaktus
Cactaceae, Kakteengewächse

Heimat: Südbrasilien: Minas Gerais. Tropisch.
Wuchsform: Epiphytisch wachsender, aufrecht bis überhängender Blattkaktus.
Blatt: Umgebildet zu kleinen Borsten, Sprossglieder abgerundet, sie übernehmen die Assimilation.
Blüte: Radiär, röhrig, 4–5 cm, kurzkronig, scharlachrot.
Frucht: Beere
Standort: Hell bis halbschattig, 10 °C im Winter.
Verwendung: Reichblühende Zimmerpflanze für Ampeln.
Vermehrung: Sprossglieder nach der Blüte im Mai abtrennen und stecken.
Kultur: Mischung aus grobfaserigem Torf und Einheitserde, gleichmäßig feucht halten, besonders wenn Knospen angesetzt wurden. Im Winter trockener.
Hinweise: Nicht drehen, Gefahr des Knospenabwurfs möglich. Auf Wollläuse achten.
Weitere Art: *R. rosea,* Blüten rosa; Kreuzung *R.* × *graeseri,* rot.

0,3–0,5 m		*0,1 m*
III–V		*XII–I*
Ampelpflanze		*Ampelpflanze*
Warmhaus		*temperiertes Haus*

Rhipsalis baccifera

Korallenkaktus
Cactaceae, Kakteengewächse

Heimat: Afrika, Sri Lanka. Tropisch.
Wuchsform: Epiphytische Sukkulente mit dünnen, überhängenden Trieben. Triebe grün, bis 90 cm lang herabhängend.
Blüte: Radiär, strahlig, 0,5 cm, mattgelb.
Frucht: Beere, rund, weiß.
Standort: Hell und feuchtwarm.
Verwendung: Ampelpflanze, Epiphytenstamm in Vitrinen. Im Winter Ruhezeit einhalten.
Vermehrung: Abtrennen der Seitentriebe, Teilung.
Kultur: In humusreichem Substrat mit Sandzusatz, hohe Luftfeuchtigkeit und Wärme, im Winter kühler. Feucht, aber nicht nass halten.
Hinweise: Auf Schildläuse achten.

Rhododendron simsii
Indische Azalee, Zimmerazalee
Ericaceae, Heidekrautgewächse

Heimat: China, Taiwan. Subtropisch.
Wuchsform: Breit aufrechter, buschiger Strauch. In der Heimat bis 1,8 m hoch.
Blatt: Quirlständig, elliptisch, halbimmergrün, dunkelgrün, 3–5 cm lang.
Blüte: Disymmetrisch, trichterförmig, 5–6 cm, 5-zählig, dunkelrot, Doldentrauben über dem Laub.
Frucht: Kapsel.
Standort: Hell, verträgt aber keine direkte Sonne.
Verwendung: Zimmerpflanze für kühle Räume. Nicht ausreichend frosthart.
Vermehrung: Durch Spezialbetriebe. Kopfstecklinge und Veredelungen (Kopulation).
Kultur: Nur in reinem Weißtorf mit wenig Volldüngerzusatz. Nur mit Regenwasser gießen. Die Hybriden blühen bei Behandlung von XII–III.
Sorten: Sehr zahlreich; 'Ambrosiana', rot; 'Aline', weiß; 'Bertina', rosa.
Hinweise: Nach der Blüte immer Samenstände entfernen. Larven des Dickmaulrüssler und Blattläuse bekämpfen.

Rhoicissus capensis
Kapwein, Sumachwein
Vitaceae, Weingewächse

Heimat: Süd-Afrika. Subtropisch, tropisch.
Wuchsform: Stark wachsender Ranker, bildet knollenförmige Wurzeln aus.
Blatt: Wechselständig, immergrün, herzförmig, unterseits rötlich behaart, glänzend, bis 20 cm lang und breit.
Blüte: Radiär, unscheinbar grünlich, in Rispen.
Blütezeit: Sommer
Frucht: Rote Beere selten in Kultur.
Standort: Hell und warm, im Winter kühler
Verwendung: Für Klettergerüste (Raumteiler) und Ampeln im Zimmer und Wintergarten.
Vermehrung: Stecklinge ab Frühling, bewurzeln bei 20 °C Bodentemperatur.
Kultur: In kräftiger, lehmig-humoser Erde, auch Einheitserde.
Hinweise: Benötigt viel Wasser in der Vegetationszeit, im Winter wenig gießen. Kommt auch mit wenig Licht aus.

Rhododendron simsii		Rhoicissus capensis
0,5–0,8 m		*1–2 m*
V–VI		*VI–VIII*
Zimmerpflanze		*Ampelpflanze*
Kalthaus		*Kalthaus*

Rosa chinensis
China-Rose, Zwerg-Rose
Rosaceae, Rosengewächse

Heimat: China. Mediterran, subtropisch.
Wuchsform: Locker buschiger Halbstrauch.
Blatt: Wechselständig, oval, unpaarig gefiedert, sommergrün, glänzend 3–4 cm lang.
Blüte: Radiär, schalenförmig, 4–5 cm, rosa, in endständigen Trugdolden.
Frucht: Kernfrucht (Hagebutte), eiförmig, 2 cm.
Standort: Hell und sonnig.
Verwendung: Zimmerpflanze, im Sommer besser ins Freie bringen. Nicht ausreichend frosthart.
Vermehrung: Stecklinge mit Bewurzelungshormonen behandeln, auch Vermehrung durch Samen möglich, aber langwierig (Spezialbetriebe).
Kultur: In Einheitserde, Substrat stets feucht halten, im Winter trockener.
Sorte: 'Viridiflora', Grüne Rose, grün gefüllte Blüten, bis 80 cm, für Liebhaber. Für Topfkultur: 'Muttertag', rot gefüllt, 40 cm; 'Vatertag', orangerot, halb gefüllt, 40 cm.
Hinweise: Veredelung durch Okulation im Sommer. Auf Mehltau, Läuse und Rote Spinne achten.

Russelia equisetiformis
Russelia
Scrophulariaceae, Rachenblütler

Heimat: Mexiko, Peru, Kolumbien. Subtropisch.
Wuchsform: Lockere, stark überhängende rutenförmige Triebe.
Blatt: Quirlständig, schuppenförmig, sehr klein, immergrün.
Blüte: Disymmetrisch, röhrenförmig, 2–3 cm, leuchtend rot, in Trauben.
Frucht: Kapsel.
Standort: Vollsonnig bis halbschattig, warm und geschützt.
Verwendung: Ampelpflanze, reichblühende Kübelpflanze.
Vermehrung: Stecklinge, mehrere in Töpfe stecken.
Kultur: In lehmig-humosem Substrat oder Einheitserde, ständig feucht halten.
Hinweise: Pflanze erhöht aufstellen, sehr reichblühend. Blüten erscheinen an jungen Trieben (Bild: 'Albiflora').

0,2–0,3 m		0,7–1 m
VI–IX		V–X
Zimmerpflanze		Ampelpflanze
Kalthaus		Kalthaus

Saintpaulia ionantha
Usambaraveilchen
Gesneriaceae, Gesneriengewächse

Heimat: Tansania. Tropisch.
Wuchsform: Krautige Rosettenpflanze.
Blatt: Grundständig, rundlich, gestielt, immergrün, samtig weich behaart, dunkelgrün. Unterseite heller, auch rötlich, 5–8 cm lang.
Blüte: Disymmetrisch, tellerförmig, 2–3 cm, blau, in Trugdolden über dem Laub.
Frucht: Kapsel.
Standort: Schattig.
Verwendung: Zimmerpflanze für schattige Fensterpartien, Schalen, Wintergärten.
Vermehrung: Blattstecklinge in sandig-humosem Substrat bewurzeln lassen.
Kultur: In Einheitserde oder TKS 2, stets feucht halten, hohe Luftfeuchtigkeit. Verträgt keine Staunässe, auch keine Wassergaben von oben (Flecken).
Sorte: Viele Farbsorten mit größeren, auch gefüllten Blüten in Weiß, Rosa, Lila, Rot, Blau. Auch Miniformen.
Hinweise: Befall durch Woll- und Blattläuse, sowie Weichhautmilben möglich.

Saintpaulia ionantha		Sansevieria trifasciata
0,1/ 0,15 m		*0,4-1 m*
I–XII		*V–VI*
Zimmerpflanze		*Zimmerpflanze*
temperiertes Haus		*temperiertes Haus*

Sansevieria trifasciata
Bogenhanf
Dracaenaceae, Drachenbaumgewächse

Heimat: West-Afrika. Tropisch.
Wuchsform: Rhizombildende, aufrechte Blattsukkulente.
Blatt: Grundständig, schwertförmig, ledrig, hellgrün 0,4–1 m lang, 3–8 cm breit.
Blüte: Radiär, glockig, 2 cm, grünlichweiß, duftend, in langen Trauben. Nur bei älteren Pflanzen.
Frucht: Beere.
Standort: Vollsonnig, warm und trocken.
Verwendung: Widerstandsfähige Zimmerpflanze, Sukkulentensammlungen. Nicht unter 15 °C überwintern.
Vermehrung: Teilung der Rhizome, auch Blattstückteilung bei grünen Formen möglich.
Kultur: Sandig-humoses Substrat, wenig Wasser und Dünger geben.
Sorten: 'Laurentii' (Bild), gelbgrüne Längsstreifen, 80 cm; 'Golden Hahnii', gelbgrüne Rosette, nur 30 cm hoch; 'Hahnii', grünrosettig, 30 cm.
Hinweise: Korkflecken und Wurzelfäulnis entstehen durch Gießen.

Sarracenia flava
Schlauchpflanze
Sarraceniaceae, Schlauchpflanzengewächse

Heimat: Östliche USA. Subtropisch.
Wuchsform: Aufrechte Schläuche aus dem kriechenden Wurzelstock.
Blatt: Grundständig, schlauchartige Fangblätter mit Deckel, grün mit roten Adern, 40–70 cm lang.
Blüte: Radiär, lampionartig, 6–8 cm breit, gelb, lang gestielt.
Frucht: Kapsel.
Standort: Hell bis sonnig, aber feucht bis nass.
Verwendung: Topfpflanze, besser in speziellen Vitrinen für Karnivoren. Im Winter 0–12 °C, Kalthauspflanze.
Vermehrung: Teilung im Frühling.
Kultur: In Sphagnum mit Lehm- und Sandzusatz. Feucht und kühl halten.
Hinweise: Kommt in der Heimat in Mooren vor. Fängt Insekten im Schlauch, der Drüsensäfte enthält. Auf Grauschimmel achten.

Saxifraga stolonifera
Hängender Steinbrech, Judenbart
Saxifragaceae, Steinbrechgewächse

Heimat: China, Japan. Subtropisch.
Wuchsform: Ausläuferbildende Staude. Herabhängende Triebe.
Blatt: Schraubig, nierenförmig, lang gestielt, behaart, grün, unterseits violettrot, 4–8 cm.
Blüte: Disymmetrisch, 2 cm, weiß, mit verschieden langen Blütenblättern, an langen Rispen.
Frucht: Kapsel 2-klappig.
Standort: Halbschattig, kühl und luftig.
Verwendung: Bodendecker, besser als Ampelpflanze. Nicht ausreichend frosthart. Im Sommer auch im Freien.
Vermehrung: Abtrennen der Ausläufer, ganzjährig möglich.
Kultur: In Einheitserde, nicht austrocknen lassen, keine Staunässe.
Sorte: 'Tricolor', weißer Blattrand, also 3-farbig, braucht mehr Wärme.
Hinweise: An den fadenförmigen Ausläufern bilden sich junge Pflänzchen. Blattläuse bei Bedarf entfernen.

Sarracenia flava		Saxifraga stolonifera
0,4–0,7 m		*0,2–0,4 m*
V–VII		*V–VIII*
Hobby-Glashaus, Vitrine		*Ampelpflanze*
Kalthaus		*Kalthaus*

Scadoxus multiflorus subsp. katherinae

(Syn.: *Haemanthus katherinae*)
Blutblume
Amaryllidaceae, Amaryllisgewächse

Heimat: Süd-Afrika. Subtropisch.
Wuchsform: Aufrechte, lockere Zwiebelpflanze.
Blatt: 2-zeilig, lanzettlich, glänzend, 35–45 cm lang, 10 cm breit.
Blüte: Radiär, sternförmig, 2–3 cm, 6-zählig, orangerot, in bis 20 cm großer Dolde über dem Laub.
Frucht: Beere, orangerot.
Standort: Hell, aber nicht vollsonnig.
Verwendung: Zimmerpflanze mit hohem Platzbedarf, Wintergärten. Ruhezeit erforderlich. Nicht frosthart.
Vermehrung: Teilung der Zwiebelhorste im Frühling.
Kultur: In Einheitserde mit Sandzusatz, braucht viel Wärme und mäßig Wasser.
Sorte: 'König Albert', ähnlich.
Hinweise: Im Winter Laub einziehen lassen. Alle 2–3 Jahre im Frühling umtopfen.

0,4–0,5/ 0,5–0,6 m		*1–2 m*
VII–VIII (II)		*VII–VIII*
Zimmerpflanze		*Zimmerpflanze*
Kalthaus		*Warmhaus*

Schefflera actinophylla

(Syn.: *Brassaia actinophylla*)
Bergaralie
Araliaceae, Araliengewächse

Heimat: Neuguinea, Nordost-Australien. Tropisch.
Wuchsform: Aufrechter, sparriger, etagenförmig wachsender Strauch oder Baum. In der Heimat bis 40 m hoch.
Blatt: Wechselständig, immergrün, handförmig, 3- bis 7-, später 16fach gefingert, glänzend, 15–30 cm groß.
Blüte: Radiär, sternförmig, 1 cm, weißgelb, in bis 10 cm langen Rispen, selten!
Frucht: Beere, rot.
Standort: Hell bis halbschattig, keine direkte Sonne.
Verwendung: Zimmerpflanze, Wintergärten, Innenraumbegrünung. Warmhauspflanze.
Vermehrung: Stecklinge, Aussaat ganzjährig, Keimzeit 2–3 Wochen bei 22 °C.
Kultur: In Einheitserde, mäßig feucht halten, alle 2 Wochen düngen, alle Jahre umtopfen.
Hinweise: Liebt hohe Luftfeuchtigkeit. Auf Schildläuse achten.

Schefflera arboricola
Strahlenaralie
Araliaceae, Araliengewächse

Heimat: Taiwan. Tropisch.
Wuchsform: Aufrechter, sparriger, etagenförmig wachsender Strauch oder Baum. In der Heimat bis 40 m hoch.
Blatt: Wechselständig, immergrün, handförmig, 9- bis 15-zählig gefingert, glänzend, 15–25 cm groß, Einzelblatt bis 13 cm lang.
Blüte: Radiär, sternförmig, 1 cm, grüngelb, in Rispen, selten.
Frucht: Beere, rot.
Standort: Hell bis halbschattig, keine direkte Sonne. Warmhauspflanze
Verwendung: Zimmerpflanze, Wintergärten, Innenraumbegrünung.
Vermehrung: Stecklinge, Aussaat ganzjährig, Keimzeit 2–3 Wochen bei 22 °C
Kultur: In Einheitserde, mäßig feucht halten, alle 2 Wochen düngen, alle Jahre umtopfen.
Sorte: 'Trinette', Blätter gelbgrün, 1–2 m, wächst schwächer (Bild).
Hinweise: Liebt hohe Luftfeuchtigkeit. Auf Schildläuse achten.

1–2 m		*1–2 m*
VII–VIII		*VII–VIII*
Zimmerpflanze		*Zimmerpflanze*
Warmhaus		*Warmhaus*

Schefflera elegantissima
(Syn.: *Dizygotheca elegantissima*)
Fingeraralie
Araliaceae, Araliengewächse

Heimat: Neukaledonien. Tropisch.
Wuchsform: Aufrechter, sparriger, etagenförmig wachsender, oft mehrstämmiger Strauch. In der Heimat bis 8 m hoch.
Blatt: Wechselständig, immergrün, handförmig, 7- bis 11-zählig gefingert, feingeschlitzt, olivgrün mit rotem Mittelnerv, 15–30 cm groß.
Blüte: Radiär, sternförmig, 1 cm, weißgelb, in Rispen, in Kultur selten.
Frucht: Beere, rot.
Standort: Hell bis halbschattig, keine direkte Sonne, hohe Luftfeuchtigkeit.
Verwendung: Zimmerpflanze, Wintergärten, Vitrinen, Hydrokultur. Im Winter nicht unter 18 °C halten.
Vermehrung: Stecklinge, Aussaat, Keimzeit 3–4 Wochen bei 22 °C, Spezialbetriebe.
Kultur: In Einheitserde, mäßig feucht halten, alle 2 Wochen düngen, kalkfreies Gießwasser.
Hinweise: Auf Schildläuse und Spinnmilben achten.

Schinus molle
Peruanischer Pfefferbaum
Anacardiaceae, Sumachgewächse

Heimat: Mittel- und Südamerika. Tropisch.
Wuchsform: Aufrechter Baum mit lockerer Krone und stark überhängenden Zweigen.
Blatt: Wechselständig, immergrün, eiförmig, aber unpaarig gefiedert, 15–20 cm lang, Einzelblättchen lanzettlich, glänzend hellgrün 3–4 cm lang.
Blüte: Radiär, sternförmig, 4–5 mm, hellgelb, in bis 15 cm langen Rispen.
Frucht: Beerenartige Steinfrucht, hellrot, 5 mm groß, kugelig.
Standort: Hell, sonnig, benötigt viel Wärme, im Winter im Kalthaus.
Verwendung: Mächtige Kübelpflanze, in warmen Ländern als Straßenbaum. Vor den ersten Frösten ins Kalthaus bringen.
Vermehrung: Kopfstecklinge bei 25 °C bewurzeln lassen, Aussaat möglich.
Kultur: In mit Sand vergemagerte Einheitserde, mäßig feucht halten. Blätter dürfen nicht abfallen.
Hinweise: Schildlausbefall möglich.

Schinus molle		Schlumbergera × buckleyi
6–10 m		0,15–0,3 m
IV–V		XII–II
Kübelpflanze		Topfpflanze
Kalthaus		temperiertes Haus

Schlumbergera × buckleyi
Weihnachtskaktus
Cactaceae, Kakteengewächse

Heimat: Züchtung (*S. russelliana* × *S. truncata*), die Eltern aus Brasilien. Tropisch.
Wuchsform: Erst aufrechte, dann überhängende Sukkulente. Triebe mit blattartigen Sprossgliedern, gezähnt, 5–6 cm lang, dunkelgrün.
Blüte: Disymmetrisch, langröhrig, 5–6 cm, hellrot.
Frucht: Runde Beere.
Standort: Halbschattig, Temperaturen stets 17–20 °C, nachts 10–13 °C
Verwendung: Reichblühende Topfpflanze für kühle Räume.
Vermehrung: Abtrennen der Blattglieder im Frühling.
Kultur: In humosen Torfsubstraten, kalkfreies Wasser verwenden, alle 4 Wochen düngen. Verträgt keine Staunässe. Die Blüten erscheinen nur, wenn die Pflanze von September an 3 Monate lang kühl und trockener gehalten wird und täglich nur 8–9 Stunden Licht erhält. Nach der Knospenbildung etwas Wasser geben.
Hinweise: Wollläuse bekämpfen.

Scindapsus pictus
Herzblatt
Araceae, Aronstabgewächse

Heimat: Malaysia. Tropisch.

Wuchsform: Kriechende, kletternde oder hängende Kletterpflanze mit Haftwurzeln.

Blatt: Wechselständig, immergrün, herzfömig, dunkelgrün mit bläulichen Punkten, 10–15 cm lang, 5–8 cm breit. Altersform der Blätter geschlitzt, bis 60 cm lang.

Blüte: Kolben mit hellgrüner Spatha, sehr selten zu beobachten.

Frucht: Kolben mit Beeren, in Kultur selten.

Standort: Halbschattig, keine direkte Sonne.

Verwendung: Kletterpflanze an Gerüsten, z. B. Moosstab, Ampelpflanze. Warmhauspflanze.

Vermehrung: Stecklinge von IV–X bei 25 °C und hoher Luftfeuchtigkeit.

Kultur: In TKS oder Einheitserde, stets mäßig feucht halten, alle 2 Wochen düngen.

Sorte: 'Argyraeus', Buntes Herzblatt, grün mit silbernen Flecken.

Hinweise: Schildläuse bei Bedarf bekämpfen.

Scindapsus pictus		Scirpus cernuus
0,6–2 m		0,2–0,25 m
keine Angaben		VI–VIII
Ampelpflanze		Ampelpflanze
Warmhaus		Warmhaus

Scirpus cernuus
Frauenhaar
Cyperaceae, Riedgräser

Heimat: Weltweit. Tropisch, subtropisch, mediterran.

Wuchsform: Aufrechtes, später bogig überhängendes, zierliches Gras in Horsten.

Blatt: Immergrüne, fadendünne Halme, hellgrün, rund, 20–30 cm lang.

Blüte: Unscheinbare Ährchen am Ende der Halme, weißlich.

Frucht: Nüsschen

Standort: Halbschattig, stets feucht

Verwendung: Sumpfpflanze für Vitrinen, Hängepflanze für Ampeln

Vermehrung: Teilung der Horste im Frühling

Kultur: In Einheitserde mit Sandzusatz, stets warm und feucht halten. Im Untersetzer sollte immer Wasser stehen.

Hinweise: Verträgt auf Dauer keine trockene Luft. Auf Blattläuse achten.

Sedum morganianum

Affenschwanz, Ampel-Fetthenne
Crassulaceae, Dickblattgewächse

Heimat: Mexiko. Subtropisch.
Wuchsform: Vieltriebige, kriechende oder bis 0,9 m hängende Sukkulente.
Blatt: Gegenständig, stielrund, sukkulent, immergrün, grau 1–1,5 cm lang.
Blüte: Radiär, sternförmig, 5–8 mm, 5-zählig, rosarot.
Frucht: Sammelbalgfrucht.
Standort: Hell bis vollsonnig, warm.
Verwendung: Ampelpflanze für Zimmer, Wintergärten, Sukkulentenhäuser. Frostfrei halten.
Vermehrung: Ganzjährig durch Abtrennen der Triebe und Blättchen. Triebe und Blättchen nach dem Abtrennen einige Tage trocknen lassen.
Kultur: In Kakteenerde, im Sommer mäßig feucht halten, im Winter trockener.
Hinweise: Verträgt viel Sonne und Trockenheit. Viele andere *Sedum*-Arten sind dankbare, frostharte Bodendecker für trockenste Lagen.

0,10 m		*0,15–0,2 m*
VIII–IX		*–*
Ampelpflanze		*Wintergarten*
Kalthaus		*Warmhaus, Kalthaus*

Selaginella kraussiana

Moosfarn, Mooskraut
Selaginellaceae, Mooskrautgewächse

Heimat: Süd-Afrika, naturalisiert in Süd- und West-Europa, Azoren. Tropisch.
Wuchsform: Aufrechte, mattenbildende Kriechpflanze.
Blatt: Unregelmäßig verzweigt, immergrün, schuppenförmig.
Standort: Schattig und kühl.
Verwendung: Als Mattenbildner unter Gehölzen im Wintergarten, Kalt- und Warmhausgewächs, für Vitrinen. Nicht frosthart.
Vermehrung: Teilung der Wurzelausläufer, bei viel Wärme und Feuchtigkeit halten. Vermehrt sich auch generativ durch Sporen.
Kultur: In sandig-humosem Substrat, auch Einheitserde mit Sandzusatz, auf hohe Luftfeuchtigkeit achten.
Hinweise: Kalkhaltiges Wasser vermeiden, nicht von oben gießen.
Weitere Art: *S. lepidophylla,* Rose von Jericho aus Mittelamerika, 10 cm braune Kugel (Wüstenroller) öffnet sich, ergrünt, wenn man sie befeuchtet, bildet dann neue Wurzeln.

Selenicereus grandiflorus
Königin der Nacht
Cactaceae, Kakteengewächse

Heimat: Ostmexiko, Kuba, Hispaniola, Jamaika. Tropisch.

Wuchsform: Mit Luftwurzeln an langen, dünnen Trieben kletternde Sukkulente. Triebe immergrün, 2–3 cm dick, 5- bis 7-rippig, bläulich grün.

Blatt: Umgebildet zu gelblichen Dornen.

Blüte: Radiär, becherförmig, 25–30 cm, weiß, mit gelblichen Hüllblättern, öffnet sich am Abend, Vollblüte um Mitternacht, um 3.00 Uhr schließt sich die Blüte wieder. Starker Duft nach Vanille.

Frucht: Rote Beere, essbar.

Standort: Hell, aber nicht vollsonnig.

Verwendung: Einzeln im großen Topf; im Wintergarten, Kletterhilfe!

Vermehrung: Abtrennen von ausgereiften, 20 cm langen Trieben, 4 Wochen trocknen lassen, dann eintopfen. Samenvermehrung möglich.

Kultur: In sandig-humosem Substrat, stets feucht halten, Luft befeuchten. Benötigt viel Wärme. Im Winter trockener und kühler halten.

Hinweise: Blüten nur an älteren Pflanzen.

1–3 m		*1–3 m*
VII–VIII		*VII–X*
Kübelpflanze		*Kübelpflanze*
Kalthaus		*Kalthaus*

Senna corymbosa
(Syn.: *Cassia corymbosa*)
Kassie
Caesalpiniaceae, Caesalpiniengewächse

Heimat: Argentinien, Südbrasilien, Uruguay. Subtropisch, tropisch.

Wuchsform: Breit aufrechter Strauch.

Blatt: Wechselständig, elliptisch, paarig gefiedert, immergrün, glänzend, 15–35 cm lang, Einzelblatt lanzettlich, 2–4 cm lang.

Blüte: Disymmetrisch, kelchförmig, 2–3 cm breit, 5-zählig, goldgelb, in achselständigen Doldentrauben.

Frucht: Hülse, länglich.

Standort: Sonnig und warm.

Verwendung: Topf- und Kübelpflanze für Wintergärten, im Sommer auch im Freien. Kalthauspflanze. Nicht frosthart.

Vermehrung: Aussaat oder Stecklinge im Sommer.

Kultur: In Einheitserde oder lehmig-humose Substrate, stets warm halten.

Weitere Varietät: *S. c.* var. *plurijuga*, größere Blüten.

Hinweise: Auf Blattläuse achten.

Senna didymobotrya
(Syn.: *Cassia didymobotrya*)
Kerzenstrauch
Caesalpiniaceae, Caesalpiniengewächse

Heimat: Afrika. Subtropisch, tropisch.
Wuchsform: Breit aufrechter Strauch.
Blatt: Wechselständig, elliptisch, paarig gefiedert, immergrün, dunkelgrün, filzig behaart, 15–35 cm lang, Einzelblatt lanzettlich, 4–6 cm lang.
Blüte: Disymmetrisch, kelchförmig, 3–4 cm breit, 5-zählig, goldgelb, in endständigen Trauben.
Frucht: Hülse, länglich.
Standort: Sonnig und warm, verträgt keine Fröste.
Verwendung: Topf- und Kübelpflanze für Wintergärten, im Sommer auch im Freien. Kalthauspflanze. Nicht frosthart.
Vermehrung: Aussaat oder Stecklinge im Sommer.
Kultur: In Einheitserde oder lehmig-humose Substrate, stets warm halten.
Hinweise: Reichblühender Strauch für Terrassen. Auf Blattläuse achten.

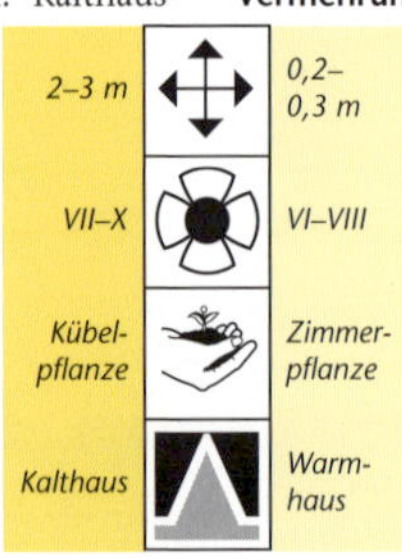

Sinningia speciosa
Gloxinie
Gesneriaceae, Gesneriengewächse

Heimat: Brasilien. Tropisch.
Wuchsform: Buschige, Knollen bildende Rosettenpflanze.
Blatt: Grundständig, sommergrün, eiförmig, 15–20 cm lang, weichhaarig-filzig, grün, unterseits hellgrün.
Blüte: Disymmetrisch, trichterförmig, 4–6 cm, 5-zählig, lila.
Frucht: Kapsel.
Standort: Hell und warm, keine direkte Sonne.
Verwendung: Topfpflanze für das warme Zimmer, Vitrine, Wintergarten.
Vermehrung: Aussaat von X–II, am besten durch Spezialgärtnereien.
Kultur: In Torfsubstrat aus Heide- oder Lauberde, auch Einheitserde. Stets mäßig feucht halten, aber nicht von oben gießen. Mit weichem Wasser gießen.
Sorte: Großblumige Hybriden in vielen Farben: 'Gloriosa Scharlachrot', rot.
Hinweise: Hybriden bilden oft keine Knollen mehr aus, sind kurzlebiger. Blattläuse entfernen.

Solanum pseudocapsicum
Korallenstrauch
Solanaceae, Nachtschattengewächse

Heimat: Madeira. Mediterran, subtropisch, tropisch.
Wuchsform: Aufrechter, sparriger Kleinstrauch.
Blatt: Wechselständig, eiförmig, grün, 4–7 cm lang.
Blüte: Radiär, sternfömig, 1 cm, 5-zählig, weiß.
Frucht: Beere, hellrot, 1,5–2 cm, kugelig, lange haftend.
Standort: Hell, keine Mittagssonne.
Verwendung: Topfpflanze mäßig warme Räume, im Sommer auch im Freien. Nicht frosthart.
Vermehrung: Aussaat im Vorfrühling unter Glas bei hoher Bodenwärme.
Kultur: In Einheitserde, stets feucht halten, also nicht austrocknen lassen.
Sorte: 'Goldball', gelbe Früchte; 'New Patterson', Früchte orangefarben.
Hinweise: Jungpflanzen 2-mal stutzen, auf Blattläuse und Schildläuse achten.

Solanum pseudocapsicum		Soleirolia soleirolii
0,5–0,6 m		*0,03–0,1 m*
X–XII		*VI–VIII*
Zimmerpflanze		*Bodendecker*
Kalthaus		*Warmhaus, Kalthaus*

Soleirolia soleirolii
Bubiköpfchen
Urticaceae, Brennesselgewächse

Heimat: Balearen, Korsika, Sardinien. Mediterran.
Wuchsform: Dichter Mattenbildner, auch hängend.
Blatt: Wechselständig, herz bis nierenförmig, immergrün, hellgrün, 4–6 mm groß.
Blüte: Radiär, sternförmig, 2–3 mm, 4-zählig, unscheinbar weißgrün.
Frucht: Nüsschen.
Standort: Halbschattig, warm.
Verwendung: Bodendecker in Vitrinen, hübsch in Töpfchen.
Vermehrung: Teilung ganzjährig.
Kultur: In Einheitserde, Substrat immer mäßig feucht halten, wenig düngen. Nie ganz austrocknen lassen.
Hinweise: Kommt kurzfristig auch mit kühleren Temperaturen zurecht.

Solenostemon scutellarioides
(Syn.: *Coleus blumei*)
Buntnessel
Lamiaceae, Lippenblütler

Heimat: Philippinen. Tropisch.
Wuchsform: Aufrecht buschiger, horstbildender Halbstrauch.
Blatt: Kreuzgegenständig, herzförmig, immergrün, dunkelrot mit heller Zeichnung 8–15 cm lang.
Blüte: Disymmetrisch, lippenförmig, 1,5–2 cm, blassblau.
Frucht: Nüsschen.
Standort: Hell, aber nicht vollsonnig, erträgt auch Schatten.
Verwendung: Zimmer- und Balkonpflanze, im Sommer auch ausgepflanzt im Garten.
Vermehrung: Kopfstecklinge im Sommer.
Kultur: In humosem Substrat, keine besonderen Ansprüche.
Sorte: 'Britannia', weinrot; 'Heidegruss', gelb-braun-grün.
Hinweise: Der Schmuckwert der Pflanze sind die Blätter. Blattläuse bekämpfen, wenn erforderlich.

0,2–0,4/ 0,3–0,6 m		*2–3 m*
VI–IX		*I–III*
Zimmerpflanze		*Kübelpflanze*
Kalthaus		*Kalthaus*

Sparmannia africana
Zimmerlinde
Tiliaceae, Lindengewächse

Heimat: Süd-Afrika. Mediterran, Subtropisch.
Wuchsform: Breit aufrechter Strauch. In der Heimat bis 6 m hoch.
Blatt: Wechselständig, herzförmig, immergrün, weich behaart, hellgrün 10–35 cm lang.
Blüte: Radiär, 2–3 cm, 4-zählig, weiße Blütenblätter oft nach hinten geschlagen, viele gelbe Staubblätter.
Frucht: Kapsel.
Standort: Hell bis sonnig, aber keine direkte Sonne, luftig.
Verwendung: Helle Zimmer, Treppenhäuser, Büros, im Sommer auch im Freien. Nicht frosthart.
Vermehrung: Stecklinge von Seitentrieben im Sommer.
Kultur: Einheitserde stets feucht, aber nicht nass halten, im Kalthaus überwintern.
Hinweise: Staubblätter spreizen sich bei Berührung auseinander. Triebe im Frühling oder Herbst zurückschneiden.

Spathiphyllum wallisii
Einblatt
Araceae, Aronstabgewächse

Heimat: Kolumbien, Venezuela. Tropisch.

Wuchsform: Aufrechte, horstbildende Staude mit überhängenden Blättern.

Blatt: Grundständig, immergrün, lang gestielt, breit lanzettlich, 10–15 cm lang, dunkelgrün.

Blüte: Winzige Einzelblüten an Kolben, monosymmetrisch, Spatha (Hochblatt) 8–15 cm lang, weiß.

Frucht: Kolbenartig.

Standort: Hell bis schattig, keine direkte Sonne, warm, nicht unter 18 °C.

Verwendung: Anspruchslose Zimmerpflanze für feuchtwarme Räume, Bad. Warmhauspflanze. Im Winter kühler und etwas trockener halten.

Vermehrung: Teilung der Erdsprosse im Frühling. Aussaat möglich.

Kultur: Einheitserde mit Sand vermischen.

Sorte: 'Mauna Loa', weiße, große Spatha.

Hinweise: Auf Blattläuse achten, liebt hohe Luftfeuchtigkeit.

Ähnliche Art: *S. floribundum* aus Kolumbien, grün-weiße Spatha.

0,4–0,6/ 0,5– 0,7 m		*0,2– 0,3 m*
VI–IX		*VIII–X*
Zimmer-pflanze		*Hobby-Glashaus*
Warm-haus		*Kalthaus*

Stapelia grandiflora
Aasblume, Ordensstern
Asclepiadaceae, Schwalbenwurzgewächse

Heimat: Süd-Afrika. Subtropisch.

Wuchsform: Aufrechte, rasenbildende Sukkulente. Triebe 20–30 cm lang, fingerförmig, 4-rippig, grün, übernehmen die Assimilation.

Blüte: Radiär, sternfömig, 15–17 cm, 5-zählig, mattrot mit heller Aderung und weißen Haaren, riecht übel nach Aas.

Frucht: Zugespitzte Balgfrüchte.

Standort: Hell und trocken.

Verwendung: Topfpflanze, für Sukkulentensammlungen. Im Winter kälter und trockener halten.

Vermehrung: Teilung der Horste, abtrennen von Trieben, diese 1 Woche lang trocknen lassen.

Kultur: In durchlässigen, sandigen Lehmböden. Selten gießen wegen Fäulnisgefahr.

Hinweise: Wird von Aasfliegen besucht und bestäubt, die dort ihre Eier ablegen.

Weitere Art: *Orbea variegata,* (Syn.: Stapelia variegata), seesternartige Blüte, gelblich.

Stephanotis floribunda

Kranzschlinge
Asclepiadaceae, Seidenpflanzengewächse

Heimat: Madagaskar. Subtropisch, tropisch.
Wuchsform: Kräftig wachsender Schlinger.
Blatt: Gegenständig, eiförmig, immergrün, dunkelgrün glänzend 7–9 cm lang.
Blüte: Radiär, sternförmig, 2–3 cm lange Röhre, weiß, duftend, in Scheindolden in den Blattachseln.
Frucht: 2-teilige Balgfrucht, selten zu sehen.
Standort: Hell, aber nicht sonnig, warm.
Verwendung: Fensterbrett, Wintergarten.
Vermehrung: Stecklinge im Frühsommer, mit Bewurzelungshormon behandeln.
Kultur: In Einheitserde, diese nicht austrocknen lassen, mit weichem Wasser gießen. Alle 2 Wochen düngen.
Besonderes: Benötigt eine Kletterhilfe (Gerüst, Spalier).
Hinweise: Auf Blattläuse und Spinnmilben achten.

Stephanotis floribunda	Strelitzia reginae
2–5 m	*0,8–1/ 1–1,5 m*
VI–IX	*II–VIII*
Zimmerpflanze	*Kübelpflanze*
Warmhaus	*Warmhaus*

Strelitzia reginae

Paradiesvogelblume
Strelitziaceae, Strelitziengewächse

Heimat: Südafrika: Kap. Subtropisch, mediterran.
Wuchsform: Aufrechte, horstige, mehrjährige Rhizompflanze.
Blatt: Grundständig, langgestielt, blaugrün, bis 30 cm breit und 1 m lang.
Blüte: Zygomorph, 15 cm, himmelblau mit orangefarbenen Hüllblättern, am Ende eines meterlangen Stieles.
Frucht: Kapsel 3-klappig, verholzt, Samen mit Arillus.
Standort: Warme, sonnige Terrassen.
Verwendung: Ganzjährig im Kübel oder ausgepflanzt im Gewächshaus. Überwinterung im Warmhaus. Wichtige Schnittblume.
Vermehrung: Teilung der Rhizome im Frühling. Aussaat möglich, aber langwierig.
Kultur: Einheitserde ED 73 mit Sand, viel Wasser und Dünger im Sommer.
Hinweise: Auf Schildläuse achten.
Weitere Art: *S. nicolai,* Natal-Strelitzie, 6–8 m hoch, Blüten weiß.

Streptocarpus × hybridus
Drehfrucht
Gesneriaceae, Gesneriengewächse

Heimat: Züchtung. Ursprungsarten aus Südafrika. Subtropisch.
Wuchsform: Rosettenbildende Staude mit überhängendem Laub.
Blatt: Grundständig, immergrün, breit lanzettlich, rau behaart, grün, bis 30 cm lang, 10 cm breit.
Blüte: Disymmetrisch, trichterförmig, 3–5 cm breit, blau, weiß, rosa, rot (je nach Sorte), an langen Stielen über dem Laub in Trugdolden.
Frucht: Kapsel.
Standort: Halbschattig bis hell, warm, hohe Luftfeuchtigkeit.
Verwendung: Topfpflanze für helle Räume, Wintergarten, Blumenfenster.
Vermehrung: Aussaat im Winterhalbjahr, Lichtkeimer; Teilung der Blätter entlang der Blattrippe.
Kultur: In humosen Substraten, auch Einheitserde, diese stets feucht halten bei 20–25 °C. Im Winter kühler und trockener halten.
Sorten: 'Aladin', blauviolett; 'Heidi', hellblau; 'Ruby', rot alle 15 cm.

Streptocarpus × hybridus		Syngonium podophyllum
0,2–0,3/ 0,3–0,4 m		1–3 m
IV–IX		keine Angaben
Zimmerpflanze		Ampelpflanze
temperiertes Haus		Warmhaus

Syngonium podophyllum
Eselskopf, Purpurtute
Araceae, Aronstabgewächse

Heimat: Mittelamerika. Tropisch.
Wuchsform: Locker aufrechter, mit Haftwurzeln kletternder Strauch.
Blatt: Wechselständig, immergrün, pfeilförmig, grün, 15–30 cm lang. Im Alter variabel, groß und gefingert.
Blüte: Winzige Blüten an Kolben, monosymmetrisch (Spatha), in Kultur sehr selten.
Frucht: Beeren an kolbenartigem Fruchtstand (sehr selten).
Standort: Hell, aber keine direkte Sonne, stets feucht und warm.
Verwendung: Kletter- oder Ampelpflanze für warme Räume.
Vermehrung: Stecklinge von V–VIII.
Kultur: In humosem Substrat, Einheitserde, bei hoher luft- und Bodenfeuchtigkeit, alle 2 Wochen düngen.
Sorte: 'Green Gold', Laub grün mit weißen Adern.
Hinweise: Schildläuse bei Bedarf entfernen.

Tetrastigma voinierianum
Kastanienwein
Vitaceae, Weinrebengewächse

Heimat: Nordvietnam: Tongking. Tropisch.
Wuchsform: Raschwachsender, verholzender Ranker. Jahrestriebe bis 5 m Länge möglich.
Blatt: Wechselständig, immergrün, handförmig gelappt, 5-teilig, am Rand gezähnt, dunkelgrün 20–30 cm breit.
Blüte: Radiär, klein, grün, 4-teilige Narbe (Name), unscheinbar und selten.
Frucht: Beere sehr selten.
Standort: Hell bis halbschattig, feucht-warm.
Verwendung: Nur für Gewächshäuser oder große Wintergärten an stabilem Gerüst.
Vermehrung: Stecklinge von V–IX, dürfen noch nicht verholzt sein.
Kultur: In lehmig-humosem Substrat, auch Einheitserde ED 73, stets feucht halten, benötigt viel Wasser und Dünger.
Hinweise: Hoher Platzbedarf, schafft rasch eine Dschungelatmosphäre. Im Grundbeet auspflanzen, frei von Schädlingen und Krankheiten.

6–20 m		*2–6 m*
keine Angaben		*VIII–X*
Profi-Glashaus		*Kübel-pflanze*
Warm-haus		*Warm-haus*

Thunbergia grandiflora
Großblütige Thunbergie
Acanthaceae, Akanthusgewächse

Heimat: Indien. Tropisch, subtropisch.
Wuchsform: Wüchsiger, schlingender Kletterstrauch.
Blatt: Kreuzgegenständig, immergrün, eiförmig, 10–20 cm lang, grün.
Blüte: Disymmetrisch, Trichterförmig, 4–7 cm, hellblau mit gelbem Schlund, in leicht hängenden Büscheln.
Frucht: Kapsel.
Standort: Hell, auch vollsonnig, warm.
Verwendung: Kletterpflanze für größere Gefäße im Wintergarten. Warmhauspflanze, frostempfindlich.
Vermehrung: Krautige Stecklinge im Frühsommer stecken.
Kultur: In humosen Substraten bei feuchtwarmer Umgebung. Erde im Winter nicht austrocknen lassen.

Tibouchina urvilleana
Veilchenbaum, Prinzessinnenblume
Melastomataceae, Schwarzmundgewächse

Heimat: Brasilien. Tropisch.
Wuchsform: Breit aufrechter Strauch. In der Heimat bis 8 m hoch wachsend.
Blatt: Gegenständig, eiförmig, behaart, immergrün, grün 9–15 cm lang.
Blüte: Disymmetrisch, schalenförmig, 6–8 cm breit, blauviolett, end- und achselständig.
Frucht: Kapsel.
Standort: Hell, sonnig und luftig, warm.
Verwendung: Für helle Räume, im Sommer als Kübelpflanze im Freien. Nicht frosthart.
Vermehrung: Halbweiche Stecklinge im Frühsommer, liebt hohe Luftfeuchtigkeit.
Kultur: In kalkarmen, humosen Substraten, Einheitserde. Erde auch im Winter nicht austrocknen lassen.
Hinweise: Blüten fallen leicht ab, blüht auch im Winter bei geeignetem Standort.

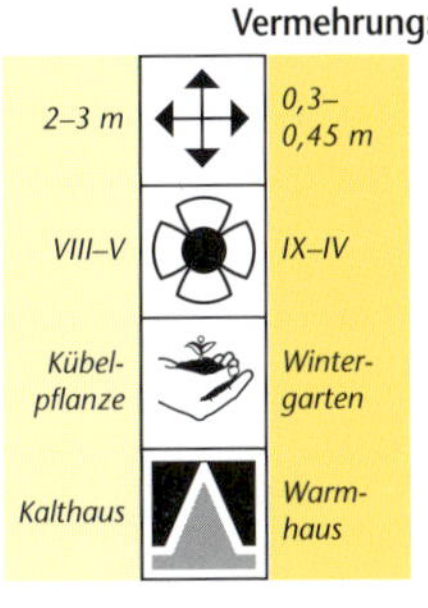

Tillandsia cyanea
Tillandsie, Luftnelke
Bromeliaceae, Ananasgewächse

Heimat: Ekuador. Tropisch.
Wuchsform: Aufrecht bis übergeneigte epiphytische Rosettenpflanze.
Blatt: Schraubig, linealisch, immergrün, 30–35 cm lang.
Blüte: Radiär, 2–3 cm, 3-zählig, dunkelblau, erscheint an schwertförmigem, 2-zeiligen Blütenstand zwischen rötlichen Deckblättern.
Frucht: Kapsel.
Standort: Hell, keine volle Sonne.
Verwendung: Am Epiphytenstamm im Wintergarten oder der Vitrine.
Vermehrung: Kindel von Frühling bis Sommer abnehmen und in Torf-Sandgemisch topfen.
Kultur: In Mischung aus Nadelstreu und Sphagnum, nie austrocknen lassen. Mit kalkfreiem Wasser besprühen.
Hinweise: Braucht höhere Wärme als viele andere Arten. Wasseraufnahme erfolgt durch Schuppenblätter.

Tillandsia usneoides
Louisianamoos
Bromeliaceae, Ananasgewächse

Heimat: Amerika. Tropisch.
Wuchsform: Dichte, 2–3 m lang herabhängende „Bärte" bildende, wurzellose Art.
Blatt: Schraubig, immergrün, nadelförmig, silbergrau beschuppt, 4–5 cm lang.
Blüte: Radiär, 3–5 mm, 3-zählig, mattgelb, völlig unscheinbar.
Frucht: Kapsel.
Standort: Hell und sonnig.
Verwendung: Auf Epiphytenstämmen in Vitrinen und Wintergärten.
Vermehrung: Büschel ganzjährig teilen.
Kultur: Wurzellos, daher auf Drähte oder Stämme hängen, oft mit kalkfreiem Wasser besprühen.
Hinweise: In der Heimat auf Bäumen, Telefondrähten. Nährstoffe und Wasser werden durch Blattschuppen aufgenommen.

Tolmiea menziesii
Lebendblatt, Henne und Küken
Saxifragaceae, Steinbrechgewächse

Heimat: Nordamerika. Gemäßigt.
Wuchsform: Bodendeckende, Ausfläufer bildende Staude.
Blatt: Grundständig, herzförmig, lang gestielt, Rand gezähnt, weich behaart, grün mit gelben Flecken, 6–10 cm lang.
Blüte: Disymmetrisch, glockenförmig, 5 mm, unscheinbar, grün, in Trauben.
Frucht: 2-klappige Kapsel.
Standort: Halbschattig bis schattig.
Verwendung: Ampelpflanze, Bodendecker in Wintergärten und Vitrinen. Fast winterhart.
Vermehrung: Abtrennen der Brutknospen der Blätter, diese einpflanzen.
Kultur: In Einheitserde, stets feucht halten, gelegentlich düngen.
Hinweise: In den Blattbuchten entwickeln sich aus Brutknospen kleine Pflänzchen.

0,1 m		*0,2–0,3 m*
IX–IV		*VI–VII*
Wintergarten		*Bodendecker*
Warmhaus		*Kalthaus*

Trachelospermum jasminoides
Sternjasmin
Apocynaceae, Hundsgiftgewächse

Heimat: China, Japan, Korea. Subtropisch, mediterran.
Wuchsform: Aufrechter oder hängender Schlingstrauch.
Blatt: Gegenständig, eiförmig, immergrün, glänzend dunkelgrün, 5–7 cm lang.
Blüte: Radiär, sternförmig, 1,5–2,5 cm, weiß, in Trugdolden, Duft!
Frucht: Schließfrucht, 2-teilig
Standort: Hell, nicht vollsonnig, warm.
Verwendung: Kletterpflanze für Kübel und Wintergärten, Kalthauspflanze.
Vermehrung: Stecklinge im Frühsommer.
Kultur: In lehmig-humosen Substraten, Erde nicht austrocknen lassen.
Sorte: 'Variegata', weißbuntes Laub, schwächerer Wuchs.
Hinweise: Alle Pflanzenteile führen weißen Milchsaft. Auf Weiße Fliege und Spinnmilben achten.

Trachycarpus fortunei
(Syn.: *Chamaerops fortunei*)
Hanfpalme
Arecaceae, Betelpalmengewächse

Heimat: Myanmar (Birma), China, Südjapan. Mediterran.
Wuchsform: Aufrechter, durchgehender Stamm mit schirmförmigem Schopf.
Blatt: Schraubig, immergrün, handförmig geteilt, dunkelgrün, 50–90 cm breit. Stiele am Rand mit kleinen Dornen.
Blüte: Radiär, sternförmig, klein, 3-zählig, gelb, in über 30 cm langen Rispen.
Frucht: Beere, 1 cm groß, bläulich.
Standort: Sonnig und warm, im Sommer auch im Freien.
Verwendung: Kübelpflanze für die Terrasse, im Winter frostfrei.
Vermehrung: Aussaat bei 25 °C Bodenwärme.
Kultur: In lehmig-humosem Substrat, auch Einheitserde mit Sandzusatz. Gleichmäßige Wasserzufuhr, im Winter nicht austrocknen lassen.
Besonderes: In China macht man aus den Fasern Taue und Matten.
Hinweise: Schildläuse bekämpfen.

Trachelospermum jasminoides		Trachycarpus fortunei
3–6 m		*3–12 m*
V–VII		*V–VI*
Kübelpflanze		*Kübelpflanze*
Kalthaus		*Kalthaus*

Tradescantia fluminensis

(Syn.: *Tradescantia albiflora*)
Dreimasterblume
Commelinaceae, Commelinengewächse

Heimat: Südamerika. Tropisch, subtropisch.
Wuchsform: Kriechende oder bis 0,5 m hängende krautige Pflanze.
Blatt: Wechselständig, eiförmig, immergrün, hellgrün 4–6 cm lang.
Blüte: Radiär, sternförmig, 1 cm, 3-teilig, weiß, in Trugdolden.
Frucht: Kapsel.
Standort: Hell bis absonnig, keine volle Sonne, warm.
Verwendung: Anspruchsloser Bodendecker für Wintergärten, Ampelpflanze.
Vermehrung: Stecklinge ganzjährig, wurzeln problemlos an.
Kultur: In sandig-humosem Substrat, stets feucht halten, im Winter trockener.
Sorte: 'Rochford Silver', weißgrün gestreifte Blätter (Bild).
Hinweise: Auf Rote Spinne achten.

Tradescantia fluminensis		Tradescantia spathacea
0,1–0,2 m		*0,3–0,4 m*
I–XII		*VI–VIII*
Bodendecker		*Wintergarten*
Warmhaus, Kalthaus		*Warmhaus*

Tradescantia spathacea

(Syn.: *Rochea spathacea*)
Dreimasterblume
Commelinaceae, Commelinengewächse

Heimat: Mittelamerika. Tropisch, subtropisch.
Wuchsform: Krautige, rosettenbildende Pflanze mit aufrechten Trieben.
Blatt: Rosettig, lanzettlich, immergrün, dunkelgrün. Unterseite violett, 20–30 cm lang.
Blüte: Radiär, 3-teilig, sternförmig, 1 cm, weiß, erscheint aus muschelfömigen Hochblättern.
Frucht: Kapsel.
Standort: Hell bis absonnig, keine volle Sonne, warm.
Verwendung: Wintergärten, Vitrinen, anspruchslose Topfpflanze für warme Räume.
Vermehrung: Stecklinge wurzeln gut an, auch Selbstaussaat möglich.
Kultur: In sandig-humosem Substrat, stets feucht halten, im Winter trockener.
Sorte: 'Variegata', gelbgrün längsgestreifte Blätter.
Hinweise: Auf Rote Spinne achten.

Tradescantia zebrina
(Syn.: *Zebrina pendula*)
Dreimasterblume
Commelinaceae, Commelinengewächse

Heimat: Mexiko. Tropisch, subtropisch.
Wuchsform: Kriechende oder bis 0,5 m hängende krautige Pflanze.
Blatt: Wechselständig, eiförmig, immergrün, grün mit 2 silbernen Längsstreifen, unterseits rot, 4–8 cm lang.
Blüte: Radiär, 3-teilig, sternförmig, 1 cm, rosa, in Trugdolden.
Frucht: Kapsel.
Standort: Hell bis absonnig, keine volle Sonne, warm.
Verwendung: Anspruchsloser Bodendecker für Wintergärten, Ampelpflanze
Vermehrung: Stecklinge ganzjährig, wurzeln problemlos an.
Kultur: In sandig-humosem Substrat, stets feucht halten, im Winter trockener.
Sorte: 'Quadricolor', 4-farbig.
Hinweise: Jährlich neu heranziehen. Auf Rote Spinne achten.

0,1–0,2 m		0,2–0,35/0,4–0,6 m
I–XII		VIII–XII
Boden decker		Blumen-fenster
Warm-haus		Warm-haus

Vanda coerulea
Blaue Vanda
Orchidaceae, Orchideengewächse

Heimat: Assam, Myanmar (Birma), Thailand. Tropisch.
Wuchsform: Lockere Pflanze ohne Pseudobulben, aber mit Luftwurzeln.
Blatt: 2-zeilig, linealisch, immergrün, 20–35 cm lang.
Blüte: Disymmetrisch, 5–10 cm breit, hellblau, in langen, aufrechten Rispen.
Frucht: Kapsel mit unzähligen feinen Samen.
Standort: Sehr hell, sonnig und warm, hohe Luftfeuchtigkeit erforderlich.
Verwendung: Blumenvitrine, Warmhaus in Lattenkörbchen.
Vermehrung: Abtrennen von bewurzelten Seitensprossen.
Kultur: In luftigem Substrat aus Baumrinde und Farnwurzeln, feucht und warm. Regenwasser oder kalkfreies Wasser zum Gießen und Sprühen verwenden.
Sorte: Viele Hybriden blühen lila oder rosa.
Hinweise: Keine Wachstumsruhe, im Winter Wassergaben reduzieren.

Viburnum tinus
Lorbeer-Schneeball, Laurustinus
Caprifoliaceae, Geißblattgewächse

Heimat: Mittelmeergebiete, Vorderasien. Mediterran, subtropisch.

Wuchsform: Dicht buschiger Strauch. In der Heimat auch bis 7 m hoch.

Blatt: Gegenständig, eiförmig, immergrün, glänzend 3–10 cm.

Blüte: Radiär, röhrenförmig, 5–9 mm groß, weiß, in Trugdolden, 5–10 cm breit, duftend.

Frucht: Beere, eiförmig, dunkelblau, 8 mm groß.

Standort: Hell bis absonnig, luftig, im Sommer auch im Freiland im Kübel.

Verwendung: Kübelpflanze für Wintergärten, Terrassen, Kalthauspflanze. Kann auch tiefere Temperaturen kurzzeitig ertragen, nicht ganz frosthart.

Vermehrung: Grünstecklinge im Mai-Juni schneiden und in Torf-Sand-Substrat stecken.

Kultur: Lehmig-humoses Substrat mit Sand vermagern, nicht austrocknen lassen.

Sorte: 'Dwarf', 1–1,5 m, in allen Teilen kleiner.

Hinweise: Alle 3 Jahre umpflanzen.

Viburnum tinus	Vriesea splendens
2–2,5 m	0,3–0,4/ 0,5–0,7 m
XI–IV	III–V
Kübelpflanzen	Zimmerpflanze
Kalthaus	Warmhaus

Vriesea splendens
Flammendes Schwert
Bromeliaceae, Ananasgewächse

Heimat: Guayana, Venezuela. Tropisch.

Wuchsform: Trichterförmige Rosetten bildender Epiphyt.

Blatt: Schraubig gestellt, immergrün, grün mit roter Zeichnung, 30–60 cm lang.

Blüte: Radiär, röhrenförmig, 2–3 cm lang, gelb, aus schwertförmigem, roten Blütenstand entspringend. Durch spezielle Behandlung auch zu anderen Jahreszeiten.

Frucht: Kapsel.

Standort: Hell, luftig, viel Wärme und hohe Luftfeuchtigkeit.

Verwendung: Zimmerpflanze im Topf, aber auch für den Epiphytenstamm.

Vermehrung: Abtrennen der Kindel in Frühling, bei 25 °C Bodentemperatur bewurzeln lassen.

Kultur: Einheitserde mit Styromull und Sphagnum vermischen, warm und feucht. Kalkfreies Wasser in die Trichter gießen.

Sorte: 'Favorite', kontrastreiches Blattmuster.

Hinweise: Viele weitere Arten.

Washingtonia filifera
Fächerpalme
Arecaceae, Betelpalmengewächse

Heimat: Südkalifornien, Arizona. Subtropisch.

Wuchsform: Aufrechter, durchgehender Stamm mit lockerem Schopf. In der Heimat bis 15 m hoch.

Blatt: Schraubig gestellt, fächerartig, immergrün, 0,5–1 m breit. Viele auffällige Fäden an den Blättern. Blattstiel 0,8–1 m lang, bestachelt, grau, mit vielen Bastfäden.

Blüte: Radiär, 3-zählig, sternförmig, gelbweiß, an langer Rispe.

Frucht: Beere 1 cm, braunschwarz.

Standort: Hell und sonnig, warm, sommers im Freien.

Verwendung: Mächtige Kübelpflanze für Wintergärten, große Büros, Innenhöfe. Im Winter kühl und trockener stellen, Kalthauspflanze.

Vermehrung: Nur durch Aussaat, Keimdauer 3–4 Wochen.

Kultur: In lehmig-humosem Substrat, auch Einheitserde, benötigt viel Wasser und Nährstoffe.

Hinweise: Auf Schildläuse achten.

Washingtonia filifera	Yucca aloifolia
2–3 m	*1–1,5/ 1,5–2 m*
VI–VIII	*VII–VIII*
Kübelpflanze	*Kübelpflanze*
Kalthaus	*Kalthaus*

Yucca aloifolia
Palmlilie, Spanisches Bajonett
Agavaceae, Agavengewächse

Heimat: Südliche USA, Mexiko, Westindische Inseln. Subtropisch.

Wuchsform: Straff aufrechte Rosette. In der Heimat bis 6 m hoch wachsend.

Blatt: Schraubig gestellt, lanzettlich, immergrün, grün und spitz, 30–60 cm lang.

Blüte: Radiär, glockig, 4–5 cm breit, hängend, weiß, in langen Rispen über dem Laub.

Frucht: Kapsel, 3–5 cm groß.

Standort: Vollsonnig und warm.

Verwendung: Kübelpflanze für Wintergärten, im Sommer auf Terrassen.

Vermehrung: Stamm in 30 cm lange Stücke schneiden, abtrocknen lassen und in Vermehrungssubstrat stecken, bei 25 °C bewurzeln lassen.

Kultur: In Einheitserde, im Sommer öfters gießen und düngen. Im Winter längere Ruhezeit einhalten, alle 4–5 Wochen etwas gießen.

Sorte: 'Yewel', cremeweiße Längsstreifen.

Hinweise: Vorsicht Verletzungsgefahr an den Blattenden!

Yucca elephantipes
Riesen-Palmlilie
Agavaceae, Agavengewächse

Heimat: Guatemala, Mexiko. Subtropisch.
Wuchsform: Straff aufrecht Rosette, später überhängend. In der Heimat bis 15 m hoch wachsend.
Blatt: Schraubig gestellt, lanzettlich, immergrün, weich, 6–120 cm lang.
Blüte: Radiär, glockig, 5–7 cm breit, hängend, gelbweiß, in langen Rispen über dem Laub.
Frucht: Kapsel, 3–5 cm groß, schwarz.
Standort: Vollsonnig und warm.
Verwendung: Kübelpflanze für Wintergärten, im Sommer auf Terrassen. Im Winter frostfrei halten. Kalthauspflanze.
Vermehrung: Stamm in 30 cm lange Stücke schneiden, abtrocknen lassen und in Vermehrungssubstrat stecken, bei 25 °C bewurzeln lassen.
Kultur: In Einheitserde, im Sommer öfters gießen und düngen. Im Winter längere Ruhezeit einhalten, alle 4–5 Wochen etwas gießen.
Sorte: 'Variegata', grün-weiße Streifen.
Hinweise: Hydrokultur möglich.

Zamia pumila
Palmfarn
Zamiaceae, Palmfarngewächse

Heimat: Florida, Westindische Inseln. Tropisch.
Wuchsform: Breit aufrechter Strauch, unterirdische Stämme bildend.
Blatt: Quirlständig, elliptisch, unpaarig gefiedert, immergrün, Unterseite hellbraun, lederig, 60–120 cm lang. Einzelblatt 10–20 cm lang.
Blüte: Zweihäusig. Unscheinbar gelblich, aber in Zapfen zusammengefasst. Männliche Zapfen sind länglich, weibliche eiförmig, beide rotbraun.
Frucht: Zapfen.
Standort: Hell und sonnig, warm.
Verwendung: Für Wintergärten, in warmen Sommern auch im Freien.
Vermehrung: Aussaat bei 30–35 °C Bodenwärme.
Kultur: In lehmig-humosen Substraten, sonnig und warm. Im Winter kühler stellen und Wassergaben einschränken.

3–4 m		*0,8-1 m*
VII–VIII		*VI–VIII*
Kübelpflanzen		*Wintergarten*
Kalthaus		*Warmhaus*

Verzeichnis der Synonyme

Synonym, nicht mehr gültiger Pflanzenname	Gültiger Pflanzenname
Araucaria excelsa	*Araucaria heterophylla*
Arundinaria variegata	*Pleioblastus aureus*
Bambusa aurea	*Phyllostachys aurea*
Beloperone guttata	*Justicia brandegeana*
Brassaia actinophylla	*Schefflera actinophylla*
Bryophyllum daigremontiana	*Kalanchoë daigremontiana*
Cassia corymbosa	*Senna corymbosa*
Cassia didymobotrya	*Senna didymobotrya*
Chamaerops fortunei	*Trachycarpus fortunei*
Dendranthema indicum	*Chrysanthemum indicum*
Cineraria-Hybriden	*Pericallis × hybrida*
Coleus blumei	*Solenostemon scutellarioides*
Cordyline fruticosa	*Cordyline terminalis*
Cyperus alternifolius	*Cyperus involucratus*
Cyrtomium falcatum	*Polystichum falcatum*
Dipladenia sanderi	*Mandevilla sanderi*
Dizygotheca elegantissima	*Schefflera elegantissima*
Feijoa sellowiana	*Acca sellowiana*
Gardenia jasminoides	*Gardenia augusta*
Gloriosa rothschildiana	*Gloriosa superba*
Goethea cauliflora	*Goethea strictiflora*
Haemanthus katherinae	*Scadoxus multiflorus* subsp. *katherinae*
Hatiora gaertneri	*Rhipsalidopsis gaertneri*
Haworthia fasciata	*Haworthia attenuata*
Howeia belmoreana	*Howea belmoreana*
Howeia forsteriana	*Howea forsteriana*
Jacobinia carnea	*Justicia carnea*
Jacobinia pauciflora	*Justicia rizzinii*

Synonym, nicht mehr gültiger Pflanzenname	**Gültiger Pflanzenname**
Kentia belmoreana	*Howea belmoreana*
Manettia bicolor	*Manettia luteorubra*
Manettia inflata	*Manettia luteorubra*
Microcoelum weddellianum	*Lytocaryum weddellianum*
Musa ensete	*Ensete ventricosa*
Nolina recurvata	*Beaucarnea recurvata*
Oxalis deppei	*Oxalis tetraphylla*
Polypodium aureum	*Phlebodium aureum*
Polyscias balfouriana	*Polyscias scutellaria*
Rhipsalis salicornioides	*Hatiora salicornioides*
Rochea falcata	*Crassula perfoliata* var. *falcata*
Rochea spathacea	*Tradescantia spathacea*
Scindapsus aureus	*Epipremnum pinnatum*
Senecio Cruentus-Hybriden	*Pericallis × hybrida*
Tacitus bellus	*Graptopetalum bellum*
Tradescantia albiflora	*Tradescantia fluminensis*
Zebrina pendula	*Tradescantia pendula*

Literatur

BAENSCH, Ulrich: Blühende Bromelien. Tetra Verlag, Melle 1994.

BÄRTELS, Andreas: Farbatlas Tropenpflanzen. Verlag Eugen Ulmer, Stuttgart 1993.

BECHTEL, Helmut, CRIBB, Phillip, LAUNERT, Edmund: Orchideenatlas. Verlag Eugen Ulmer, Stuttgart 1980.

CHEERS, Gordon (Hrsg): Botanica. Das ABC der Pflanzen. Könemann Verlag, Köln 1998.

CULLMANN, Willy, GÖTZ, Erich, GRÖNER, Gerhard: Kakteen. 5. Auflage. Verlag Eugen Ulmer, Stuttgart 1984.

EGGLI, Urs: Sukkulenten-Lexikon. Band 1. Einkeimblättrige Pflanzen. Verlag Eugen Ulmer, Stuttgart 2001.

ENCKE, Fritz: Kalt- und Warmhauspflanzen. Verlag Eugen Ulmer, Stuttgart 1987.

ERHARDT, Walter, GÖTZ, Erich, SEYBOLD, Siegmund, BÖDEKER, Nils: Zander – Handwörterbuch der Pflanzennamen. 16. Auflage. Verlag Eugen Ulmer, Stuttgart 2000.

ESCHER, Friedrich: Schnittblumenkulturen. 4. Auflage. Verlag Eugen Ulmer, Stuttgart 1983.

GANSLMEIER, Hans: Beet- und Balkonpflanzen. Verlag Eugen Ulmer, Stuttgart 1987.

GÖTZ, Erich, GRÖNER, Gerhard: Kakteen. 6. Auflage. Verlag Eugen Ulmer, Stuttgart 1996.

HABERER, Martin: Farbatlas Zierpflanzen. 2. Auflage. Verlag Eugen Ulmer, Stuttgart 1996.

HERWIG, Rob: Zimmerpflanzen. BLV, München 1987.

HEYWOOD, V. H.(Hrsg.): Blütenpflanzen der Welt. Birkhäuser, Basel 1982.

KAWOLLEK, Wolfgang: Kübelpflanzen. Verlag Eugen Ulmer, Stuttgart 1995.

KÖHLEIN, Fritz, MENZEL, Peter, BÄRTELS, Andreas: Das große Ulmer-Buch der Gartenpflanzen. Verlag Eugen Ulmer, Stuttgart 2000.

Kreuzers Gartenpflanzen: Lexikon. Band V. Thalacker, Braunschweig, 1994.

RAUH, Werner: Kakteen an ihren Standorten. Parey Verlag, Berlin 1979.

SCHMIDT, Walter: Gehölze für mediterrane Gärten. Verlag Eugen Ulmer, Stuttgart 1999.

SLACK, Adrian: Karnivoren. Verlag Eugen Ulmer, Stuttgart 1985.

WIESCHUS, Christoph, BÖDEKER, Nils: Plantus-Süd. Pflanzendatenbank. Verlag Eugen Ulmer, Stuttgart 2000.

WOESSNER, Dietrich: Das praktische Rosenbuch. 3. Auflage. Verlag Eugen Ulmer, Stuttgart 1996.

Bildquellenverzeichnis

Alle Abbildungen stammen vom Autor, ausgenommen die folgenden Abbildungen:

Umschlag oben: Eberhard Morell, Kronberg
Umschlag mitte: Sebastian Seidl, Altdorf
Umschlag unten: Dr. Martin Baumgärtner, Erlangen

BKN Strobel, Pinneberg: Seite: 161 l.
Barthlott, Wilhelm; Bonn: Seite 100 l.
Haugg, Erich; Altmühldorf: Seite 78 l, 130 r, 132 r, 181 r.
Heißel, Kaspar; Göppingen: Seite 76 r, 103 l, 129 l, 129 r, 133 l, 140 l.
Köhlein, Dr. Fritz; Bindlach: Seite 165 r.
Morell, Eberhard; Kronberg: Seite 22 l, 29 r, 38 l, 50 r, 66 r, 67 r, 69 l, 83 l, 96 r, 106 l, 108 r, 120 l, 136 l, 147 r, 149 l, 151 r, 153 r, 154 r, 156 l, 156 r, 160 l, 164 r, 173 l, 178 r, 182 r, 184 l.
Rücker, Karlheinz; Stuttgart: Seite 35 r, 59 r, 94 r, 99 r, 117 l, 127 r.
Seidl, Sebastian; Altdorf-Eugendorf: Seite 2, 21 r, 27 l, 37 r, 43 l, 45 l, 51 r, 64 l, 66 l, 109 l, 113 r, 114 l, 123 r, 126 r, 129 l, 141 r, 152 l, 159 l, 162 r, 166 r, 167 l, 176 r, 181 l, 183 l.
Smit, Dan; Haarlem, NL: Seite 14 l, 16 l, 17 r, 20 r, 22 r, 23 r, 25 r, 31 r, 32 l, 40 r, 44 r, 45 r, 47 l, 47 r, 48 l, 48 r, 60 r, 61 l, 62 r, 63 l, 63 r, 64 r, 70 l, 71 l, 74 r, 75 l, 77 r, 78 r, 83 r, 84 r, 86 l, 86 r, 87 l, 88 l, 91 l, 93 r, 100 r, 103 r, 105 l, 108 l, 110 l, 119 l, 123 l, 124 l, 131 r, 135 l, 142 r, 143 l, 145 l, 151 l, 155 l, 155 r, 157 l, 157 r, 158 l, 158 r, 159 r, 160 r, 163 r, 165 l, 172 r, 177 l, 180 r.

Register

Im vorliegenden Register werden nur die gebräuchlichsten deutschen Pflanzennamen aufgeführt. Pflanzennamen, die mit Sternchen * versehen sind, weisen auf Pflanzen hin, die nicht ausführlich vorgestellt, aber in einer Pflanzenbeschreibung erwähnt werden.

Weitere nützliche Taschenatlanten.

Genau **313 Stauden** werden in diesem Buch mit eindeutigen Farbfotos vorgestellt.
Unter anderem können botanische Eigenschaften, Standortpräferenzen und weitere Verwendungsangaben nachgeschlagen werden. Die Beschreibungen geben unkomplizierte Orientierung für die **artgerechte Pflanzenverwendung**.
Die Standorte werden nach Sieber (geändert durch Götz) klassifiziert und beschrieben.
Auf einfache, aber **einprägsame Art und Weise** vermittelt der Autor Pflanzenkenntnisse, die für Hobby und Beruf wertvoll sind.
Ein nützliches Nachschlagewerk für alle, die Stauden kennenlernen wollen!

Taschenatlas Stauden.
313 Stauden für Garten und Landschaft. M. Haberer. 2001. 188 Seiten, 316 Farbfotos, 13 Zeichnungen.
ISBN 3-8001-5311-4.

Sie können **320 Gehölze** in diesem Buch für Ihren Beruf oder Ihren Garten entdecken!
Es sind die **wichtigsten Bäume, Sträucher und Zwerggehölze**, die der Autor kurz aber einprägsam beschreibt.
Die botanischen Merkmale erleichtern das Wiedererkennen der Pflanzen. Die Angaben zu Standort und Bodenansprüchen erlauben eine **unkomplizierte Orientierung** für die artgerechte Pflanzenverwendung.
Kurze Anleitungen zur Gehölzvermehrung machen das Buch zu einem wertvollen Garten-Ratgeber.
Dieses nützliche Nachschlagewerk vermittelt wichtige Gehölzkenntnisse für Hobby und Beruf.

Taschenatlas Gehölze.
320 Gehölze für Garten und Landschaft. M. Haberer. 2001. 191 Seiten, 325 Farbfotos.
ISBN 3-8001-5310-6.

Hier erfahren Sie noch mehr.

Diese umfassende Datenbank beschreibt etwa **3.500 Sommerblumen und Stauden ausführlich** und mit **6.400 digitalen Fotos**.
Auf die Verwendung und Vergesellschaftung der Pflanze wird eingegangen, auch die sorten- und artspezifischen Standortpräferenzen werden genannt.
In die Beschreibung der Wildpflanzen wurden die **Zeigerwerte nach Ellenberg** aufgenommen, die **Beschreibungen der Lebensbereiche erfolgte nach Sieber (verändert durch Götz)**.
Schnell und einfach kann das umfangreiche Datenmaterial durchsucht werden, Datenblätter und Bildtafeln sind auszudrucken.

Sommerblumen und Stauden für Beet und Balkon.
P. Dietze, H. Beer, B. Bohne, S. Dietze. 2001. 1 CD-ROM in Buchbox inklusive Textbuch.
ISBN 3-8001-3674-0.

In diesem Buch werden **die 222 bekanntesten Sommerblumen und Kübelpflanzen** vorgestellt. Ihre botanischen Erkennungsmerkmale stehen neben den Standortpräferenzen im Vordergrund der Beschreibung.

Zum Autor:
Martin Haberer ist Freier Landschaftsarchitekt. Ehemals Fachlehrer für Gartenbau (mit Schwerpunkt in der Ausbildung Garten- und Landschaftsbau) und Dozent für Pflanzenverwendung an der Fachhochschule Nürtingen. Wissenschaftlicher Reiseleiter für botanische Studienreisen. Vortragstätigkeit zu Pflanzen in Natur und Garten. Betreuung einer großen Sammlung winterharter Sukkulenten (Jovibarba, Sempervivum).

Taschenatlas Beet- und Balkonpflanzen. *M. Haberer. 2002. 126 S., 226 Farbfotos.*
ISBN 3-8001-3264-8.